U0614486

国家自然科学基金资助项目（项目编号：71872056，71302028）
黑龙江省科学基金资助项目（项目编号：LC2017031）

基于专利视角的战略性新兴产业协同创新网络研究

——以高端装备制造产业与新能源产业为例

刘微微 李芳野 宋轶璠 陶渊 姚婧怡 著

中国财经出版传媒集团

经济科学出版社

Economic Science Press

图书在版编目（CIP）数据

基于专利视角的战略性新兴产业协同创新网络研究：
以高端装备制造产业与新能源产业为例/刘微微等著.
—北京：经济科学出版社，2020.12
ISBN 978 - 7 - 5218 - 2140 - 6

Ⅰ.①基…　Ⅱ.①刘…　Ⅲ.①装备制造业 – 专利技术 –
技术合作 – 研究 – 中国②新能源 – 能源工业 – 专利技术 –
技术合作 – 研究 – 中国　Ⅳ.①F426.4②F426.2

中国版本图书馆 CIP 数据核字（2020）第 242875 号

责任编辑：周国强
责任校对：刘　昕
责任印制：王世伟

基于专利视角的战略性新兴产业协同创新网络研究
——以高端装备制造产业与新能源产业为例
刘微微　李芳野　宋轶璠　陶　渊　姚婧怡　著
经济科学出版社出版、发行　新华书店经销
社址：北京市海淀区阜成路甲 28 号　邮编：100142
总编部电话：010 - 88191217　发行部电话：010 - 88191522
网址：www. esp. com. cn
电子邮箱：esp@ esp. com. cn
天猫网店：经济科学出版社旗舰店
网址：http: //jjkxcbs. tmall. com
北京季蜂印刷有限公司印装
710 × 1000　16 开　16.5 印张　2 插页　280000 字
2020 年 12 月第 1 版　2020 年 12 月第 1 次印刷
ISBN 978 - 7 - 5218 - 2140 - 6　定价：96.00 元
（图书出现印装问题，本社负责调换。电话：010 - 88191510）
（版权所有　侵权必究　打击盗版　举报热线：010 - 88191661
QQ：2242791300　营销中心电话：010 - 88191537
电子邮箱：dbts@ esp. com. cn）

序　言

　　刘微微等同志完成的专著《基于专利视角的战略性新兴产业协同创新网络研究——以高端装备制造产业与新能源产业为例》，是刘微微同志在负责承担的国家自然科学基金资助项目"不同主导权下战略性新兴产业协同创新网络竞合机制与演化路径研究"（项目编号：71872056）、"高端装备制造业企业知识创新能力涌现机理与层次演进研究"（项目编号：71302028）与黑龙江省科学基金资助项目"黑龙江省高端装备制造业企业知识创新能力动态演化过程研究"（项目编号：LC2017031）的基础上，经过两年多系统深入的研究而撰写的一部专著。这部专著即将由经济科学出版社出版，作为刘微微同志的国内访学合作导师，我为她感到由衷的高兴。该书对战略性新兴产业的协同创新进行了有益的探索。它是一部结构严谨、体系完整、理论联系实际、精心探索的好书，具有很高的学术参考价值。

　　目前，对于战略性新兴产业协同创新网络的研究，我国学术界已进行了许多积极的探索，并取得了一些研究成果。但是从专利视角对战略性新兴产业协同创新网络的实证研究还很少。特别是针对高端装备制造产业与新能源产业，研究其协同创新网络结构特征与演化路径的学术成果，尚不多见。

刘微微等同志的这部专著，正是以战略性新兴产业为研究对象，结合战略性新兴产业的特点与协同创新网络的内涵与特征，对战略性新兴产业协同创新网络进行深入研究，并基于专利视角以高端装备制造产业与新能源产业为例，分别对智能制造装备产业、轨道交通装备产业、海洋工程装备产业、核电产业、智能电网产业、风能产业、生物质能产业的协同创新网络进行实证研究。作者在研究方法上本着继承与创新相结合、定量研究与定性分析相结合、系统分析的原则，在专利视角下战略性新兴产业协同创新网络构建、网络结构、网络演化等方面，都做出了开创性的工作。

尤其值得一提的是，作者在对战略性新兴产业协同创新网络进行深入理论研究的过程中，充分考虑了战略性新兴产业协同创新网络的实践作用。作者采取了理论研究与实证研究、政策研究相结合的方法，通过对实证研究结果的分析，为政府、产业及企业制定相应的政策法规与对策提供了科学合理的量化依据，并有针对性地提出了战略性新兴产业协同创新网络优化的对策建议。

刘微微等同志上述极具创新意义的工作，初步形成了战略性新兴产业协同创新网络研究的体系框架，这是对战略性新兴产业创新管理理论进一步的完善与深化，希望该专著能够有力地推动战略性新兴产业创新管理理论与实践的发展。

我相信，该专著一定会得到广大读者的喜爱与好评。同时，我也衷心地希望刘微微等同志不断攀登科学高峰，在事业上百尺竿头，更进一步。

以此为序。

清华大学教授

2020 年 10 月

前　言

面对新一轮科技革命和产业变革愈行愈近、蓄势待发，战略性新兴产业应运而生。战略性新兴产业建立在重大前沿科技突破基础上，代表未来科技和产业发展新方向，体现当今世界知识经济、循环经济、低碳经济发展潮流，尚处于成长初期、未来发展潜力巨大，对经济社会具有全局带动和重大引领作用。中国正处于全面深化改革、优化产业结构和加快经济发展方式转变的关键时期，发展战略性新兴产业是实现上述目标的重要战略导向，也是世界各国培育新的经济增长点和抢占经济发展制高点的产业发展方向。

2010 年《国务院关于加快培育和发展战略性新兴产业的决定》指出重点培育和发展节能环保、新一代信息技术、生物、高端装备制造、新能源、新材料、新能源汽车等七大战略性新兴产业，体现了我国对战略性新兴产业的高度重视。2015 年"中国制造2025"将新一代信息技术产业、航空航天装备、海洋工程装备及高技术船舶、节能与新能源汽车、新材料、生物医药等十个重点领域确定为我国制造业的战略重点。2016 年《"十三五"国家战略性新兴产业发展规划》指出"十三五"时期，要把战略性新兴产业摆在经济社会发展更加突出的位置，大力构建现代产业新体系，推动经济社会持续健康发展。2017 年 1 月，国家发改委发布《战略性新兴产业重点产品和服务指导目录（2016 版）》进一步明确战略性新兴产业的重点领域。2018 年 11 月，国家统计局公布《战略性新兴产业分类（2018）》，进一步对战略性新兴产业目录进行了细化完善。可见，战略性新兴产业已经成为未来国民经济和社会发展的主导力量。

随着全球制造业创新体系的不断变革，创新载体从单个企业向跨领域多主体协同创新网络转变，创新流程从线性链式向协同并行转变，创新模式由单一技术创新向技术创新与商业模式创新相结合转变。以具有跨界、融合、协同特征的新型创新载体为核心的全球制造业创新生态系统正在形成。美国积极构建制造业创新网络，英国加紧建设"产业技术创新中心"，这些计划均强调构建以新型创新载体为关键节点的协同创新网络。为此，"中国制造2025"提出积极实施制造业创新中心建设工程，形成高水平有特色的协同创新网络和平台，塑造国际竞争新优势。可见，协同创新网络的形成对获取创新资源、推进成果共享、提高创新效率，实现产业的持续发展具有重要意义，是推进战略性新兴产业持续健康发展的重要组织形式之一。

站在新的历史起点，探讨战略性新兴产业协同创新网络的发展是建设新型创新载体、构建全新的创新生态网络、全面提升战略性新兴产业持续竞争力的重要话题。在全球创新体系和创新模式发生巨大变革以及全面建设国家创新体系的时代背景下，对战略性新兴产业协同创新网络的研究顺应了时代要求，响应了国家号召。协同创新网络作为推进战略性新兴产业持续健康稳定发展的重要组织形式，也必将成为促进国家创新体系可持续发展的助推器。因此，探索战略性新兴产业协同创新网络的结构特征与演化路径，具有重要的理论意义、现实价值以及广泛的研究空间。通过开展战略性新兴产业协同创新网络的研究，使得政府、产业及企业掌握战略性新兴产业协同创新网络的发展态势，并为政府、产业及企业制定相应的对策和策略提供依据，以此提高战略性新兴产业协同创新能力。

本书通过对战略性新兴产业及其协同创新网络的研究分析，认证了战略性新兴产业在国民经济中的重要地位与作用。然而我国战略性新兴产业协同创新网络的构建还处于初期，其发展与完善面临一定的困难与挑战。因此，本书首先剖析战略性新兴产业的特点与协同创新网络的内涵与特征，进而探析战略性新兴产业协同创新网络的特征、要素、层次与环境；在此基础上，基于专利视角，以战略性新兴产业中受到高度重视和关注的高端装备制造产业与新能源产业为例，选取中国国家知识产权局（CNIPA）专利数据库和中国知网（CNKI）作为专利数据来源，运用社会网络分析法分别对高端装备制造产业中智能制造装备产业、轨道交通装备产业、海洋工程装备产业以及新能源产业中核电产业、智能电网产业、风能产业、生物质能产业的协同创新网络结构特征与动态演化进行实证研究，并根据实证结果分析，有针对性地为各个产业提出协同创新网络优化的对策建议。

　　本书由刘微微提出总体写作方案并组织撰稿。第一章和第二章由刘微微执笔；第三章与第九章由李芳野执笔；第五章与第八章由宋轶璠执笔；第四章与第七章由陶渊执笔；第六章由姚婧怡执笔。全书由刘微微统一审定。

　　本书在编写的过程中，参考了大量的文献。在此，谨向各位同仁表示衷心的感谢。由于时间紧迫加之作者水平有限，尽管作者做了最大的努力，书中也仍然会不可避免地存在一些缺点和不足，恳请各位读者提出宝贵意见和建议，以使得本书中的观点和理论可以不断修正、补充和完善，为后续的研究奠定基础。

目　录

基础篇

第1章

战略性新兴产业协同创新网络

1.1　战略性新兴产业的概念与特点

1.1.1　战略性新兴产业的概念

关于战略性新兴产业，目前还没有形成具有共识的定义，学者们基于不同的视角，对新兴产业的理解也不尽相同[1]。新兴产业是处于产业发展最初阶段的产业[2]，也就是说，新兴产业是进化发展过程中，处于产业发展周期的暂时阶段。迈克尔·波特将新兴产业界定为由一系列因素的产生而新形成的产业，这些因素包括技术创新、相对成本关系的变动、新的消费需求的出现、其他经济及社会方面的变化致使某种新产品或某项新服务得以市场化[3]。万钢认为战略性新兴产业是在国民经济中具有重大战略意义的领域，由于新型技术突破所产生的新兴产业，其本身表现出巨大的带动系数、强大的市场拓展速度[4]。张和平认为战略性新兴产业是指关系到国民经济社会发展和产业结构优化升级，具有全局性、长远性、导向性和动态性特征的新兴产业[5]。《国务院关于加快培育和发展战略性新兴产业的决定》明确指出：战略性新兴产业是以重大技术突破和重大发展需求为基础，对经济社会全局和长远发展具有重大引领带动作用，知识技术密集、物质资源消耗少、成长潜力大、综合效益好的产业。并强调重点培育和发展节能环保、新一代信息技术、生物、高端装备制造、新能源、新材料、新能源汽车等七大战略性新兴产业。国家发改委发布《战略性新兴产业重点产品和服务指导目录（2016版)》进一步明确战略性新兴产业的五大领域8个产业包括：新一代信息技术产业、高端装备制造业、新材料产业、生物产业、新能源汽车产业、新能源产业、节能环保产业、数字创意产业。

1.1.2　战略性新兴产业的特点

（1）战略性。与一般的新兴产业不同，战略性新兴产业的发展源于重大技术创新、消费需求的重大改变或者政府政策的重大调整，因此往往伴随着重大的经济范式转变，体现出战略性的突出特征。战略性主要表现在以下几个方面：第一，具有巨大的发展空间，能够发展成未来的支柱产业；第二，是未来高速增长的产业，对经济增长的带动作用强；第三，与其他产业的关联度大，具有重大的辐射带动作用，能够带动其他产业的发展；第四，代表科技的发展前沿，符合低碳、环保等先进理念；第五，对人民生活能够产生重大的影响；第六，战略性新兴产业的发展决定未来国家的竞争优势。对中国等后发国家来说，发展战略性新兴产业还是实现赶超的重要机遇[6]。

（2）创新性。战略性新兴产业是典型的科技创新驱动型产业，是建立在科技尤其是关键核心技术的创新与突破基础之上的产业，可以说，技术的真正突破是战略性新兴产业能否培育发展的基础、前提、动力和命之所系。战略性新兴产业离不开创新技术以及创新集成式技术群。科学技术具有极强的创新性，战略性新兴产业的发展将是多学科、多技术领域的高度交叉和深度融合[7]。

（3）成长性。指战略性新兴产业发展所具有的巨大潜力和高速增长趋势。从影响战略性新兴产业成长的主要因素来看，主要有技术进步、投资变动、市场需求、管理水平、生产效率等等。一般地，战略性新兴产业处于产业生命周期的萌芽和成长阶段，经历由小变大、由弱变强的续存状态和不断变革的过程，其自身拥有的创新性技术、源源不断增加的投入和不断释放的市场需求等都决定了战略性新兴产业有着十分巨大的成长空间[7]。

（4）关联性。战略性新兴产业在区域经济发展中具有较高的地位，即战略性新兴产业的成长对区域经济增长的贡献率达到较高水平。这要求战略性新兴产业具有比其他产业更强的产业关联效应，能有效带动其他相关产业的发展；要求战略性新兴产业产出高效增加的同时，还要带动其他产业共同创造就业机会、提高社会消费水平、改善贸易条件、提升产业高度和增强区域的总体经济实力[8]。

（5）导向性。指战略性新兴产业的选择具有信号作用，它意味着政府的政策导向和未来的经济发展重心，是引导资金投放、人才集聚、技术研发、政策制定的重要依据。战略性新兴产业代表新兴技术的方向，也代表未来产业发展方向[7]。

（6）风险性。由于战略性新兴产业具有开创性特征，使其无论在内容和形式上都没有现成的经验可循，只能靠企业不断创新、摸索前进，然而创新的风险无处不在。新兴产业发展在技术、市场、体制、机制等诸多方面都存在着不确定性，加上支撑新兴产业发展的政策体系尚不完善，新兴产业的发展常常会由于新内容与旧体制、旧规范的摩擦而受阻，这些都将使得对新兴产业的投资带有较大的风险性[9]。

（7）不确定性。信息约束和多种因素干扰导致企业决策困难和行为不确定，具体表现为技术不确定性、经济不确定性、组织不确定性、策略不确定性、市场不确定性。在产业生命周期的萌芽期，产业结构的升级换代过程正在进行，技术进步本身的内在不确定性及缺乏合理的风险投资机制制约了战略性新兴产业的发展[8]。

1.2 协同创新网络的内涵与特征

1.2.1 协同创新网络的内涵

安索夫（Ansoff）在《公司战略》（*Corporate Strategy*）一书中首次提出

协同的概念[10]，20 世纪 70 年代联邦德国物理学家哈肯（Haken）在此基础上系统地提出协同理论并创立了协同学[11]，他认为协同是指在复杂大系统内各子系统的协同行为而产生的超越各要素的单独作用之和的整体系统联合作用。20 世纪八九十年代，随着蒂德（Tidd）[12]将协同理论应用到技术创新领域，并对微观层面下企业内各创新要素的协同进行深入研究，协同学和创新理念达到了有效融合，协同创新概念就此产生。进入 21 世纪，西方学者们开始从中观和宏观角度入手，对整个行业或者企业相关产业范围内的协同创新系统进行研究，此时的协同创新可以称之为产业集群创新[13]，它强调的是产业链上的协同，即当产业集群发展到一定程度，企业在产业上的关联性引发在技术创新活动上的关联性，促使以专业化分工和协作为基础的同一产业或相关产业的企业彼此之间交互作用，并逐步形成整个行业的协同创新体系[14]。协同创新网络是指在协同创新过程中，企业、大学和科研单位之间自发地形成一种正式的、规范的合作网络[15]。协同创新网络是以核心企业、高校、研究院所、中介机构、金融机构、供应商、客户等为主体，以创新主体间正式和非正式的协同创新关系为网络联结，基于长期稳定的交互和协同关系而形成的具有集聚优势、知识溢出优势和技术转移优势的开放式创新网络[16]。创新主体为了提高创新成功率，对互补知识的依赖性越来越强，与其他主体、组织合作的倾向越来越明显，创新不再是一个单独的活动，而是一个涉及多个层次、多个组织、多个阶段、多种创新要素的动态的复杂的创新网络的整体活动，即协同创新网络[17]。

1.2.2　协同创新网络的特征

协同创新网络本质上是一个自增益循环创新生态系统，具有自组织性、复杂性、动态性和系统性等特征，通过网络关系中的协同可以实现资源共享、知识传递和技术扩散，通过系统间非线性的网络关系，创新主体与外界环境进行物质、能量和信息的交流[18]。协同创新网络具有复杂性、动态性、系统性、开放性、中心性、协同性等特点，通过整个网络可以实现各个主体间的资源共享、知识传递和技术扩散，实现知识、技术的增值和创新的产生。协同创新网络包含多个创新行为主体，包括企业、政府、科研院所、中介机构等；各主体通过长期稳定合作，形成具有跨组织协同创新的网络集合；与一般的创新网络不同，其更加强调创新行为主体间的协同效应[19]。协同创新网络的视角相对创新网络更加具体，更有利于指导企业的经营活动。与创新网络相比，协同创新网络更加注重网络内的知识溢出，以及企业与其他创新主体的联系所产生的协同作用[20]。协同创新网络由核心要素与辅助要素两部分组成，核心要素包括企业、科研院所，辅助要素则主要由政府、中介机构、创新平台等组成，通过网络成员间的交流，建立彼此之间互惠灵活的正式与非正式关系，提高资源的使用效率，为企业带来"1 + 1 > 2"的积极作用[21]。

1.3 战略性新兴产业协同创新网络构建

1.3.1 战略性新兴产业协同创新网络特征

与传统产业相比，战略性新兴产业协同创新网络则有很大的不同，主要表现在以下方面：第一，战略性新兴产业协同创新的绩效和风险相对于传统产业更大，其表现形式、结果和程度的预测难度也更大甚至不可预测，所以众多事项较难在合作前约定；第二，战略性新兴产业协同创新网络参与者往往实力差距并不明显，因此众多企业觊觎网络核心位置所带来的额外创新绩效[22]，结果往往导致在技术标准、服务标准和市场联合开发等创新活动中不能形成合力；第三，战略性新兴产业出现时间较短，并未形成较好的经济网络和社会网络，战略性新兴产业协同创新网络初期是一个"无序"且"无核"的结构，即战略性新兴产业协同创新网络初期缺乏经济合作基础，且没有实力强大的企业掌握网络"主导权"；第四，战略性新兴产业协同创新网络具有漫长的演化过程，不同演化阶段中可能存在不同的网络主导权；第五，由于战略性新兴产业的高技术性、高风险性、资金高度依赖性以及资源有限性，战略性新兴产业协同创新网络创新主体在合作中有竞争，在竞争中求合作，竞争与合作关系耦合共生；第六，已有研究表明"有核"的网络结构，中心节点作用可以更好地发挥，更有利于开展协同创新活动，因此，战略性新兴产业协同创新网络的演化方向应该是从无主导权向有主导权演化。

1.3.2　战略性新兴产业协同创新网络要素

基于三螺旋理论确定战略性新兴产业协同创新网络主体要素包括：战略性新兴产业企业、从事战略性新兴产业研究的高校及科研院所、各级政府及战略性新兴产业行政机构、战略性新兴产业中介服务机构、战略性新兴产业金融服务机构等。基于创新管理理论确定战略性新兴产业协同创新网络功能要素主要包括：协同技术创新、协同知识创新、协同商业模式创新、协同管理创新等。基于资源基础论确定战略性新兴产业协同创新网络资源要素包括：协同知识资源、协同技术资源、协同人才资源、协同资金资源、协同信息资源、协同设备资源、协同平台资源与协同市场资源等。

1.3.3　战略性新兴产业协同创新网络层次

基于战略性新兴产业协同创新网络要素的构成，结合协同论，确定战略性新兴产业协同创新网络的结构包括三个层次：第一，核心网络层，主要由核心企业与上下游企业以及相关企业的互动关系组成；第二，辅助网络层，主要指高校、科研院所、中介服务机构、金融服务机构等的支撑；第三，支撑网络层，主要指协同创新资源与协同创新环境等。战略性新兴产业协同创新网络包含知识网络、技术网络、资源网络、信息网络以及服务网络等关系，通过战略协同、组织协同、资源协同与制度协同等，以实现创新成果与创新需求的协同、创新主体之间的协同、协同创新网络与外部环境的协同为目的。

1.3.4　战略性新兴产业协同创新网络环境

战略性新兴产业协同创新网络的环境是其运行的支撑层，为协同创新网络的有效运行与演化提供保障。本书将战略性新兴产业协同创新网络环境分为两个部分：外部环境与内部环境。外部环境包括：政策环境、经济环境、市场环境、技术环境、法律环境、互联网环境、平台环境、社会文化环境等；内部环境包括：创新主体间的信任、创新主体的认知、创新主体的合作意愿、创新主体的竞争意识、创新主体的创新习惯与规范等。战略性新兴产业协同创新网络与内部环境、外部环境之间不断产生物质流、信息流和能量流交换。

| 第 2 章 |

国内外研究现状综述

2.1　战略性新兴产业研究现状

2.1.1　高端装备制造产业相关研究

2.1.1.1　智能制造装备产业

"智能制造"这一概念最早于 1988 年由美国纽约大学的怀特教授（P. K. Wright）和卡内基梅隆大学的布恩教授（D. A. Bourne）在共同出版的《智能制造》（*Manufacturing Intelligence*）中提出，智能制造被定义为机器人应用制造软件系统技术、集成系统工程以及机器人视觉等技术，实行批量生产的系统性过程[23]。2013 年，德国政府将"工业 4.0"项目纳入了《高技术战略 2020》的十大未来项目中[24]。德国学术界和产业界认为，未来十年，基于信息物理系统的智能化，产品全生命周期、全制造流程的数字化以及信息通信技术的模块化，会产生一个高度灵活、个性化、数字化的产品与服务的生产模式，将使人类步入以智能制造为主导的第四次工业革命[25]。德国的"工业 4.0"与美国的"工业互联网"之间存在大量的相似点，表明全球工业都将走向智能制造模式[26]，但两者之间又存在着不同，表明各国的发展模式需要结合具体国情才能得到广泛支持[27]。德国和美国工业模式的快速推进无疑会对我国工业的转型升级产生强大压力，甚至在未来会持续将我国工业锁定在全球产业链的低端环节[28]。因此，我国应在借鉴"工业 4.0"与"工业互联网"的理论与实践经验基础上，采取积极的应对策略。2013 年，我国国防系统分析方法学专家孙柏林教授对装备制造系统中的每一步进行了详细的研究，他提出引进智能的装备制造技术，促进制造业系统的绿色化这一概念[29]。2014 年，工信部产业发展研究院装备工业研究所所长左世全提出重视装备制造业生产的基本理论、构建中长期的发展策略以推进中国装备制造的智能化[30]。

中国制造业通过提升产品品质和优化产业结构，已经逐步融入世界贸易体系，成为世界制造业生产和出口大国，制造业增加值逐年攀升[31]。但中国制造业基础薄弱，需要通过长时间的规模扩张、技术引进和模仿学习来实现技术创新[32]。制造业数字化、网络化和智能化是新一轮工业革命的核心技术，应该作为"中国制造 2025"的制高点、突破口和主攻方向[33]。工信部出台的《智能制造发展规划（2016—2020 年)》中，将智能制造定义为基于新一代信息通信技术与先进制造技术深度融合，贯穿于设计、生产、管理、服务等制造活动的各个环节，具有自感知、自学习、自决策、自执行、自适应等功能的新型生产方式[34]。装备制造业的发展与智能技术的创新息息相关[35]。在"工业 4.0"的早期开发阶段，李杰提出了统一的信息物理系统的5 级架构，可以从各个角度严密监控信息，实现信息在物理工厂和计算机空间之间的同步，使得联网的机器能够更有效的协作和弹性的运作[36]。"工业4.0"要求工厂界的所有对象都配备通信功能，这将对人与技术之间的相互作用产生深远影响，通过人机交互的技术支持，工人可以发挥其全部潜力，并在整个网络物理系统中担当战略决策者和灵活的问题解决者的角色[37]。

2.1.1.2 轨道交通装备产业

轨道交通具有效率高、成本低、承载力大的特点，是世界交通发展的重要方向[38]。相比于城市轨道重建，城市轨道交通建设能够减少空气污染[39]。

中国的高铁网络建设大大缩短了中国主要城市之间的铁路旅行时间，同时，高铁服务可以刺激城市的经济增长[40]。国内以轨道交通装备企业为研究对象，大多从企业管理[41]、企业经营[42]、企业财务管理[43]、企业人才培养[44]、工艺水平管理评价[45]、技术创新[46]的角度研究轨道交通装备产业。

中国轨道交通装备产业需要成为具有真正意义上的自主品牌，离不开国家相关政策和法律的大力支持[47]。王耀伟以信息化理论为指导，对我国先进轨道交通装备产业企业信息化的演进脉络进行总结归纳，概括了企业目前发展现状以及企业信息化发展的特点，指出了企业发展中存在的问题，并从宏观、中观、微观三个层面分别提出了企业信息化发展对策[48]。王俊彪在轨道交通装备产业调研基础上，研究并构建由约束性和评价性两大类发展指标构成的轨道交通装备产业发展指标体系，对我国轨道交通装备产业主要发展指标进行实证研究与统计分析，对轨道交通装备产业发展趋势进行预测，研究结果表明，随着轨道交通大规模建设的展开和相继投入运营，轨道交通装备产业的主要经济效益快速增长，节能降耗取得明显成效，科技创新能力大幅度提高[49]。林莉、李博达从分析全球制造网络负面效应入手，探讨中国先进轨道交通装备产业存在的问题，从技术、结构和市场战略三个方面提出适合中国国情的先进轨道交通装备产业发展战略[50]。中国轨道交通装备产业是创新驱动、智能转型、强化基础、绿色发展的典型代表，是我国高端装备制造领域自主创新程度最高、国际创新竞争力最强、产业带动效应最明显的行业之一，特别是在高速动车组和大功率机车方面，成就举世瞩目[51]。但当前中国轨道交通装备产业零件产品存在着研发基础薄弱、无法摆脱对国外核心零部件的进口依赖的问题，制约着中国轨道交通装备产业的产业链、价值链的攀升[52]。今后我国要加强持续创新意识，在现有基础上持续创新突破，完成产业链的升级[53]。目前，我国在轨道交通产业设备生产中，自主知识产权技术的研发卓有成效。我国轨道交通装备产业具备国际竞争力，是中国先进制造业的代表之一。邱开忠和肖蘅将专利分析指标引入 PEST 分析模型中，从政治、经济、社会和技术四个层面对我国轨道交通装备产业发展现状进行分析，认为我国轨道交通装备产业技术日渐成熟[54]。

2.1.1.3 海洋工程装备产业

海洋工程装备是指用于海洋资源勘探、开采、加工、储运、管理及后勤服务等方面的大型工程装备和辅助性装备。国际上通常将海洋工程装备分为三大类：海洋油气资源开发装备、其他海洋资源开发装备、海洋浮体结构物[55]。海洋系统对一个国家的发展具有重要意义，是其经济增长的重要指标[56,57]。海洋工程装备产业和海洋油气业、海洋船舶业、海水综合利用业等产业高度关联，可影响和带动冶金、机械、电子、新材料等 50 多个产业的发展，大力发展海洋装备产业，对于提升海洋传统产业、开拓海洋高新产业具有不可忽视的作用[58]。海洋可再生能源将成为全球能源的主要组成部分[59,60]。

1979 年改革开放后，中国一直致力于海洋经济的发展与管理，进入了海洋经济的新阶段[61]。但我国海洋工程装备产业的技术水平与国外仍有很大差距，面对国外技术垄断，产业发展受制于人[62]。必须采取技术升级、配套升级、产业链升级、规划升级等一系列有效措施，推动其健康发展[63]。郭静在我国战略性新兴产业的背景下，在了解我国海洋工程装备产业发展现状的基础上分析了产业空间布局并提出相关政策建议[64]。刘全、黄炳星、王红湘对比分析了世界和我国海洋工程装备产业发展现状及发展趋势[65]。陶永宏、陈勇在用企业战略分析方法（SWOT）分析我国海洋工程装备产业发展面临的内、外部环境的基础上提出海洋工程装备产业发展的战略选择[66]。我国海洋工程装备产业不同省份的发展潜力各有侧重，改善产业发展环境可以有效提高产业的发展潜力[67]。集群化布局态势较为明显，呈现出"以环渤海、长三角、珠三角三大集群为核心，海南和中部地区海洋工程装备制造基地为辅助"的发展格局[68]。政府应注重市场开拓和区域协调发展，避免盲目竞争和重复建设[69]。

2.1.2 新能源产业相关研究

2.1.2.1 核电产业

核电产业是国家工业化、现代化的重要标志产业之一，核电被认为是当前最有可能大规模替代化石燃料的清洁能源，也是目前所有商用能源中温室气体和其他污染物排放量最小的电能[70,71]。核电产业是以核电站的建造、运行为核心形成的产业群，它对相关产业的辐射作用非常明显，可以带动如新材料、新工艺以及先进制造技术等的创新升级，继而促进国家高端创新能力的提升[72]。由于核电具有经济、清洁、稳定和高效等特征，核电在缺乏化石燃料的地区具有独一无二的优势[73]。核电站建设周期长、投资大、风险大，政府政策对其发展有着重要的影响[74]。1954年，苏联奥布宁斯核电站建成并投入使用，这是世界上第一座核电站，人类从此进入了核电时代。由于受到石油危机的冲击，工业发达国家纷纷利用核代油，核电产业迎来了快速发展期[75]。但由于1979年的三哩岛核事故和1986年的切尔诺贝利核事故，世界核电产业进入滞缓发展期。21世纪，由于能源短缺及环境保护等需要，核电产业再度受到各国的重视，进入了第二个高峰期。此次核电产业复兴以安全性和经济性为主要原则。世界核电技术经历了第一代原型验证堆、第二代批量商用堆，目前已经进入第三代商用安全堆的建设以及第四代革新堆的研发及应用阶段[76]。中国核电产业是从1985年真正起步的，比发达国家晚得多，只有30多年的发展历史。1966年10月我国启动第一座军用堆，直至1991年12月秦山核电站首次并网，共历经25年，标志着我国无核电站历史的终结[77]。中国成为世界上为数不多的能够自主设计建造核电站的国家。2011年日本福岛核事故发生之后，我国立即对核电产业展开了全面详细的安全检查。2012年我国发布了《核电中长期发展规划（2011—2020）》后，核电产业相关项目才正式重启[78]。过去10年，中国一直引领全球核电容量的增长，发电量目前仅次于美国和法国，位居世界第三[79]。目前，中国有47座在运的核电机组，其中绝大多数属于"二代"或"二代＋"，仅少数核电机组属于"三代"技术。今后新建的机组将主要采用"三代"技术，我国核电产业已完成了"二代"向"三代"的过渡[80]。由于国家的战略支持及我国企业不断进行技术创新，我国已经形成了成套供应核电设备的完整核电产业链[81]。中国核工业集团、中国广核集团和国家核电技术公司是我国核电产业发展的中坚力量[82]。

2.1.2.2 智能电网产业

随着全球经济的高速发展，资源环境和生态环境的压力不断增大，可持续发展变得越发重要。目前，全球范围内的电力需求急剧增加，电网的负荷不断增加，传统的电网已经过时。在绿色节能意识的驱动下，智能电网出现并成为世界各国竞相发展的重点领域，各国相继提出建设经济、高效、安全、可靠的绿色电网[83,84,85]。2006 年，国际商业机器公司（IBM）提出"智能电网"解决方案。2009 年，美国政府提出以智能电网为核心的美国能源战略[86]。我国国家电网有限公司于同年正式启动智能电网的建设。随后，在"十二五"和"十三五"规划中，国家发改委公布了《战略性新兴产业重点产品和服务指导目录（2016 版）》，智能电网作为新能源产业中的重点发展领域得到国家重视。"中国制造 2025"中，我国智能电网建设再次被提到了新的高度，智能电网被列为重点发展对象。

智能电网是将信息通信技术、计算机技术及控制技术等先进技术进行深度融合的一种新型电网，可以满足发电、电网运行、终端用电等各个相关方的需求[87]。智能电网具有合理调节电力分配，减少输电网电能损耗，提高能源利用效率，进而优化能源结构等优点[88,89]。智能电网的核心内容是建立开放系统，创建共享信息模型，集成系统数据，优化网格管理以及形成连接用户和网格公司的网络，这可以大大提高网络的整体效率[90]。智能电网包括很多方面，例如，通过智能电网监测系统，整合分布式能源和调度能源为家庭用户提供能源消耗，其中，准确的负荷预测对于智能建筑和电力系统的最优规划尤为重要[91,92,93,94]。我国智能电网是一个新兴领域，目前正处于探索阶段，诸如储能技术、系统集成技术和新材料技术等智能电网技术尚未成熟。中国智能电网产业出口额在发达国家市场均呈现快速增长趋势，智能电网产业出口竞争力逐步增强[95]。

2.1.2.3 风能产业

风能是一种清洁、无污染的绿色能源，风能的开发和利用对改善能源结构、保护生态环境、确保能源安全和实现可持续的经济发展具有极其重要的意义[96]。风能是当前最具发展前景的一种新能源。风能是通过风力涡轮机的气流产生机械能进而驱动发电机，它是燃烧化石燃料的替代方法[97]。在众多新能源中，风力发电以其单机容量大、储量丰富等优势，得到了快速发展[98]。风力发电过程中包含的内容很多，整个发电过程也十分复杂，其中涉及的主要技术为电子变化器的控制技术、风轮的控制技术、无功补偿以及谐波消除技术[99]。20 世纪 90 年代，我国开始大力发展风能产业[100]。《风电发展"十三五"规划》中提出，风力发电已成为我国继煤电、水电之后的第三大电力能源[101]。风电是应用最广泛、发展最快的新能源发电技术，各个国家均已大规模开发利用风能。美国提出到 2030 年 20% 的用电量由风能提供，丹麦、德国等将风电技术作为实现 2050 年可再生能源发展的核心目标。① 根据国际可再生能源署（IREA）的数据，到 2018 年底，风能的发电量占全球可再生能源总量的 24%。2009～2018 年，全球风能发电量平均每年增长 16%，中国风能发电量平均每年增长 26%。2018 年，欧盟用电量的 14% 来自风力发电，全球至少有 12 个国家使用风能发电量占其年消耗电量的 10% 甚至更多。到 2018 年底，全球正在运营的风力发电能力提供约 5.5% 的总发电量。2018 年，中国风电累计装机容量达到 210 吉瓦，成为第一个风电装机容量超过 200 吉瓦的国家[102]。

我国已具备一定的风电机组整机开发设计能力，风电机组整机和零部件的制造已经基本实现了国产化[103]，但与欧美等风能产业非常成熟的国家相比还有一定差距。我国地大物博，风力资源十分丰富，但其分布却非常不均。西北地区、华北北部、东北地区以及东南沿海地区风能十分丰富[104]。研究表明，中国的风能产业在创新投入方面处于领先地位，但在专利，收入和出口等成就指标方面却远远落后于国际竞争者，因此研究风能产业的技术创新是非常重要的[105,106]。

2.1.2.4　生物质能产业

在所有的新能源中，生物质能是唯一可再生的、潜在的低碳能源[107]。它可以通过降低空气中的二氧化碳和其他污染物气体的排放改善环境[108]。生物质能成为继石油、煤炭和天然气之后的世界第四大能源[109]。因此，生物质能在应对气候政策的能源系统中发挥着重要作用。可以说，生物质能可能是当今和未来最有吸引力的新能源，在能源系统中占有重要地位。在很长一段时间内（2009～2030 年）生物能源技术的前景超过其他传统技术[110]。生物质能的开发和利用，不仅可以应对能源危机，减少环境污染，还可以通过建立生物质能基础设施来促进经济发展。研究表明生物质能源的消耗对短期和长期经济增长都有积极的影响。早在原始社会人类刚刚开始学会使用火的时候，生物质能就被应用于烹饪和取暖[111]。生物质能主要来源于动物和

---

① 一图看懂《风电发展"十三五"规划》[EB/OL]. 搜狐网，http://www.sohu.com/a/120303899_468637，2016-11-30.

植物废弃物、生活垃圾及畜禽粪便等[112]。其中，农作物秸秆因为其成本低、易获取等特点已经成为生物质能的主要来源之一[113]。中国是农业大国，拥有丰富的生物质能资源，同时也是生物质能开发规模最大的地区之一[114]。中国每年可作为能源利用的农作物秸秆及农产品加工剩余物、林业剩余物和能源作物、生活垃圾与有机废弃物等生物质资源总量约 4.6 亿吨标准煤[115]。生物质能可以用于运输、供暖和发电，此外，生物质燃料在一定程度上还可以代替传统燃料，如煤、木柴等。生物质产生热量的方式是直接燃烧或者将其转化为生物质燃料使用，包括碳化固体燃料（如生物炭），液体燃料（如生物乙醇、生物柴油、生物油）或气体（如生物气）[116,117]。生物柴油和生物乙醇是现代社会极其重要的可再生燃料[118]。生物质燃料是碳中性的，相同单位的生物燃料与化石燃料相比，能够产生更少的二氧化碳。国际能源机构预测，到 2050 年，用于运输的生物质燃料占全球运输燃料的 27%。生物质发电技术是目前最成熟、发展规模最大的现代生物质能利用技术，我国在生物质发电方面远落后于发达国家[119]。

2.2　协同创新网络研究现状

2.2.1　协同创新网络结构

许多战略性新兴产业链内部出现了具有共性特征的产业集群[120,121]，按照主导产业发展规律[122]的第五代集成创新模式，基于空间集聚的产业集群必然趋于网络化，故战略性新兴产业集群发展中也涌现出大量合作网络。网络结构对创新管理理论有重大影响，目前的研究主要集中在网络的拓扑结构[123]、资源配置[124,125]、功能机制[126]等研究，从网络理论视角解释产业集群的新陈代谢和循环经济。在区域创新系统框架下，协同创新网络中每一个创新主体都不是孤立的，而是嵌入在相互关联和相互作用的创新过程中，创新是否成功由创新主体的创新能力及网络的相互作用结构决定[127]。每一个创新主体都是行为决策的理性人，在合作过程中根据自身需求调节策略，中小企业会选择利益相关者合作以发展可持续的竞争优势，因此，有学者认为社会资本是驱动协同创新网络形成的内在要素[128]。一些学者认为网络结构决定了协同创新网络的成长，认为社会网络的结构特征应纳入新产品增长研究以及管理性营销决策中[129]。

网络中心势、网络密度、网络强度等指标被用于考察区域协同创新网络结构特征[130]。当协同创新网络具有结构不稳定、主体多样性、知识异质性等特点时，网络中知识流动对创新绩效具有明显的促进作用[131]。徐言琨、侯克兴从创新网络结构的联结特征角度，将协同创新网络划分为以价值链为导向的"纵向网络"和以企业竞合为导向的"横向网络"，并对科技型企业创新绩效的影响作用进行了分析，认为网络异质性可促进知识增量，激发企业多元文化及产品创新的多元性，对企业创新绩效具有较强的影响作用[132]。宋旭光、赵雨涵刻画并解析了我国区域协同创新网络空间关联，我国大多数东部地区接收创新联系显著多于发出创新联系，具有很强的技术吸收能力，而对于我国中西部地区来说，经济发展相对落后，人力资本等创新资源水平相对低下，很难吸引甚至还会流失资源，从而阻碍中西部地区自我创新能力的提升以及对东部发达或增长活力较强地区先进科学技术的吸收[133]。

2.2.2 协同创新网络演化

协同创新网络是创新网络的重要组成部分[17]。随着产业的不断发展，协同创新网络将会吸引更多新主体的加入进而产生新的链接[134]。协同创新网络的演化依赖于主体间的合作关系，细小的变动都将对网络拓扑结构产生影响，从而使网络向不同的方向演化[135]。网络中现有主体根据发展需求不断地调整合作策略及方式，网络结构从松散化向集中化演变[136]。因此，协同创新网络演化的实质就是网络中节点根据自身需求或合作目的选择合作伙伴从而产生或断开链接的变化过程。网络演化还被认为是一种追随资源变化的过程，即网络资源在不同主体间分配的动态变化过程[137,138]。资源的状态将影响网络的演化过程和方向。优先链接是网络演化的动力之一，意味着加入协同创新网络的新成员在选择合作伙伴时将优先考虑度数中心性较高的成员[139]。资源是技术创新的基础，网络成员拥有的资源决定了合作关系的建立。度数中心性更高的成员掌握的资源就更多，因此更多的成员愿意与其建立合作关系，提高他们在网络中的影响力。这样的合作将更高效，更富有成果[140]。创新能力是网络演化的关键要素，它将影响网络中知识流的传递速度和效率[141]。

目前，关于创新网络的研究主要集中于以下三个方面。一是构建协同创新网络演化模型。王海花等基于依存性多网络视角，构建了长三角城市群协同创新网络演化模型[142]。莫尔斯卡尔基等（Morescalchi et al.）利用专利数据构建了境内和跨境创新网络演变模型，着重分析地理位置在网络演变过程中的作用[143]。二是分析网络演化特征和过程。周青、梁超以绿色制药协同创新中心为例，揭示了产学研协同创新网络的特征，即自组织性、动态性、共生性和自增益性[144]。焦智博剖析了装备制造业协同创新网络的结构演化与空间特征[145]。三是对网络演化影响因素的分析。胡杨、李郁认为地理邻近性是影响网络演化的因素之一[146]。

2.2.3 基于专利视角的协同创新网络

专利不仅是连接知识和技术的纽带，更是连接科学与生产的桥梁，其作为国家创新体系的重要组成部分，能够同时表征知识创新和技术创新。合作申请专利数据集可以有效反映创新知识的共享和流动，个人、高校、科研院所、企业等在这种共享和交流过程中，逐渐形成了一种非正式的协同创新网络。采用合作申请专利数据来研究产业协同创新网络已经得到广大学者所认可。相关研究文献将基于合作专利的不同组织间的合作网络称为创新者网络[147]或组织创新网络[148]，网络中的节点包括个人、高校、科研院所和企业，这些节点之间的专利合作关系就构成了网络中的各种联结。

利用合作专利数据可以分析协同创新网络中各主体的合作关系，结合社会网络分析方法构建协同创新网络，从整体网络和个体网络两个层面分析网络结构和节点之间的关系。早在 1969 年，就有学者提出利用专利数据作为衡量产业创新能力的指标[149,150]。其后出现了一批学者就专利信息和技术创新之间的关系进行深入研究，认为专利是创新的直接产出，只有创新符合专利条件并提出申请，创新水平才更具有代表性[151,152]。这主要是由于专利与研发和专利与创新之间的关系决定的。协同创新与专利间关系，由发明者在群体中的地位以及他们的技术水平两个因素决定，但真正意义上的协同是有效的，因为企业会更加有能力进行资源整合和技术互补[143]。目前，很多学者基于合作专利数据，从专利视角对协同创新网络开展研究，主要表现为通过合作专利数据研究产学研的协同创新活动，揭示不同合作模式下的产出差异，并运用社会网络可视化体现合作趋势、技术分布及合作模式[154,155,156]。

2.3 国内外研究现状评述

通过对相关文献进行梳理可以发现，国内外学者在战略性新兴产业与协同创新网络等领域已经取得了具有重要意义的研究成果，为本书的研究奠定了重要的理论与方法基础，提供了一定的借鉴，但是关于战略性新兴产业协同创新网络的研究，尤其是专利视角下战略性新兴产业协同创新网络的研究刚刚起步，存在可以进一步研究的空间，有待于进行深入研究。

（1）对战略性新兴产业的研究成为必然。从研究现状可以看出，战略性新兴产业的研究价值和意义已被学者们认同。国内外学者主要从战略性新兴产业特征、战略性新兴产业创新及其发展与演化等方面进行研究，尤其对高端装备制造产业与新能源产业的发展规律、技术创新与动态演化展开了深入研究，可见，发展战略性新兴产业是我国当前的重要战略导向。

（2）协同创新网络的研究显得尤为重要。通过对国内外研究现状梳理可以发现，协同创新网络的研究呈现出新的发展趋势。学者们对于协同创新网络内涵、协同创新网络结构与复杂性特征、协同创新网络演化等方面做了大量开创性研究，可见，协同创新网络的形成对获取创新资源、推进成果共享、提高创新效率、实现产业的持续发展具有重要意义。

（3）战略性新兴产业协同创新网络的研究凸显意义。通过对国内外研究现状梳理可以发现，协同创新网络是推进战略性新兴产业持续健康发展的重要组织形式。因此，在世界新一轮科技革命背景下，对我国战略性新兴产业协同创新网络进行研究具有重要的意义。

（4）专利视角下战略性新兴产业协同创新网络有待深入研究。通过分析国内外学者对协同创新网络的研究发现，研究协同创新网络的演化特征与利用专利数据研究某一项技术创新发展规律和未来趋势的研究占比较大，重点研究以企业为核心以及多主体嵌入的产学研协同创新网络，从专利视角探讨战略性新兴产业协同创新网络的结构特征与演化规律具有一定的研究空间。

　　综上所述，面对全球新一轮科技革命与产业变革，在全面建设国家创新体系的时代背景下，对战略性新兴产业协同创新网络的研究顺应了时代要求，响应了国家号召。协同创新网络作为推进战略性新兴产业持续健康稳定发展的重要组织形式，也必将成为促进国家创新体系可持续发展的助推器。因此，战略性新兴产业协同创新网络需要不断探寻最优的演化路径，进而实现健康有序的演化。通过对国内外研究现状进行梳理与分析，可以发现对战略性新兴产业协同创新网络结构特征与演化规律的研究具有重要的理论意义、现实价值以及广泛的研究空间。

高端装备制造产业篇

第3章

智能制造装备产业协同创新网络研究

3.1　智能制造装备产业专利合作现状

制造业是国家经济发展的基础，影响着人们生活的方方面面。制造系统的智能化是目前制造业的最新发展趋势。智能制造是由智能机器和人类专家共同组成的复杂系统，可以在生产过程中进行一系列智能活动，如分析、推理和决策等。智能制造有利于加快制造业的转型升级，提升生产效率，提升产业价值链，降低成本，能够满足客户的个性化需求，减少能源的消耗，从而实现制造过程智能化、绿色化。智能制造意味着新的工艺、新的技术和新的知识，其发展很大程度上取决于该领域的创新能力和速度。智能制造装备是智能制造的主要体现载体，该产业规模在全球范围内快速发展。智能制造装备产业是一种高性能装备产业，其融合了制造技术、信息技术和智能技术等技术，并具有高度创新的特性。从本质上讲，智能制造装备产业就是将智能控制技术应用于制造业，实现制造业的智能化。智能制造装备不仅能够实现高效率、高品质的生产，还能够确保生产在安全、可靠的环境中进行。智能制造装备的终极目标是从以人为主要决策核心的人机一体系统转变为以智能机器为主体的自主运行的操作系统。

战略性新兴产业以创新为主要驱动力，加快发展战略性新兴产业是国家构建竞争新优势的迫切需要。高端装备作为战略性新兴产业之一，受到了国家的关注和支持。智能制造装备是高端装备制造业的核心，已经成为工业国家竞争的目标。智能制造正在为制造业注入新的活力，提供了一种全新的发展道路、技术系统和工业形式。它引领了制造业的新变革。装备制造业是制造业的核心和支柱，它的发展情况将直接影响着制造业的智能化程度。作为一个新兴的工业国家，我国制造业正处于最重要的转型升级阶段。智能制造装备产业的创新对中国的发展至关重要。经过几十年的发展，我国已经成为制造业大国，但是我国装备制造业还存在着高端核心技术依赖进口、技术创新体系不完整等问题。创新是产业持续发展的动力，专利是创新成果的产出指标之一。中国科技创新的主要力量来自企业、科研院所和大学。因此研究我国智能制造装备产业专利合作现状，对未来智能制造装备产业的发展具有重要意义。社会网络分析法是一种优秀的数据可视化方法，它已经成为分析合作专利的一个准确且直观的方法。因此，研究智能制造装备产业的合作专利是十分必要的。

3.1.1 智能制造装备产业协同创新网络的数据来源及数据处理

本章选择了中国国家知识产权局（CNIPA）专利数据库作为合作专利的数据来源，通过中国国家知识产权局的专利搜索引擎获取原始专利信息。首先，将关键词的搜索范围设置为专利文档的标题和摘要，搜索时间设置为2001 年 1 月 1 日至 2018 年 12 月 31 日，共得到 137501 件专利。将关键词设定为"智能制造""智能装备""智能装置""智能测控""测控装置""智能装备关键基础零部件""工业机器人""工作站""智能加工装备""智能物流装备""智能农机装备"和"增材制造（3D 打印）"。这些关键词是从《战略性新兴产业重点产品和服务指导目录（2016 版）》中的智能制造装备产业细分方向中提取的。接下来，通过人为的方式删除了重复、错误、申请人数量少于 2 的专利数据，共获得 1367 件合作专利。由于本章侧重于研究国内的组织层面，因此我们删除了涉及外国和个人参与的专利。本章使用的合作专利是指专利申请人数量大于等于 2 的已申请的专利。然后，我们在互联网上对专利申请人进行搜索并标记了专利申请人的地理位置。最后，利用复杂网络分析软件（Gephi）可视化合作专利数据和专利合作关系。

3.1.2 智能制造装备产业专利合作基本情况分析

本节通过对智能制造装备产业的合作专利趋势、不同主体合作类型、合作主体竞争力以及合作关键技术等基本情况进行剖析，从而全面反映出智能制造装备产业的专利合作现状。

3.1.2.1 合作专利数量与增长趋势

本搜索完成于 2019 年 2 月，搜集了 2001～2018 年共 1367 件智能制造装备产业合作专利。图 3.1 显示了每年合作专利数量的演变。2001～2010 年期间，专利数量较少，并且存在专利数量下降的情况，这是因为国家对战略性新兴产业的重视程度较低，整体研发能力较弱。2011～2015 年，"十二五"规划

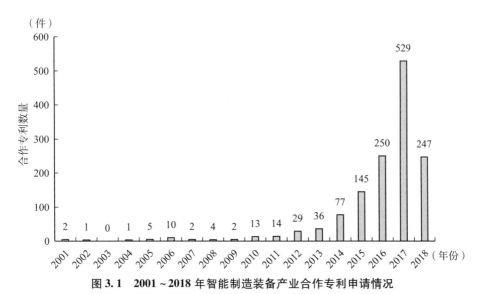

图 3.1 2001～2018 年智能制造装备产业合作专利申请情况

资料来源：中国国家知识产权局。

实施过程中智能制造装备产业合作专利数量逐步增加。国家"十二五"规划的主要目标之一是使得战略性新兴产业的发展取得突破。因此智能制造装备产业受到了国家的关注，得到了重点发展。2016年之后，智能制造装备产业合作专利数量快速增加。2016年合作专利数量为250件，比2015年增长了72.41%。我们还可以从图3.1中看到，2018年数量有所下降。这是因为从专利申请到出版需要18个月以上，限制了专利的检索。总体而言，智能制造装备产业合作专利数量呈逐渐上升趋势，且具有明显的阶段性特征。

3.1.2.2 不同主体合作专利数量及增长趋势

基于智能制造装备产业合作专利数据，将专利申请人分为三种类型：企业、高校以及科研院所。图3.2显示了2001～2018年专利申请人类型分布的比例情况。其中企业的申请比例为81%，高校和科研院所申请比例分别为8%和11%。结果表明，在智能制造装备产业的发展过程中，企业是主力军，而高校和科研院所的贡献相对较小。企业更有可能将技术创新转化为专利，因为这可以帮助他们建立核心竞争力。相比之下，高校和科研院所具有强大的科研能力，他们更愿意独立研究智能制造装备产业的相关技术。

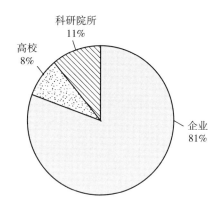

图3.2 智能制造装备产业合作专利不同申请人类型比例

资料来源：中国国家知识产权局。

根据不同类型的专利申请人，将合作关系分为六种类型：企业 - 企业，企业 - 科研院所，企业 - 高校，高校 - 科研院所，科研院所 - 科研院所和高校-高校。图 3.3 显示了 2001~2018 年不同合作类型的比例，表 3.1 显示了不同合作类型在不同时间段的数量信息。从图 3.3 可以看到，企业-企业占比例最高（62.7%），其次是企业-科研院所（21.2%）和企业-高校（11.4%）。企业-企业、企业-科研院所和企业-高校是智能制造装备产业合作专利申请人间的主要合作类型，这三种合作类型占 90% 以上。其中，企业-科研院所和企业-高校是最早的合作类型。在 2001~2005 年期间，只有这两种合作方式。科研院所通常致力于研究最新技术，因此，在智能制造装备产业的发展初期，科研院所发挥了重要作用。高校是知识的主要创造者，可以为企业提供一些理论上的帮助。在智能制造装备产业发展初期，由于国家政策不完善，创新成本高等因素，企业更愿意选择与科研院所和高校合作，寻求知识投入以获得互补资源，从而降低技术创新风险并提高技术创新效率。2006 年之后，企业-企业合作类型的数量激增。在 2016~2018 年期间，企业-企业合作次数达到 998 次。这表明在智能制造装备产业的发展中，企业-企业是最重要的合作类型。这是因为智能制造装备产业是战略性新兴产业之一，其发展高度依赖于技术创新。技术创新是企业增强核心竞争力的重要途径。由于企业之间的资源结构更相似，通信成本更低，因此在发展过程中企业-企业合作类型的数量逐渐增加。

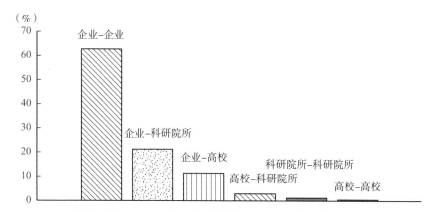

图 3.3　2001~2018 年智能制造装备产业不同合作类型的比例

资料来源：中国国家知识产权局。

表 3.1   **智能制造装备产业不同合作类型在不同时间段的数量**   单位：件

类型	2001～2005 年	2006～2010 年	2011～2015 年	2016～2018 年
企业－企业	0	30	359	998
企业－科研院所	2	6	176	286
企业－高校	9	9	39	194
高校－科研院所	0	0	10	55
科研院所－科研院所	0	0	11	16
高校－高校	0	0	0	11

资料来源：中国国家知识产权局。

3.1.2.3 合作主体竞争力分析

通过统计智能制造装备产业专利合作数据中每个专利申请人信息及其申请的专利数量，可以看出智能制造装备产业中企业、高校和科研院所的参与程度，知识产权的保护状况以及目前技术领域的竞争状况和发展趋势，进而得到智能制造装备产业中专利申请的领导者，这有助于企业树立行业标杆以及选择技术合作伙伴。此外，还可以反映出智能制造装备产业中企业、高校、科研院所的专利保护意识。我国智能制造装备产业中排名前 20 位的专利申请人的专利申请状况如表 3.2 所示。

表 3.2   **2001～2018 年智能制造装备产业前 20 位合作专利申请人**

序号	申请人	专利申请数量（件）	占比（%）
1	国家电网有限公司	188	13.7
2	中航高科智能测控有限公司	100	7.3
3	中国航空工业集团公司北京长城航空测控技术研究所	88	6.4
4	北京瑞赛长城航空测控技术有限公司	73	5.3
5	国电南京自动化股份有限公司	57	4.1
6	清华大学	33	2.4
7	广州视源电子科技股份有限公司	31	2.3
8	华中科技大学	28	2.0

续表

序号	申请人	专利申请数量（件）	占比（%）
9	南京熊猫电子股份有限公司	22	1.6
10	南京熊猫电子装备有限公司	22	1.6
11	西安交通大学	22	1.6
12	美的集团股份有限公司	21	1.5
13	珠海格力电器股份有限公司	21	1.5
14	珠海格力智能装备有限公司	21	1.5
15	南京熊猫仪器仪表有限公司	17	1.2
16	大族激光科技产业集团股份有限公司	16	1.2
17	国网福建省电力有限公司	16	1.2
18	中国石油化工股份有限公司	16	1.2
19	广州视臻信息科技有限公司	15	1.1
20	中国建筑股份有限公司	15	1.1

资料来源：中国国家知识产权局。

从表 3.2 可以看出，在智能制造装备产业中，国家电网有限公司合作申请的专利数量最多，达 188 件，这说明国家电网有限公司的知识产权保护意识较高，也说明他在智能制造装备产业的技术创新过程中占有着重要的地位。中航高科智能测控有限公司以 100 件合作专利数量排第 2 位，中国航空工业集团公司北京长城航空测控技术研究所、北京瑞赛长城航空测控技术有限公司、国电南京自动化股份有限公司和清华大学分别以 88 件、73 件、57 件、33 件排在之后。国家电网有限公司、中航高科智能测控有限公司、中国航空工业集团公司北京长城航空测控技术研究所和北京瑞赛长城航空测控技术有限公司这 4 家企业在智能制造装备产业的合作专利的申请总量中占据了 30%以上。排在前 10 位的还有广州视源电子科技股份有限公司、华中科技大学、南京熊猫电子股份有限公司和南京熊猫电子装备有限公司。此外，西安交通大学、美的集团股份有限公司、珠海格力电器股份有限公司紧追其后。在我国智能制造装备产业前 20 位专利申请人中，企业、高校和科研院所分别有16 家、3 所和 1 所。4 所高校或科研院所分别是清华大学、华中科技大学、西安交通大学、中国航空工业集团公司北京长城航空测控技术研究所；11 家国有企业，分别是国家电网有限公司、中航高科智能测控有限公司、北京瑞赛长城航空测控技术有限公司、国电南京自动化股份有限公司、南京熊猫电子股份有限公司、南京熊猫电子装备有限公司、珠海格力电器股份有限公司、珠海格力智能装备有限公司、南京熊猫仪器仪表有限公司、国网福建省电力有限公司、中国建筑股份有限公司；2 家民营企业，分别是美的集团股份有限公司、大族激光科技产业集团股份有限公司；1 家中央企业中国石油化工股份有限公司；还有 2 家是外资控股的企业，分别是广州视源电子科技股份有限公司、广州视臻信息科技有限公司。在排名前 5 位的合作专利的申请人中，有 4 家都为国有企业，这在某种程度上会影响我国智能制造装备产业的技术发展。在排名前 20 位的合作机构中，国有企业占有很大的比重，这也许受国家政策的影响。尽管如此，国有企业的技术研发能力还有待加强。

3.1.2.4 合作关键技术领域分析

国际专利分类法是国际上通用的专利文献分类法。在技术层面利用 IPC 分类号整理合作专利，可以获得各合作主体的技术优势领域。对中国智能制造装备产业 2001 ~ 2018 年合作申请的专利数据中的 IPC 分类号进行分析后，选出了其中排名前 10 的智能制造装备产业合作的关键技术领域名称，各 IPC 分类号的含义如表 3.3 所示。

表 3.3 智能制造装备产业协同创新关键技术领域

IPC 分类号	含义
B25J	机械手；装有操纵装置的容器
G05B	一般的控制或调节系统；用于这种系统或单元的监视或测试装置
G06F	电数字数据处理
H02J	配电或供电的电路装置或系统；电能存储系统
B22F	金属粉末的加工；金属粉末的制造；金属粉末的专用装置或设备
B29C	塑料的成型或连接；塑性状态材料的成型；已成型产品的后处理
G01R	测量电变量；测量磁变量
B23K	钎焊或脱焊；焊接；局部加热切割，如火焰切割；用激光束加工

续表

IPC 分类号	含义
G01N	除免疫测定法以外包括酶或微生物的测量或试验
H04L	数字信息的传输，例如电报通信

资料来源：中国国家知识产权局。

从技术领域的视角进行分析，可以发现 B25J（机械及操纵装置）是智能制造装备产业合作主体最为偏好的研究热点；G05B（控制或调节系统）、G06F（电数字数据处理）、H02J（电能存储系统）和 B22F（金属粉末的专用装置或设备）这四个技术领域也是研究的重点。

表 3.4 显示了合作专利申请数量排名前 10 位的申请人的 IPC 分类号分布。通过对主要合作主体技术领域的分析，可以掌握智能制造装备产业相关的技术优势，预测未来该产业的研究热点，促进各个主体间的深入合作。

表 3.4　　　　智能制造装备产业关键专利申请人的技术领域分布　　单位：件

专利申请人	IPC 分类号									
	B25J	G05B	G06F	H02J	B22F	B29C	G01R	B23K	G01N	H04L
国家电网有限公司	18	9	12	36	1	2	23	0	1	6
中航高科智能测控有限公司	2	10	0	0	0	0	6	0	20	2
中国航空工业集团公司北京长城航空测控技术研究所	2	9	0	0	0	0	6	0	20	1
北京瑞赛长城航空测控技术有限公司	2	9	0	0	0	0	6	0	17	2
国电南京自动化股份有限公司	0	3	5	5	0	0	14	0	0	1
清华大学	0	3	1	0	1	0	4	3	0	1

续表

专利申请人	IPC 分类号									
	B25J	G05B	G06F	H02J	B22F	B29C	G01R	B23K	G01N	H04L
广州视源电子科技股份有限公司	0	0	20	0	0	0	0	0	0	0
华中科技大学	0	3	1	0	4	5	1	4	0	1
南京熊猫电子股份有限公司	7	3	1	0	0	0	0	2	0	0
南京熊猫电子装备有限公司	7	3	1	0	0	0	0	2	0	0

资料来源：中国国家知识产权局。

由表 3.4 可以看出，国家电网有限公司在 10 类 IPC 分类号中有 4 类处于首位，分别为 B25J（机械及操纵装置）、H02J（电能存储系统）、G01R（测量电变量）和 H04L（数字信息的传输）。从各合作主体最擅长的技术领域来看，国家电网有限公司、南京熊猫电子股份有限公司、南京熊猫电子装备有限公司在 B25J（机械及操纵装置）的技术研发实力比较突出；同时，中航高科智能测控有限公司在 G05B（控制或调节系统）技术创新能力更强；广州视源电子科技股份有限公司在 G06F（电数字数据处理）拥有的合作专利数最多，说明广州视源电子科技股份有限公司在数据的处理或传送等方面的研究更具优势；和其他技术领域相比，中国航空工业集团公司北京长城航空测控技术研究所对 G01N（制备测试）的专利技术领域的研究更具优势；华中科技大学在 B22F（金属粉末的加工）、B29C（塑料的成型或连接）的专利技术领域申请的专利最多，说明其在成型产品的后处理等方面的能力较为突出。

3.1.3 智能制造装备产业专利合作存在的主要问题

3.1.3.1 合作主体的研发投入比较弱

通过分析智能制造装备产业合作申请的专利数据，发现合作申请专利的数量持续增加，但是由于申请专利的意识很弱，导致所获得的项目成果很少整理为专利进行发表，这也使得智能制造装备产业合作主体间的结合度不强，以至于影响了智能制造装备产业整体的创新发展。此外，从近年来合作申请的专利数量可以看出：我国智能制造装备产业合作申请专利的数量逐年递增，但是我国专利整体数量较少，合作申请专利的数量也并不多，说明智能制造装备产业创新水平比较低，从侧面表明智能制造装备产业的研发投入比较弱。

3.1.3.2 不同合作主体的研发能力和研究领域差异较大

合作主体的创新能力及科研方向对智能制造装备产业的合作有决定性的影响。通过对智能制造装备产业合作主体类型进行研究，得出智能制造装备产业合作专利申请数量前 20 位的主体由 16 家企业、3 所高校以及 1 所科研院所组成，说明该产业在合作发展过程中，企业的研发能力较强，而科研院所和高校较弱；此外，通过分析关键技术，发现企业的研究范围较广，而科研院所的研究范围较单一，说明智能制造装备产业不同合作主体的研究领域差异较大。

3.1.3.3 不同主体合作类型差异性较大

促进智能制造装备产业发展的关键一步是技术创新合作研发，通过对合作专利的研究，我们发现智能制造装备产业合作申请专利的类型主要由企业－企业、企业－高校和企业－科研院所三部分构成。其中，企业－企业的占比最大，说明这种类型是智能制造装备产业中最为主要的合作类型；其他合作类型所占的比例不大，这反映出智能制造装备产业的不同主体合作类型差异性较大。

3.2 智能制造装备产业协同创新网络结构

3.2.1 智能制造装备产业协同创新网络拓扑结构测度及网络模型构建

3.2.1.1 智能制造装备产业协同创新网络拓扑结构测度

智能制造装备产业协同创新网络由节点以及连边构成，用 $G = (V, E)$

表示，其中 $V = \{v_1, v_2, \cdots, v_n\}$ 代表节点的集合，$E = \{w_1, w_2, \cdots, w_n\}$ 代表连边的集合，w_{ij} 代表节点 i 与节点 j 之间的连边权重。智能制造装备产业协同创新网络连边表示同一专利有多个申请人合作，权重 w 表示为专利申请的合作次数。智能制造装备产业协同创新网络是一个无向加权网络，既反映了专利申请人之间的合作情况，还包含了各个申请人之间的合作强度以及合作属性关系。

结合复杂网络的相关理论以及社会网络分析的研究方法，选取以下指标对智能制造装备产业协同创新网络结构进行研究：

（1）网络密度 d。是指网络中实际存在的边数与可容纳的边数上限的比值，用来反映网络的凝聚性特征，该指标一般用于对整体网络的度量。网络密度大小与网络中节点间连边数量成正比，d 越大，说明网络节点间互动程度越高，信息传播的速度越快，节点对网络的运作产生的正向影响越大。对加权合作网络而言，相同的节点间可能存在多条连边，计算过程中以一条有效连边进行计算。其公式如下：

$$d(G) = \frac{2M}{N(N-1)} \qquad (3-1)$$

其中，M 为网络中实际的连边数，N 为网络总节点数，d 的取值范围为 $[0, 1]$。

（2）平均聚集系数 C。该指标能够体现出网络中某节点与其他相连节点的连接情况，反映网络中具有连边关系节点间的平均连接概率。C 越大，说明网络局部连接越明显。其公式如下：

$$C_t = \frac{2E_i}{w_i(w_i-1)} \qquad (3-2)$$

其中，w_i 表示节点 i 的度，E_i 表示 w_i 个节点间实际连边总数。

加权网络的平均聚集系数，其公式如下：

$$C = \frac{1}{N} \sum_{i=1}^{N} C_i \qquad (3-3)$$

其中，N 表示网络节点的总数，C_i 表示节点 i 的聚集系数。

（3）平均路径长度 L。表示在网络传递过程中所经过中间节点个数的平均数，这一指标能够体现出智能制造装备产业协同创新网络的全局效率。若

L 的值较小，则表示网络的传递和运行效率较高。其公式如下：

$$L = \frac{1}{\frac{1}{2}N(N-1)} \sum_{i>j} d'_{ij} \qquad (3-4)$$

其中，d'_{ij} 表示节点 i 和节点 j 的加权距离。

（4）节点中心性。复杂网络理论中用以衡量节点中心性的指标有很多，常用的有节点的度中心性、中介中心性、接近度中心性和特征向量中心性，这些指标均可反映网络节点的重要程度。度中心性刻画节点在网络占据核心的特性，即围绕单一或者部分节点的运行能力。中介中心性表示处于核心中介位置的节点占节点总数的比例，即核心中介节点所处的地位和作用。接近度中心性反映了网络中节点所处的核心程度。特征向量中心性体现了中心节点的依赖性，即与节点相关联的其他节点也是中心节点的可能性。

（5）网络直径 a。网络直径是网络中最短路径中最大的值，它表示节点之间的最长距离。它反映了网络的线性大小。其公式如下：

$$a = \max(s_{ij}) \qquad (3-5)$$

其中，s_{ij} 表示节点与网络之间的最短路径。

（6）组件。表示网络中断开连接的子图，组件内的所有节点都直接或间接连接。不同组件之间的节点无法连接。

3.2.1.2　智能制造装备产业协同创新网络模型构建

对国家知识产权局专利数据库中的数据进行筛选和处理后，得到智能制造装备产业协同创新专利数据，共计 1367 件。本章将所得专利数据中的各专利申请人视为网络节点；将 2 个及 2 个以上专利申请人间的合作关系视为网络的连边；将相同专利申请人之间合作申请专利的次数视为连边的权重。最后，基于专利数据，利用复杂网络分析软件（Gephi）对智能制造装备产业协同创新网络进行数据可视化处理，如图 3.4 所示。

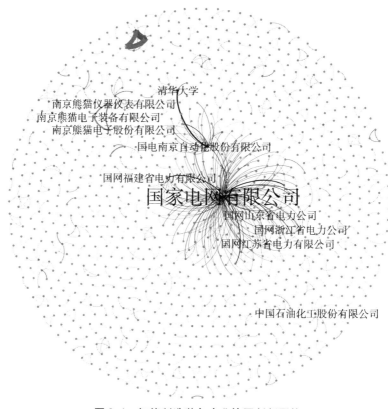

清华大学
南京熊猫仪器仪表有限公司
南京熊猫电子装备有限公司
南京熊猫电子股份有限公司
国电南京自动化股份有限公司
国网福建省电力有限公司
国家电网有限公司
国网山东省电力公司
国网浙江省电力公司
国网江苏省电力有限公司
中国石油化工股份有限公司

图 3.4　智能制造装备产业协同创新网络

3.2.2　智能制造装备产业协同创新网络结构的实证分析

3.2.2.1　智能制造装备产业协同创新网络定性理论分析

（1）网络构成要素。

智能制造装备产业协同创新网络的创新主体是指在我国从事智能制造装备产业技术创新活动的企业、高校和科研院所。因此，基于专利合作的视角，智能制造装备产业协同创新网络的创新主体，是指具有合作技术研发，反映在专利方面具有实质性贡献的企业、高校和科研院所。网络中两个节点间的连边代表两个创新主体之间因为开展联合申请专利活动而发生的协同创新关系。

（2）网络形成动因。

智能制造装备作为高端装备的核心，已成为制造业的基础和制造装备的前沿。国家发改委、财政部、工信部三部委组织实施了智能制造装备发展专项。这些足以看出国家对智能制造装备产业的重视程度。由于智能制造装备产业具有技术密集的特点，所以，在智能制造装备的研发和生产过程中要求智能制造装备产业的快速发展必须以企业为核心，通过专利合作进而整合异质资源，从而提升合作者的能力，促进智能制造装备产业的快速发展。伴随着智能制造装备产业的迅速发展以及一系列相关文件的不断出台，产业链和价值链不断完善，越来越多的企业、高校以及科研院所开展合作，逐渐形成了智能制造装备产业的协同创新网络。

3.2.2.2 智能制造装备产业协同创新网络结构量化分析

（1）网络基本结构和网络内部结构分析。

首先，分析智能制造装备产业协同创新网络的网络基本结构，如表 3.5 所示，反映了我国智能制造装备产业协同创新网络的基本结构特征统计量。由表 3.5 可知智能制造装备产业协同创新网络的平均路径长度为 2.825，说明智能制造装备产业协同创新网络的传递和运行效率较高，可以增加创新产出并提高行业的创新绩效。但网络密度仅为 0.002，说明智能制造装备产业协同创新网络中节点之间的互动性不高，信息扩散速度不快。平均聚集系数为 0.771，说明该网络小世界性比较明显。接近中心性为 0.78349，反映了相邻网络节点之间的紧密联系。特征向量中心性、度中心性和中介中心性的值极低，表明网络的中心控制能力较弱。

表 3.5   智能制造装备产业协同创新网络的基本结构特征统计量

指标	统计值
平均路径长度	2.825
平均聚集系数	0.771
网络密度	0.002
度中心性	0.00167
接近中心性	0.78349

指标	统计值
特征向量中心性	0.01507
中介中心性	0.00008

资料来源：笔者整理。

为探究空间因素对智能制造装备产业合作路径的影响，从网络空间分布的角度进一步对协同创新网络进行分析。2001～2018年，专利申请人分布在除青海、西藏和澳门之外的中国31个省区市（以下统称为省份）。图3.5显示了智能制造装备产业专利合作的省域分布。北京、广东、江苏、上海和山东这5个省份拥有总专利数量的71%。这说明他们是智能制造装备产业专利合作最积极的省份，是中国智能制造装备产业未来发展最重要的力量。特别是北京的比例达到26%，对智能制造装备产业合作研发的贡献力度最大。相对而言，其他省份对智能制造装备产业的协作和创新发展关注较少。整体来看，东部和沿海城市的技术协同创新水平较强，而东北、西北以及中部地区发展较慢。东部地区凭借其位置和政策优势在制造业领域率先发展，区域经济差距逐渐增大。随着国家出台一系列振兴中西部地区和东北地区的发展战略，近几年，他们的经济实力稳步提升，区域发展差距逐渐缩小。

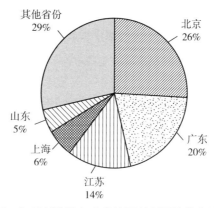

图3.5 智能制造装备产业协同创新网络的省域分布

资料来源：中国国家知识产权局。

（2）网络重要节点分析。

根据度中心性、中介中心性、特征向量中心性等指标，分析智能制造装备产业协同创新网络中的重要节点，从而反映节点在网络中的影响力和控制力。衡量完这三个指标后，选出智能制造装备产业协同创新网络中排名前 10 位的重要节点，如表 3.6 所示。

表 3.6　智能制造装备产业协同创新网络中的重要节点中心性前 10 位排名

排名	度中心性	中介中心性	特征向量中心性
1	国家电网有限公司	国家电网有限公司	国家电网有限公司
2	国电南京自动化股份有限公司	国电南京自动化股份有限公司	国电南京自动化股份有限公司
3	清华大学	清华大学	国网江苏省电力有限公司
4	国网福建省电力有限公司	山东鲁能智能技术有限公司	国网浙江省电力公司
5	国网江苏省电力有限公司	深圳供电局有限公司	国网山东省电力公司
6	国网浙江省电力公司	国网新疆电力公司	国网福建省电力有限公司
7	国网山东省电力公司	中国科学院自动化研究所	长园深瑞继保自动化有限公司
8	中航高科智能测控有限公司	国网浙江省电力公司湖州供电公司	南瑞集团有限公司
9	中国石油化工股份有限公司	中国科学院沈阳自动化研究所	山东鲁能智能技术有限公司
10	中国航空工业集团公司北京长城航空测控技术研究所	山东容弗新信息科技有限公司	国网新疆电力公司

资料来源：笔者整理。

由表 3.6 可知，度中心性排名前 10 位申请人中有 8 家企业、1 所科研院所和 1 所高校。其中排名第 1 位的是国家电网有限公司，这说明国家电网有限公司在网络中与其他节点建立了广泛的合作关系，在网络中占据着重要的地位。另外，国电南京自动化股份有限公司和清华大学的度中心性位列第 2 和第 3。中介中心性排名前 10 位的申请人中有 7 家企业、2 所科研院所以及 1 所高校，这些主体占据着网络中知识交流和资源共享的关键路径，对资源具有较强的控制能力。国家电网有限公司、国电南京自动化股份有限公司和清华大学分别位列第 1、第 2 和第 3 位。所以可以通过对这些关键路径上的节点给予关注和扶持的方式来提高网络整体的知识交互水平。特征向量中心性排名前 10 位的节点均为企业。排名第 1 位的企业为国家电网有限公司，这说明国家电网有限公司在网络中与其邻居节点具有良好的合作关系，同时邻居节点在网络中也占据着重要的地位。其中 5 家企业均属于国家电网有限公司的附属机构，这也说明国家电网有限公司在智能制造装备产业的技术合作研发中起主要带头作用，将会对我国智能制造装备产业相关的合作研发产生重要影响。

　　总体来看，智能制造装备产业专利合作有待进一步加强，虽然部分企业占据网络的核心位置，具有较强的影响力和控制力，但是影响有限。因此，提高节点间知识共享频率，缩短网络距离，才能进一步提高网络整体知识传递效率，促进智能制造装备产业快速发展。

　　总体来看，智能制造装备产业协同创新网络的组织形式呈现层级分布的结构。网络中的组织形式是以小集群向大集群组合的形式，网络各连接紧密的节点相连形成更大更松散的集群，这些集群再结合成为更大的集群，以此类推，这种网络的组织形式类似于社会网络中的层级效应，故其组织形式表现出明显的层级特性。我国智能制造装备产业协同创新网络属于同类混合网络，与其他社会网络一样，节点倾向于与其同类型的节点相连，即倾向于形成强强联合的局面，并且随着协同创新能力的加强，区域协同的集聚效应逐步显现。智能制造装备产业协同创新网络属于无标度网络。在智能制造装备产业协同创新网络中，以清华大学、华中科技大学为代表的高校以及以国家电网有限公司、中航高科智能测控有限公司为代表的企业等少数节点占据了绝大多数的连接，其余的节点均表现出较低的合作频次。

3.3　智能制造装备产业协同创新网络演化

3.3.1　智能制造装备产业协同创新网络结构演化

3.3.1.1　智能制造装备产业整体网络结构演化

本节网络分析侧重于智能制造装备产业领域组织间的合作随着时间的推移而演变的过程。本节根据"中华人民共和国国民经济和社会发展五年计划"（FYP）的周期划分为四个时期：2001～2005 年、2006～2010 年、

2011～2015 年、2016～2018 年。根据专利申请人之间的合作关系，利用复杂网络分析软件（Gephi）绘制了每个阶段的协同创新网络图。图 3.6 显示了每个时期的网络图。网络中节点代表专利申请人，两个节点之间的边代表两个申请人间存在的直接合作关系（共同申请专利）。网络节点的大小与其度成正比，网络节点越大，度值越大，合作伙伴越多。边的粗细与边的权重成正比。边越粗，权重越大，这意味着连接节点的合作强度越大。

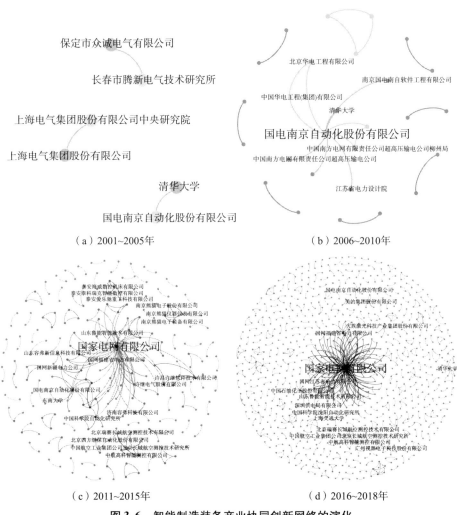

图 3.6 智能制造装备产业协同创新网络的演化

由图3.6可知，2001～2018年节点的数量大幅度增加。由于2010年国务院发布《关于加快培育和发展战略性新兴产业的决定》，智能制造装备产业受到了社会各界的关注和支持。并且智能制造装备产业也是"十二五"规划重点发展的内容之一。因此更多组织参与到智能制造装备产业协同创新网络中。2011～2015年，网络规模不断扩大。"十三五"规划提出建设制造强国，并将战略性新兴产业作为建设的主要方向。2016～2018年，网络规模大幅度增长。

图3.7显示了2001～2018年智能制造装备产业协同创新网络的节点和边的年度值。2010年之前参与网络的专利申请人（节点数）较少，平均每年仅有4位专利申请人。2011年之后网络规模逐年增加，2017年节点数达到了553个。

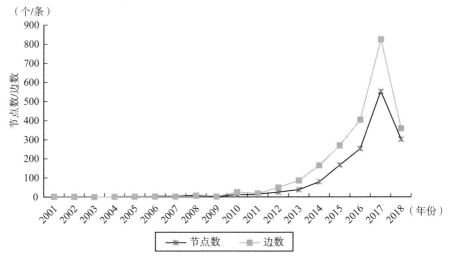

图3.7 智能制造装备产业协同创新网络节点数和边数的变化

资料来源：笔者整理。

图3.8显示了2001～2018年智能制造装备产业协同创新网络的基本结构特征统计量。第一，平均路径长度均未超过2，表明网络中专利申请人与其他专利申请人建立合作关系仅需要不到2步。网络的传输和操作的效率都很高。第二，平均聚集系数大约稳定在0.8，专利申请人之间的联系较紧密。"小世界"网络的特征为网络联系紧密且平均路径长度较小，因此，智能制造装备产业协同创新网络是一个"小世界"网络，网络中一部分专利申请人与其他专利申请人有很多的合作，而大多数专利申请人之间仅有很少的合作。

第三，网络密度呈现减小的趋势，2017 年达到最小值 0.005。第四，网络直径呈现增长趋势，最大值为 4。

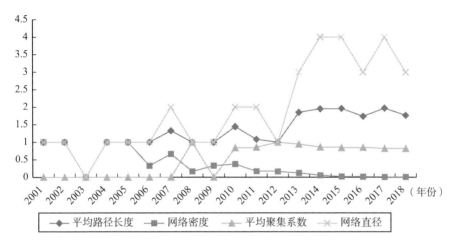

图 3.8 智能制造装备产业协同创新网络的基本结构特征统计量

资料来源：笔者整理。

3.3.1.2 智能制造装备产业个体网络结构演化

通过智能制造装备产业协同创新网络的结构指标，研究了不同时期个体网络结构的演变。节点的度表示专利合作的广度，用合作强度表示专利合作的深度。合作强度被定义为："合作强度 = 连接次数/度值"，其中连接次数是指智能制造装备产业协同创新网络中某个节点与其他节点间合作的频数。频数越高说明该节点在网络中与其他节点知识交互越频繁，与网络中其他节点的合作关系越持久。为了反映智能制造装备产业协同创新网络中节点类型的演变，我们构建了"深度－广度"二维矩阵图。[①]

我们利用复杂网络分析软件（Gephi）得到 2001～2005 年平均广度和平均深度分别为 1 和 3。这期间合作专利数量较少，其他专利申请人的深度和广度均为 1。特别地，国电南京自动化股份有限公司和清华大学具有很高的深度，表明他们之间具有良好的合作关系。2006～2010 年，平均广度和平均

---

① 因篇幅限制，读者若想获取原始图片，请联系作者，邮箱：heulww@163.com。

深度分别为 1.56 和 1.59。根据二维矩阵图分析，网络节点大多数分布在平均深度和平均广度附近。而国电南京自动化股份有限公司具有很高的广度，表明其具有很多的合作对象。清华大学具有很高的深度，说明其与少数的组织建立了深厚的合作关系，共同申请了很多项专利。2011~2015 年，平均广度和平均深度与上一时期相比均增大了。网络中的绝大部分节点处在广度 [1，10] 和深度 [1，10] 区间内。其中部分节点具有较高的深度和较低的广度，主要是中航高科智能测控有限公司、北京瑞赛长城航空测控技术有限公司和中国航空工业集团公司北京长城航空测控技术研究所。这些组织在此期间申请了很多项合作专利，但他们仅与特定的几个组织合作，合作伙伴数量较少。国电南京自动化股份有限公司和国家电网有限公司表现为高广度、低深度的特征，尤其是国家电网有限公司。国家电网有限公司的广度为 58，表明他与 58 个组织建立了直接的合作关系。2016~2018 年，智能制造装备产业合作申请专利总量出现了爆发式增长，网络节点绝大部分处于广度 [1，20] 和深度 [1，15] 的高广度－高深度类型。它表明网络中的大多数节点都是一般节点，具有更多的知识交换对象和更频繁的协作频率。国家电网有限公司拥有最大的广度 135，其是该网络中与其他组织存在合作关系最多的组织。北京瑞赛长城航空测控技术有限公司、珠海格力智能装备有限公司和珠海格力电器股份有限公司表现为较高的深度。

由于 2001~2010 年合作专利数据较少，因此本节详细分析了 2011~2015 年和 2016~2018 年的中心性演变。表 3.7 显示了 2011~2015 年和 2016~2018 年两个阶段节点中心性的描述统计数据。三个中心性的最大值和最小值有很大的差异，并且方差也很大。2011~2015 年，度中心性的值平均值为 1.94，最大值 58，这表明该网络的每个组织平均拥有 1.94 个合作伙伴。2016~2018 年，度中心性的平均值为 1.76，这是一个相对较低的值，这意味着网络组织之间的大多数协作都是一对一合作。网络中大多数组织间的合作是小规模的短期合作，不利于网络的发展。在此期间的度中心性最大值为 135，表明协同创新网络中的节点具有不同的位置优势。尽管某些节点位于网络的中心，但大多数节点位于网络的边缘。它表明网络中的节点是异质的，节点之间的连接状态（度值）分布不均匀。这是典型的无标度网络。2011~2015 年和 2016~2018 年，协同创新网络的中介中心性的值差异很大。因此，只有少数网络组织可以对网络产生影响。接近中心性的值在两个时期变化不大，最大值始终为 1，方差均是 0.07。为了具体分析专利申请人在网络中的位置，表 3.8 显示了 2011～2015 年和 2016～2018 年中心性值前 10 名申请人。最具代表性的两个组织是国家电网有限公司和国电南京自动化有限公司。从表 3.8 可以看出，国家电网有限公司在 2011～2015 年和 2016～2018 年均占据了网络的核心位置，这表明国家电网有限公司能够影响网络结构。国电南京自动化有限公司是一家较早进入网络的企业，他对网络中的其他组织有很大的影响。核心组织拥有的合作专利也可以指引该行业的未来发展方向。组织在选择合作伙伴时必须从各个方面衡量核心组织的未来发展。如果核心组织的未来发展势头好/坏，那么这种影响很快就会传递给与他们合作的且有一定影响力的组织，然后再传播给更多的组织，从而影响整个网络的发展。

表 3.7　　　 2011～2015 年、2016～2018 年重要节点中心性描述性统计数据

时间	中心性	最小值	最大值	平均值	总和	标准差	方差
2011～2015 年	度中心性	1	58	1.94	476	3.78	14.29
	接近中心性	0.25	1	0.80	195.72	0.26	0.07
	中介中心性	0	2303.50	13.84	3390	149.92	22476.01
2016～2018 年	度中心性	1	135	1.76	1614	4.55	20.70
	接近中心性	0	1	0.82	748.90	0.26	0.07
	中介中心性	0	12774.73	25.61	23506	434.58	188859.78

资料来源：笔者整理。

表 3.8　　　　　　 2011～2015 年、2016～2018 年重要节点中心性

排名	2011～2015 年			2016～2018 年		
	度中心性	接近中心性	中介中心性	度中心性	接近中心性	中介中心性
1	国家电网有限公司	国家电网有限公司	国家电网有限公司	国家电网有限公司	国家电网有限公司	国家电网有限公司
2	国电南京自动化股份有限公司	中航高科智能测控有限公司	国电南京自动化股份有限公司	国网山东省电力公司	中航高科智能测控有限公司	国网浙江省电力公司
3	江苏省电力公司	中国航空工业集团公司北京长城航空测控技术研究所	中国科学院自动化研究所	国网福建电力有限公司	中国航空工业集团公司北京长城航空测控技术研究所	美的集团股份有限公司

续表

排名	2011~2015 年			2016~2018 年		
	度中心性	接近中心性	中介中心性	度中心性	接近中心性	中介中心性
4	中国科学院自动化研究所	北京四方继保自动化股份有限公司	国网新疆电力有限公司	中国石油化工股份有限公司	美的集团股份有限公司	中国石油化工股份有限公司
5	江苏省电力设计院	南京熊猫电子股份有限公司	济南容弗科技有限公司	清华大学	国电南京自动化股份有限公司	山东鲁能智能技术有限公司
6	中航高科智能测控有限公司	南京熊猫电子装备有限公司	东南大学	国网江苏电力有限公司	广州视源电子科技股份有限公司	深圳供电局有限公司
7	中国航空工业集团公司北京长城航空测控技术研究所	南京熊猫仪器仪表有限公司	山东容弗新信息科技有限公司	国网浙江电力有限公司	大族激光科技产业集团股份有限公司	国网江苏电力有限公司
8	山东鲁能智能技术有限公司	国电南京自动化股份有限公司	许继电气股份有限公司	美的集团股份有限公司	南瑞集团有限公司	中国科学院沈阳自动化研究所
9	国网福建电力有限公司	江苏省电力设计院	许昌许继软件技术有限公司	南瑞集团有限公司	国网江苏电力有限公司	国网福建电力有限公司
10	国网新疆电力有限公司	许继电气股份有限公司	国网江苏省电力公司	国电南京自动化股份有限公司	东莞理工大学	上海交通大学

资料来源：笔者整理。

3.3.2 智能制造装备产业协同创新网络空间演化

在对智能制造装备产业协同创新网络的演化过程进行深入分析之后，进一步从智能制造装备产业协同创新网络的空间分布模式进行分析，进而揭示空间因素对智能制造装备产业协同创新网络中各主体的协同创新行为的影响。

3.3.2.1 智能制造装备产业省内合作演化

处理 1367 件智能制造装备产业合作专利数据，列出了 4 个阶段的智能制造装备产业专利数量和省内合作专利的比例，如表 3.9 所示。从内部合作数

表 3.9　智能制造装备产业专利省内合作申请专利数量及比例

省份	2001~2005 年			2006~2010 年			2011~2015 年			2016~2018 年		
	总合作数量（件）	内部合作数量（件）	内部比例（%）	总合作数量（件）	内部合作数量（件）	内部比例（%）	总合作数量（件）	内部合作数量（件）	内部比例（%）	总合作数量（件）	内部合作数量（件）	内部比例（%）
安徽	0	0	0.00	1	1	100.00	5	3	60.00	35	15	42.86
北京	7	0	0.00	12	2	16.67	137	68	49.64	336	108	32.14
重庆	0	0	0.00	0	0	0.00	1	0	0.00	15	12	80.00
福建	0	0	0.00	0	0	0.00	6	0	0.00	21	13	61.90
甘肃	0	0	0.00	0	0	0.00	5	0	0.00	8	1	12.50
广东	0	0	0.00	7	4	57.14	40	19	47.50	263	196	74.52
广西	0	0	0.00	4	0	0.00	2	0	0.00	9	2	22.22
贵州	0	0	0.00	0	0	0.00	0	0	0.00	4	1	25.00
海南	0	0	0.00	0	0	0.00	0	0	0.00	1	0	0.00
河北	1	0	0.00	0	0	0.00	7	0	0.00	24	4	16.67
河南	0	0	0.00	0	0	0.00	12	4	33.33	31	5	16.13
黑龙江	0	0	0.00	0	0	0.00	0	0	0.00	10	3	30.00
湖北	0	0	0.00	2	0	0.00	14	5	35.71	56	27	48.21
湖南	0	0	0.00	0	0	0.00	3	0	0.00	17	9	52.94
内蒙古	0	0	0.00	0	0	0	0	0	0.00	1	0	0.00
江苏	7	0	0.00	19	3	15.79	76	44	57.89	143	76	53.15

续表

省份	2001~2005年			2006~2010年			2011~2015年			2016~2018年		
	总合作数量（件）	内部合作数量（件）	内部比例（%）	总合作数量（件）	内部合作数量（件）	内部比例（%）	总合作数量（件）	内部合作数量（件）	内部比例（%）	总合作数量（件）	内部合作数量（件）	内部比例（%）
江西	0	0	0.00	0	0	0.00	0	0	0.00	9	0	0.00
吉林	1	0	0.00	0	0	0.00	4	0	0.00	3	1	33.33
辽宁	0	0	0.00	0	0	0.00	8	12.50	0.00	41	8	19.51
宁夏	0	0	0.00	0	0	0.00	2	0	0.00	6	3	50.00
山东	0	0	0.00	0	0	0.00	32	12	37.50	62	20	32.26
山西	0	0	0.00	0	0	0.00	4	1	25.00	42	25	59.52
陕西	0	0	0.00	0	0	0.00	3	0	0.00	4	1	25.00
上海	1	1	100.00	0	0	0.00	23	18	78.26	96	43	44.79
四川	0	0	0.00	0	0	0.00	4	1	25.00	21	13	61.90
台湾	0	0	0.00	0	0	0.00	5	0	0.00	8	2	25.00
天津	0	0	0.00	0	0	0.00	2	0	0.00	26	8	30.77
香港	0	0	0.00	0	0	0.00	0	0	0.00	2	0	0.00
新疆	0	0	0.00	0	0	0.00	3	0	0.00	9	2	22.22
云南	0	0	0.00	1	1	100.00	0	0	0.00	5	3	60.00
浙江	0	0	0.00	2	1	50.00	23	8	34.78	58	26	44.83

资料来源：中国国家知识产权局。

量看，广东、北京、江苏、上海、浙江和山东这 6 个省份分布占据前 6 位。广东内部合作数量达到 219 件，远高于第 2 位北京的 178 件内部合作数量。2001～2010 年，智能制造装备产业合作专利数量较少，仅有部分省份的组织参与合作专利的申请。2011 年合作专利数量开始快速增长，因此本章将重点分析 2011～2015 年，2016～2018 年这两个时期。

通过对 2011～2015 年与 2016～2018 年这两个时期中智能制造装备产业专利所属省份内部合作比例的分析，将智能制造装备产业专利申请所属省份划分为三大类。第一类是省份内部合作比例始终高于 50%。经统计，仅有江苏在两个时期内部合作比例始终高于 50%，且伴随着下降的趋势。表明江苏主要通过省份内部的合作方式进行创新，省域边界对江苏的合作行为具有很大的影响，但这种影响正在逐渐减小。第二类是省份内部合作比例始终小于 50%。包括北京、甘肃、广西、贵州、海南等 20 个省份。这些省份更倾向于跨省的合作，省域边界对这些省份的影响较小。其中内部合作比例有下降趋势的省份包括北京、河南和山东。特别地，海南、江西和香港两阶段的内部合作比例均为 0。这些省份更依赖于跨省外部知识合作。第三类是省份内部合作的比例在两个阶段具有明显变化。其中，安徽和上海的内部合作比例由高于 50% 降到 50% 以下，由内部合作转变为外部合作。而重庆、福建、广东、湖南、宁夏、山西、四川、云南的内部合作比例由低于 50% 上升至 50% 以上，内部合作正在逐步加强。

3.3.2.2 智能制造装备产业跨省合作演化

根据 1367 件合作专利数据，绘制了智能制造装备产业专利合作的省域间网络图，如图 3.9 所示。该网络图是无向加权图，省份是网络的节点，边是各省之间的合作关系，其厚度代表省份间合作的数量。2001～2010 年，仅有 8 个省份参与到协同创新网络中，其中，北京和江苏的合作较频繁。为反映整个网络的结构特征，我们利用复杂网络分析软件（Gephi）得到了后两个时期的网络指标，如表 3.10 所示。

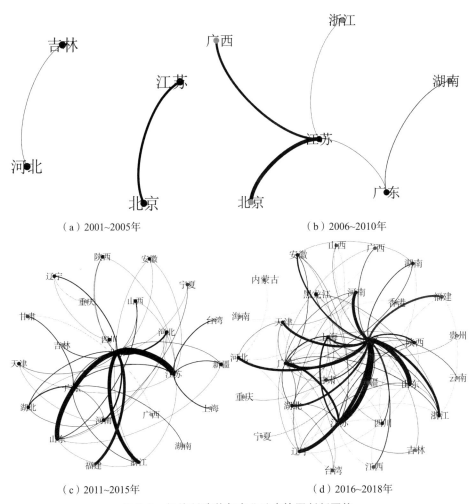

（a）2001~2005年　　　　　　　　（b）2006~2010年

（c）2011~2015年　　　　　　　　（d）2016~2018年

图 3.9　智能制造装备产业跨省协同创新网络

表 3.10　　智能制造装备产业专利跨省协同创新网络的结构特征统计量

项目	2011～2015 年	2016～2018 年
节点数（个）	24	31
连边数（条）	46	90
平均路径长度	2.203	1.998
网络密度	0.167	0.194

续表

项目	2011～2015 年	2016～2018 年
平均聚集系数	0.536	0.632
网络直径	5	4
组件（个）	1	1

资料来源：笔者整理。

2011～2015 年，该网络相对稀疏，共有 24 个省份参与该网络。24 个省份间存在 46 个合作关系。北京、江苏、广东和山东具有较高的度数及合作强度，为该阶段网络的核心节点。特别地，北京是最核心的省份，是知识交流的中心。平均路径长度为 2.203，表明网络中 1 个省份与其他省份需要 3 步才能建立合作关系，网络的传输效率一般。网络直径为 5，表明距离最远的 2 个省份相距 5。网络密度为 0.167，表明网络中各个节点间的合作并不频繁。平均聚集系数为 0.536，表明省份较紧密地连接在一起。2016～2018 年，网络变得更密集，网络密度为 0.194。31 个省份参与到网络中来，构成了 90 个合作关系。平均路径长度减少为 1.998，这表明省域之间的长度减少，并且跨省的知识交换效率增加。网络直径减少为 4，省份间的最远距离在减少。平均聚集系数增加，省份间的交流和联系变得更加紧密了。两个时期网络的组件数均为 1，表明网络中省份间相互影响着，存在着间接合作关系。这一时期，北京仍然是最主要的交流中心，其次是上海、江苏、山东、广东等省份。其中，最强的一对关系是北京－江苏（43 次合作），其次是北京－山东（42 次合作）、北京－辽宁（33 次合作）。

利用"深度－广度"的二维矩阵来显示智能制造装备产业省份间合作专利申请的分布模式。由于 2001～2010 年，专利数量较少，参与的省份也较少。因此仅绘制了 2011～2015 年、2016～2018 年这两个时期的"深度－广度"二维矩阵图。[①] 2011～2015 年，大部分省份处于广度 [1，4] 和深度 [1，4] 的低广度－低深度的类型。这些省份被认为是网络中的边缘节点。北京、江苏、广东、山东和浙江这 5 个省份的广度和深度均大于平均值，是智能制造装备产业发展的重要力量。福建具有较高的深度和较低的广度，表明福建与其他省份的

———————

① 因篇幅限制，读者若想获取原始图片，请联系作者，邮箱：heulww@163.com。

合作关系相对稳定。2016～2018 年，智能制造装备产业跨省专利合作存在很大差异。12 个省份的广度和深度均大于平均值。北京、广东、上海、江苏和山东具有很高的深度和广度，位于网络的核心位置。特别地，北京的广度为 25，表明北京与 25 个省份有直接的合作。海南、内蒙古、香港、宁夏、陕西和台湾的深度和广度均较低，表明这些省份与其他省份的合作较少。

3.4　智能制造装备产业协同创新网络优化对策建议

3.4.1　建立知识市场制度，明确知识产权归属

首先，政府要建立独立的会计审计制度，为各创新主体创造一个有法律支持和保障的环境；其次，要加强产权制度环境的建设，明晰各主体间的知识产权归属。技术市场是否健康取决于法律是否完备，知识产权归属及制度直接影响企业创新网络的利益机制。由于我国法律的不完善，政府要将目光放在知识产权的保护上，推进生产和金融市场的改革，为我国专利合作构建良好的环境，增强智能制造装备产业的创新能力和技术水平。

3.4.2　加大智能制造装备产业技术创新投入力度

通过分析智能制造装备产业专利合作的现状，可以看出组织的资金支持力度不强。因此，政府应该推行有效的政策，以便合理配置创新资源，加大创新研发支持。另外，政府还需加强外部资源的支持力度，鼓励各大高校与企业、科研院所合作，建立长久的"校－企－研"合作机制，这样才能使企业承担一部分科研资金，减轻政府的压力。

3.4.3　建立并强化产学研合作的动力机制

推行科研项目联报制，凡政府提供经费支持的年度科研计划及高新技术发展项目，明确规定一部分必须由企业与高校、科研院所联合申报；必要时，

还可实行捆绑性招标。高校、企业或科研院所申请建立重点实验室、工程技术中心，凡需要政府资金或政策支持的，必须联合申报。大型科技平台以及科技基础设施建设，凡涉及政府出资的，原则上要求由包括政府有关部门、高校、科研院所和企事业单位在内的多方联合承建。通过产学研合作可以合理地分配高校和科研院所的科研力量，并支配企业的资金和社会资源，使得各个合作主体充分利用并且合理配置资源，进而提高协同创新的技术和效率；同时，大大降低合作中存在的风险，还能节约成本、缩短专利研发周期，同时也能加快智能制造装备产业技术孵化水平。

3.4.4　优化资源配置，开展弱势个体产学研合作

优化配置创新资源配合合作网络空间布局。"双一流"院校拥有科教资源优势，在协同创新中是中流砥柱。我国"双一流"院校分布区域差异较大，中、西部省份"双一流"院校较少，创新能力不强。国家可以出台相应的政策，加大中、西部省份院校科研投入，为困难地区提供福利政策，减小协同创新在不同区域中的不公平现象。我国智能制造装备产业专利合作往往呈现出"强强联合"的合作特征，所以新个体与高水平的个体合作壁垒很高，因此，政府可以采取措施优化资源配置，进一步帮扶弱势个体，或者对于"强弱联合"类型的合作实施优惠政策，使资源配置得到优化，专利合作得以更深入地开展。

3.4.5　加快智能制造装备产业的战略布局建设

智能制造装备产业的战略布局建设是推动该产业专利协同创新网络形成和发展的基础。该产业的战略布局包括资源布局、区域布局和配套设施建设等方面。政府应以智能制造装备产业的重要创新项目为工作方向，完成内外部资源的合理配置，以便改进协同创新网络的方向。智能制造装备超过半数的附加值位于配套装备中，因此该部分的发展也十分关键。以我国政策扶持的产业集中地为平台，将制造业、配套装备业与优势企业相结合，形成有核心技术及产品的卫星式群体产业模式。

3.4.6 强化协同创新网络主体的网络权利

通过分析智能制造装备产业协同创新网络结构和网络演化，发现在网络中的核心节点为国家电网有限公司，对网络具有一定的控制能力。加大国家电网有限公司与高校、科研院所之间的合作，有利于优化智能制造装备产业协同创新网络。合作网络中的核心主体不只包括拥有许多协同创新关系的主体，还包括能主动支配资源的主体。为了提高网络核心主体的网络权力，政府可以通过降息、补贴等方式鼓励网络核心主体发挥带头作用。此外，增加核心主体与边缘主体的合作，有益于核心主体的权利最大化；增加核心主体与外部主体间的合作以促进创新资源的有效配置；鼓励核心主体与外资企业、研发机构共同合作，以扩大核心主体的权利。

3.4.7 加强核心城市的带动作用

从智能制造装备产业协同创新网络空间演化的脉络可以看出，北京、上海、广东形成明显的"三核结构"，如何利用好这三个核心的带动作用，实现进一步发展将会对我国创新体系的建设产生重要影响。目前看来，长江三角洲地区的区域协同创新发展的最好，在区域龙头——上海的带动下，江苏、浙江、安徽已经形成了密切的合作关系，南京、杭州又利用自身优势迅速发展自己，已经展现出其自身的区域影响力。而相比之下，北京、广东的带动作用则没有明显展现。所以要进一步扩大他们的优势，利用北京带动整个黄河以北地区的发展，利用广东带动我国南部地区的发展，如果利用得当，我国未来产学研合作有望形成"三横"（北方地区、中部地区、南方地区）的创新走廊，同时区域之间的连接更加紧密，真正实现科技兴国这一宏伟目标。

第 4 章

轨道交通装备产业协同创新网络研究

4.1 轨道交通装备产业
专利合作现状

许多企业、高校以及科研院所等形成了轨道交通装备产业协同创新网络，创新网络成为企业提升创新能力的有效途径，网络主体通过合作研发不断获取、吸收以及利用网络中的各种资源从而增强自身的研发实力。但现有研究成果忽视了协同创新网络的整体结构，尤其缺乏针对轨道交通装备产业的协同创新网络时空演化方面的相关研究。因此，本章基于专利视角运用社会网络分析方法，对轨道交通装备产业的协同创新网络进行分析，探讨当前网络的客观现状和内在发展趋势，旨在拓展社会网络分析理论在制造业协同创新网络研究中的应用，完善轨道交通装备产业的协同创新网络的结构和功能，丰富轨道交通装备产业的协同创新网络理论研究，为研究者开辟了一个新方向，具有重要理论意义。

4.1.1 轨道交通装备产业协同创新网络的数据来源及数据处理

通过中国知网（CNKI）提供的专利检索平台对轨道交通装备产业合作专利信息进行检索。在检索中选择"铁路运输"类别，并按照专利申请人包含"＊＊企业 & ＊＊高校 & ＊＊科研院所""＊＊企业 & ＊＊高校"以及"＊＊企业 & ＊＊科研院所"的条件进行筛选，从而获取轨道交通装备产业的专利合作信息。初始检索出的7103条专利数据，需要经过逐条筛选，确保所保留样本为研究所需要的合作专利，同时，对专利数据中专利申请人的相关信息进行补充。首先，按照专利申请人进行筛选，将仅仅包含一个专利申请人的专利删除，同时对专利申请人的属性进行判断。在专利合作中，专利申请人根据其性质可以分为：企业、科研院所以及高校。其次，查询每一个专利申请人所在的省份。最后，经过逐条筛选，确定专利申请人样本量为904人，专利合作数量共计2876条。专利申请人共涉及我国28个省份。

4.1.2 轨道交通装备产业专利合作基本情况分析

4.1.2.1 合作专利数量与增长趋势

各年份合作发明专利数量如图4.1所示，在1986~2008年轨道交通装备产业发明专利合作数量一直处于较低水平，说明轨道交通装备产业的技术创新水平还相对较弱；2005年国家发改委发布《国家中长期科技发展规划纲要（2006—2020年）》把交通运输业列为重点发展领域，并把高速轨道交通系统、高效运输技术装备列入优先主题。由于专利申请有2~3年的滞后期，所以自2009年后合作专利数量开始明显增加，2012年工信部颁布的《高端装备制造业"十二五"发展规划》中提出要满足我国铁路快速客运网络、大运量货运通道和城市轨道交通建设，轨道交通装备产业专利合作数量进一步增加。合作专利数量从2009年的164项增加到2018年的479项，呈现明显上升趋势，年平均增长速度为13.22%。轨道交通装备产业合作专利数量的飞速增加与我国实施的"十二五"发展规划、"中国制造2025"、"一带一路"

倡议等密切相关。合作专利数量的持续、快速增长，反映出我国轨道交通装备产业合作紧密程度的不断加强。

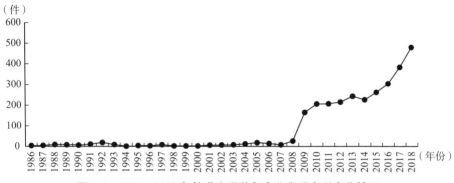

图 4.1　1986～2018 年轨道交通装备产业发明专利合作情况

资料来源：中国知网。

4.1.2.2　不同主体合作专利数量及增长趋势

轨道交通装备产业合作申请专利数量的变化情况，能够反映出轨道交通装备产业协同创新水平。将收集到的合作专利数据进行初步处理，按各年份进行统计，并对专利合作类型进行细分绘制成表。在 2009 年之前，轨道交通装备产业专利合作数量都处于较低的水平，大多数年份的合作专利数量不足 10 件。在 2009 年后，轨道交通装备产业专利合作数量开始持续、快速增长。如表 4.1 所示。

表 4.1　　　　　　　轨道交通装备产业专利合作类型分布

年份	企业 - 科研院所	企业 - 高校	企业 - 高校 - 科研院所	总计
1986	4	0	0	4
1987	5	0	0	5
1988	8	1	0	9
1989	8	0	0	8
1990	8	0	0	8
1991	10	1	0	11

续表

年份	企业－科研院所	企业－高校	企业－高校－科研院所	总计
1992	10	9	0	19
1993	4	2	3	9
1994	1	0	0	1
1995	2	1	1	4
1996	3	0	0	3
1997	3	2	3	8
1998	2	0	0	2
1999	2	0	0	2
2000	2	0	0	2
2001	6	0	0	6
2002	4	2	1	7
2003	2	6	0	8
2004	3	9	0	12
2005	6	8	4	18
2006	11	2	1	14
2007	4	3	1	8
2008	20	6	0	26
2009	114	42	8	164
2010	103	88	14	205
2011	133	57	16	206
2012	142	63	9	214
2013	167	47	28	242
2014	166	43	16	225
2015	185	57	19	261
2016	238	59	6	303
2017	282	68	33	383
2018	308	144	27	479
总计	1966	720	190	2876

资料来源：中国知网。

为了厘清轨道交通装备产业合作类型，本章将专利合作细分为企业－科研院所合作、企业－高校合作、企业－高校－科研院所合作进行分类统计。由图4.2可以看出，企业－科研院所的合作程度明显高于企业－高校合作、企业－高校－科研院所合作的合作程度，表明现阶段轨道交通装备产业以企业－科研院所之间的合作为主。由表4.1可知轨道交通装备产业合作中企业－科研院所合作类型一直占据优势地位，并且随着专利数量的逐年增多，优势地位越发明显。企业－科研院所是优势互补的合作类型，企业与科研院所进行合作可以直接对接市场，实现技术的产业化。这就是企业－科研院所合作类型近年来的逐步增加的原因，技术通过企业实现产业化，企业与科研院所在各自优势领域"强强联合"使合作的效率达到更优。

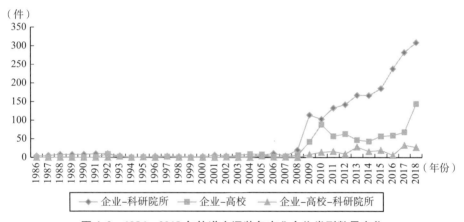

图 4.2　1986～2018 年轨道交通装备产业合作类型数量变化

资料来源：中国知网。

4.1.2.3　专利申请人地域

进一步将专利申请人按照其地域信息进行统计，从而从地理范围的角度研究轨道交通装备产业专利合作发展情况。对 1986～2018 年轨道交通装备产业专利合作的专利申请人地址信息进行统计，统计各省份参与协同创新网络的申请人数量。如表 4.2 所示。

表4.2　　　　各省份参与轨道交通装备产业协同创新网络的申请人数量　　　单位：个

省份	数量	省份	数量	省份	数量
北京	197	河南	27	广西	7
江苏	104	辽宁	27	新疆	7
上海	70	浙江	27	吉林	6
湖南	60	山西	20	江西	6
山东	51	陕西	20	福建	4
四川	50	安徽	15	贵州	4
河北	36	重庆	14	云南	4
湖北	32	甘肃	13	青海	2
天津	31	黑龙江	13		
广东	27	内蒙古	11		

资料来源：中国知网。

将1986~2018年轨道交通装备产业专利合作各专利申请人按照省级行政单位划分，如表4.3所示。随着创新个体自身实力的不断增强，轨道交通装备产业协同创新正在向跨省份方向发展。从合作情况来看，参与轨道交通装备产业协同创新网络的省份逐年增加，截止到2018年已经有28个省份参与其中，轨道交通装备产业合作范围在不断扩大，从最开始的简单合作到后来的跨省份合作，合作深度不断加强。

表4.3　　　　　　　　　各省份参与协同创新次数变化

年份	参与省份数量（个）	参与次数前3位省份		
		第1位	第2位	第3位
1986	7	广东（4件）	吉林（2件）	辽宁（2件）
1987	4	北京（5件）	河北（2件）	辽宁（1件）
1988	7	黑龙江（6件）	江苏（4件）	四川（4件）
1989	8	北京（9件）	河北（2件）	湖北（2件）
1990	5	辽宁（6件）	北京（2件）	山东（2件）
1991	9	北京（8件）	辽宁（8件）	河北（3件）
1992	11	北京（15件）	四川（7件）	河南（7件）
1993	8	北京（22件）	山西（3件）	四川（2件）
1994	2	北京（1件）	上海（1件）	—
1995	4	内蒙古（6件）	山东（4件）	江苏（1件）

续表

年份	参与省份数量（个）	参与次数前 3 位省份		
		第 1 位	第 2 位	第 3 位
1996	4	内蒙古（6 件）	辽宁（2 件）	北京（1 件）
1997	6	北京（16 件）	河北（6 件）	上海（6 件）
1998	2	北京（1 件）	山东（1 件）	—
1999	2	北京（2 件）	辽宁（2 件）	—
2000	3	黑龙江（2 件）	北京（1 件）	河北（1 件）
2001	4	上海（8 件）	湖南（2 件）	北京（1 件）
2002	7	北京（12 件）	江苏（6 件）	湖南（4 件）
2003	7	北京（8 件）	四川（2 件）	湖南（1 件）
2004	6	北京（10 件）	湖南（5 件）	上海（4 件）
2005	12	上海（72 件）	北京（28 件）	河南（8 件）
2006	7	北京（15 件）	上海（8 件）	陕西（4 件）
2007	6	湖南（5 件）	江苏（4 件）	北京（3 件）
2008	10	北京（19 件）	河南（10 件）	江苏（7 件）
2009	14	北京（121 件）	山东（91 件）	江苏（48 件）
2010	18	湖南（196 件）	北京（82 件）	江苏（64 件）
2011	15	江苏（166 件）	北京（103 件）	湖南（67 件）
2012	20	北京（319 件）	江苏（155 件）	四川（51 件）
2013	19	北京（240 件）	江苏（214 件）	湖南（44 件）
2014	16	北京（206 件）	江苏（188 件）	上海（97 件）
2015	17	北京（616 件）	湖南（81 件）	江苏（78 件）
2016	19	北京（512 件）	江苏（168 件）	湖南（86 件）
2017	25	北京（472 件）	江苏（197 件）	湖南（122 件）
2018	26	北京（997 件）	江苏（179 件）	湖南（158 件）

资料来源：中国知网。

4.2 轨道交通装备产业协同创新网络结构

4.2.1 轨道交通装备产业协同创新网络拓扑结构测度及网络模型构建

基于本章选取的样本，利用社会网络分析软件（Ucinet）构建了轨道交通装备产业协同创新网络，并对网络的整体结构进行分析。

4.2.1.1 轨道交通装备产业协同创新网络拓扑结构测度

（1）无标度网络，是指相互连接的各网络节点的度数具有严重的不均匀分布性的网络。其中，网络中拥有特别多连接的节点被称为核心（hub）点，而大多数的网络节点只有很少量的连接。极少数的核心点对整个网络的运行起着主导的作用。这种关键的节点（称为"枢纽"或"集散节点"）的存在使得无标度网络对意外故障有强大的承受能力。

（2）网络密度 d。同公式（3-1）。

（3）平均路径长度 L。同公式（3-4）。

（4）网络中心势。网络中心势反映了整个图的紧密程度，是对群体权利的量化分析。"中心势"指的并不是点的相对重要性，而是图的总体整合度一致性。中心势越高，说明中心性较大的节点对其他节点具有较强控制力，节点分布比较集中，有较强的信息传递能力。采用弗里曼（Freeman）提出的中间中心性指数对各年网络中心势进行计算，如公式（4-1）所示。

$$C_b = \frac{\sum_{i=1}^{n}(C_{abmax} - C_{abi})}{n^3 - 4n^2 + 5n - 2} \qquad (4-1)$$

其中，n 为网络节点数，C_{abmax} 是规模为 n 的图中点的绝对中间中心性的最大值，C_{abi} 是图中其他点的绝对中间中心性，C_b 为网络整体中心势。

（5）凝聚子群密度指数（E-I）。从网络中心势的研究中可以得出网络中出现多个以某一节点为核心的子群的结论，通过研究凝聚子群密度指数（E-I）可以研究网络中由于子群的产生而带来"派别林立"的程度是否严重。凝聚子群密度指数（E-I index）为凝聚子群的密度与整体网络密度的比值，凝聚子群密度指数分析的目的是研究整体网络中存在分派情况是否严重，测量派系林立的程度，具体计算方法如公式（4-2）所示。

$$E\text{-}I = \frac{EL - IL}{EL + IL} \qquad (4-2)$$

其中，EL 代表"子群之间的关系数"；IL 代表"子群内部的关系数"，该指数的取值范围为 $[-1, 1]$，所得结果越靠近 1，表明关系越趋向于发生在子群之外，意味着派别林立的程度越小；结果越靠近 -1，表明子群之间的关系

较少，关系越趋向于发生在子群之内，意味着派系林立的程度越大；结果为
0 时，表明网络中的关系是随机分布的。

4.2.1.2 轨道交通装备产业协同创新网络构建

根据社会网络理论，本章研究的轨道交通装备产业协同创新网络的节点
包括参与轨道交通装备产业合作专利的企业、高校和科研院所。节点与节点
通过合作发明专利进行联系，节点关联度与合作频率直接相关，例如，节点
A 与节点 B 存在 n 项合作专利，那么两者间的关联度为 n。此外，整体网络
密度与节点数以及实际关联度均相关。因此，首先需要根据之前所收集的数
据进行整理，去除重复后对各企业的合作专利数量进行统计，如节点 A 与节
点 B 有合作项目则记为 1，反之则为 0，若节点 A 与节点 B、节点 C 三者同时
申请一项专利发明则拆分为两两关系，即节点 A 与节点 B、节点 A 与节点 C、
节点 B 与节点 C 均有联系都计入 1，统计所有单位之间的联系并组成一个
$n \times n$ 的对称邻接矩阵 A_{ij}，如公式（4 – 3）所示。

$$A_{ij} = \begin{pmatrix} a_{11} & \cdots & a_{1j} \\ \vdots & \ddots & \vdots \\ a_{i1} & \cdots & a_{ij} \end{pmatrix} \tag{4 – 3}$$

将 1986 ~ 2018 年轨道交通装备产业合作专利信息转化为上述对称矩阵
后，得到 1986 ~ 2018 年轨道交通装备产业协同创新网络矩阵，矩阵规模分别
为 9 × 9、10 × 10、14 × 14、15 × 15、11 × 11、12 × 12、33 × 33、21 × 21、2 ×
2、9 × 9、7 × 7、14 × 14、4 × 4、2 × 2、4 × 4、6 × 6、17 × 17、14 × 14、15 ×
15、33 × 33、20 × 20、12 × 12、23 × 23、68 × 68、78 × 78、102 × 102、111 ×
111、115 × 115、119 × 119、121 × 121、140 × 140、185 × 185、265 × 265。轨
道交通装备产业协同创新网络是一种典型的社会网络，节点关系具有积累性，
即行动者 i 与 j 在 T 时刻建立了关系后，该关系会保持且可以嵌入其各自的社
会网络中，在某些年份略有波动。将处理好的数据导入社会网络分析软件
（Ucinet）中的社会网络分析与可视化工具（NetDraw）构建出 1986 ~ 2018 年
轨道交通装备产业协同创新网络图谱。

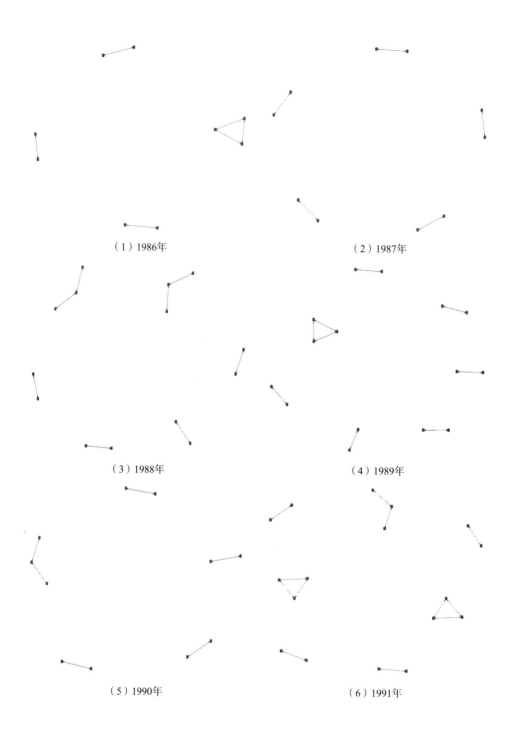

（1）1986年

（2）1987年

（3）1988年

（4）1989年

（5）1990年

（6）1991年

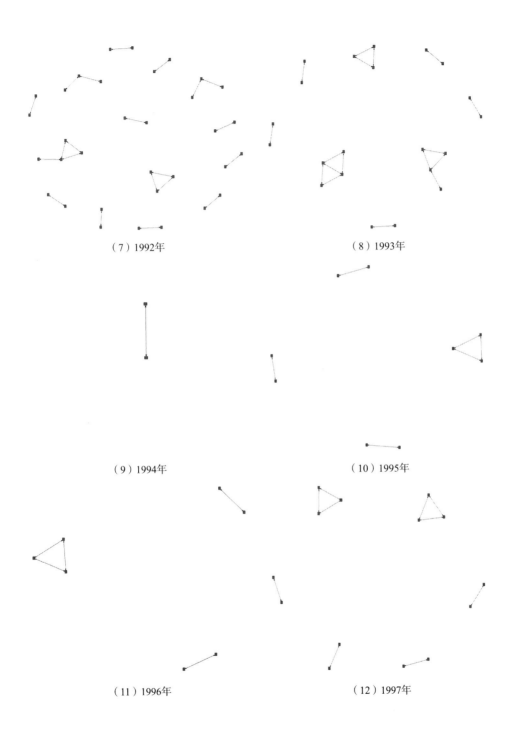

（7）1992年　　　　　　　　　　　（8）1993年

（9）1994年　　　　　　　　　　　（10）1995年

（11）1996年　　　　　　　　　　　（12）1997年

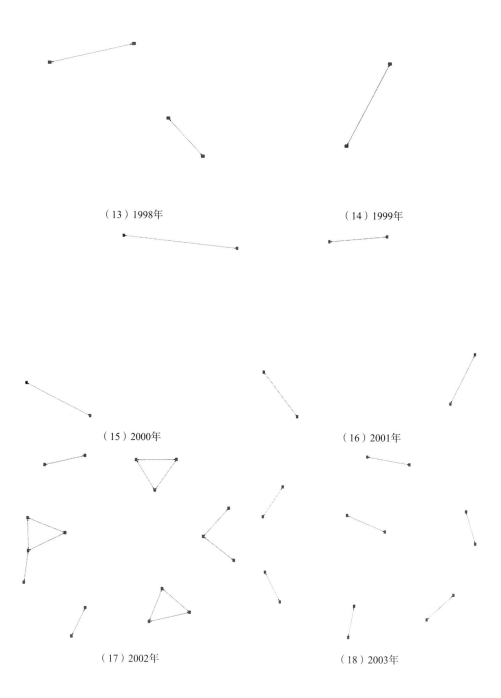

（13）1998年　　　　　　　　　　　　（14）1999年

（15）2000年　　　　　　　　　　　　（16）2001年

（17）2002年　　　　　　　　　　　　（18）2003年

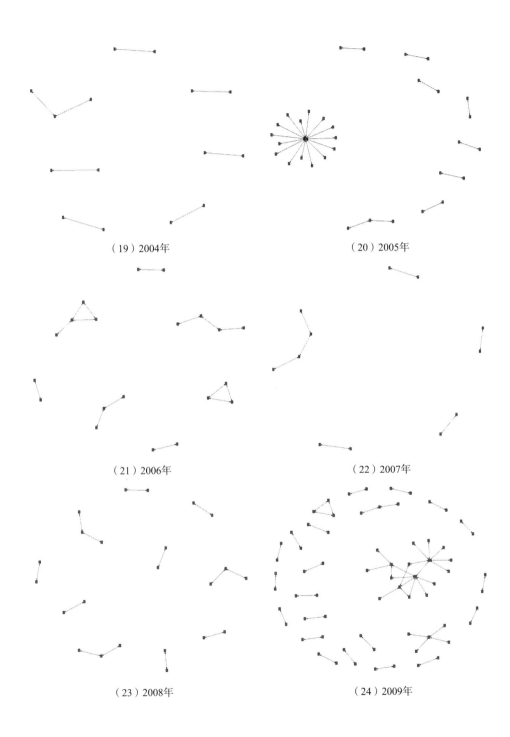

（19）2004年

（20）2005年

（21）2006年

（22）2007年

（23）2008年

（24）2009年

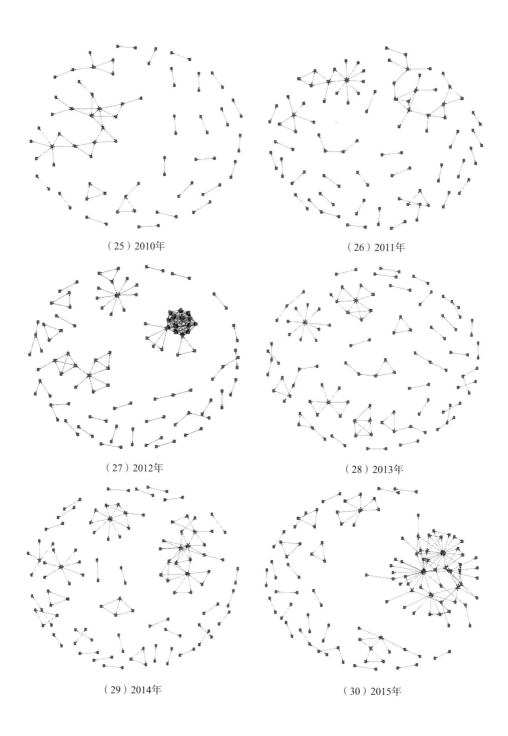

（25）2010年 　　　　　　　　（26）2011年

（27）2012年 　　　　　　　　（28）2013年

（29）2014年 　　　　　　　　（30）2015年

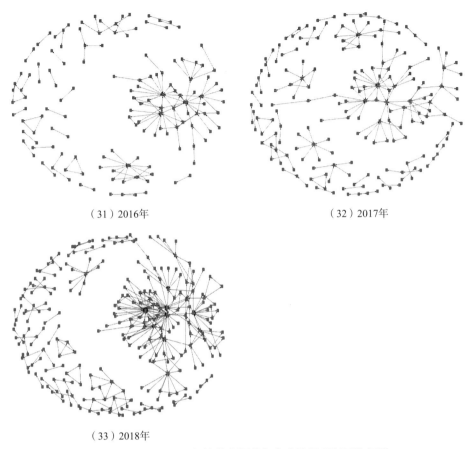

（31）2016年 　　　　　　　　　　（32）2017年

（33）2018年

图 4.3　1986～2018 年轨道交通装备产业协同创新网络图谱

　　轨道交通装备产业协同创新网络图的网络规模虽然有所波动但总体呈现扩大的趋势。1986 年开始以简单点线形式存在，2001 年后开始呈现出基本的拓扑结构，到 2009 年后已经开始发展成以中国铁路总公司为网络中心点的周围环绕形。节点增长明显，个别年份有所波动，轨道交通装备产业协同创新网络的网络节点数从 1986 年的 9 个节点增加至 2016 年的 265 个节点，表明参与到轨道交通装备产业协同创新网络中的企业、高校及科研院所越来越多，具体如表 4.4 所示。

表 4.4 　　1986～2018 年轨道交通装备产业协同创新网络规模及增长率

年份	网络规模（个）	新增节点数（个）	增长率（%）
1986	9	—	—
1987	10	1	11.11
1988	14	4	40.00
1989	15	1	7.14
1990	11	—	—
1991	12	1	9.09
1992	33	21	175.00
1993	21		
1994	2		
1995	9	7	350.00
1996	7	—	—
1997	14	7	100.00
1998	4	—	—
1999	2	—	—
2000	4	2	100.00
2001	6	2	50.00
2002	17	11	183.33
2003	14	—	—
2004	15	1	7.14
2005	33	18	120.00
2006	20	—	—
2007	12	—	—
2008	23	11	91.67

续表

年份	网络规模（个）	新增节点数（个）	增长率（%）
2009	68	45	195.65
2010	78	10	14.71
2011	102	24	30.77
2012	111	9	8.82
2013	115	4	3.60
2014	119	4	3.48
2015	121	2	1.68
2016	140	19	15.70
2017	185	45	32.14
2018	265	80	43.24

资料来源：笔者整理。

4.2.2 轨道交通装备产业协同创新网络结构的实证分析

4.2.2.1 轨道交通装备产业协同创新网络定性理论分析

（1）网络构成要素。轨道交通装备产业协同创新网络的创新主体是指在我国从事轨道交通装备产业技术创新活动的企业、高校和科研院所。因此，基于专利合作的视角，轨道交通装备产业协同创新网络的创新主体，是指具有合作技术研发，反映在专利方面具有实质性贡献的企业、高校和科研院所。网络中两个节点间的连边代表两个创新主体之间因为开展联合申请专利活动而发生的协同创新关系。

（2）网络形成动因。轨道交通装备产业作为高端装备的核心，已成为制造业的基础和制造装备的前沿。由于轨道交通装备产业具有技术密集的特点，所以，在轨道交通装备的研发和生产过程中要求轨道交通装备产业的快速发展必须以厂商为核心，通过专利合作进而整合异质资源，从而提升合作者的能力，进而促进轨道交通装备产业的快速发展。

4.2.2.2 轨道交通装备产业协同创新网络结构量化分析

（1）无标度网络。无标度网络存在一个简单、直观的判断方式，将无标度网络的累积分布与度的关系在双对数坐标图上画出，如果该图形可以近似拟合为一条直线的，即可被判断成为无标度网络，反之则不可被判断成为无标度网络。之后再通过拟合的曲线去反推该网络满足的幂率关系。通过分析轨道交通装备产业协同创新网络双对数坐标线，可以判断网络为无标度网络。

（2）平均路径长度。1986~2001年轨道交通装备产业协同创新网络的平均路径长度为1.513，2002~2008年网络平均路径长度为2.746，2009~2018年网络平均路径长度为3.632，说明我国轨道交通装备产业协同创新网络的传递运行效率随着网络规模的扩大而降低，但仍然保持在较高水平。

（3）网络密度。高密度的网络能够加速网络内部知识、信息、资源的流动速度，对网络内各主体间的相互学习和创新活动有促进作用。1986~2018年轨道交通装备产业协同创新网络密度变化情况如表4.5所示。

表4.5 协同创新网络密度

年份	密度	年份	密度	年份	密度
1986	0.1670	1997	0.1758	2008	0.1028
1987	0.111	1998	0.3333	2009	0.0764
1988	0.0934	1999	1	2010	0.0756
1989	0.0952	2000	0.3333	2011	0.0458
1990	0.1091	2001	0.4	2012	0.0614
1991	0.1103	2002	0.1029	2013	0.0484
1992	0.0417	2003	0.0879	2014	0.0455
1993	0.081	2004	0.1143	2015	0.066
1994	1	2005	0.1402	2016	0.0464
1995	0.1667	2006	0.0947	2017	0.0323
1996	0.2381	2007	0.1212	2018	0.026

资料来源：笔者整理。

1986～2018 年轨道交通装备产业协同创新网络的网络密度总体上呈现下降趋势，在个别年份有波动。网络密度可用于刻画网络中节点间的连边的密集程度，定义为网络中实际存在的边数与可容纳的边数上限的比值，取值范围是［0，1］。比值越接近 1 表明网络的凝聚力越高，各节点间的联系较紧密，越接近 0 网络越松散。通常来说，大规模网络的密度要比小规模网络的密度小。

观察 1986～2018 年轨道交通装备产业协同创新网络的规模与密度值，发现随着网络规模的扩大，轨道交通装备产业协同创新网络的密度值逐渐减小，网络整体趋于松散化。在网络中，各主体受资源等客观因素的影响，仅可以建立和维持一定数量的合作关系，伴随着轨道交通装备产业的发展，网络规模快速扩大，进入网络的主体增多，分配到保持特定合作关系的资源就变得更加有限。当新增合作的成本高于增量收益时，网络主体就倾向于保持原状而不建立新的合作关系。其中，1986 年网络密度为 0.167，2018 年网络密度为 0.026。国外学者通过随机选择模型测算出，现实网络中可能发现的最大网络密度值为 0.5。轨道交通装备产业协同创新网络密度普遍远低于 0.5，说明该网络中各主体间联系疏松，轨道交通装备产业协同创新网络的紧密度偏低，网络功能有待完善，协同创新网络内部存在巨大发展空间，网络内部各主体间可以进一步发挥自身优势与其他主体建立更加广泛、深入的合作。1994 年和 1997 年收集到的数据较少，所有节点均有联系，因此出现网络密度为 1 的特殊情况。

（4）网络中心势。表 4.6 数据显示，轨道交通装备产业协同创新网络的网络中心势总体呈现上升趋势。从 2004 年网络中出现明显的中心节点到 2018 年网络中心势达到 12.08%，说明网络内资源开始向某一核心节点集中。同时也说明了网络中的关键节点对于网络中的组织交流和资源流动的控制力开始加强。从中心势的增大趋势可以看出，轨道交通装备产业协同创新网络密度虽然随着规模扩大逐渐变小，网络也从紧密变得松散，但是网络的中心化程度不断变高，说明该网络中一部分节点成为核心节点，并且这类节点呈现出增多的趋势。这表明轨道交通装备产业专利合作呈现出小规模的集聚效应，以自身创新实力较强的个体为核心形成集团效应，这些集团再通过"强强联合"的形式形成更大的集团。

表 4.6   协同创新网络中心势

年份	网络中心势	年份	网络中心势	年份	网络中心势
1986	0	1997	0	2008	0.39
1987	0	1998	0	2009	3.58
1988	1.18	1999	0	2010	3.22
1989	0	2000	0	2011	1.77
1990	2.22	2001	0	2012	1.05
1991	0.83	2002	1.61	2013	0.55
1992	0.39	2003	0	2014	1.72
1993	1.03	2004	1.10	2015	10.66
1994	0	2005	21.16	2016	8.91
1995	0	2006	1.02	2017	7.66
1996	0	2007	3.31	2018	12.08

资料来源：笔者整理。

（5）凝聚子群密度指数（E-I）。1986～2018 年凝聚子群密度指数（E-I）情况如表 4.7 所示。由表 4.7 可以看出在 1986～2018 年凝聚子群密度指数均小于 0，只有在 1994 年、1998 年、1999 年、2000 年例外，经过查证这四年中专利合作数量较少，使得网络分布接近随机分布，子群存在情况不明显。轨道交通装备产业协同创新网络中凝聚子群密度指数整体接近 −1，网络中"派别林立"程度较大，子群体之间关系比较少，这意味着资源交流与分享较多地存在于小团体内部，而处于团体外部的成员则很少有与团体内部成员交流和沟通的机会，2016～2018 年凝聚子群密度指数（E-I）呈现出上升趋势，说明"派别林立"的情况正在改善。

表 4.7   协同创新网络凝聚子群密度指数（E-I）

年份	凝聚子群密度指数	年份	凝聚子群密度指数	年份	凝聚子群密度指数
1986	−0.667	1989	−0.778	1992	−0.714
1987	−0.6	1990	−0.667	1993	−0.882
1988	−0.75	1991	−0.667	1994	0

年份	凝聚子群密度指数	年份	凝聚子群密度指数	年份	凝聚子群密度指数
1995	− 0.667	2003	− 0.714	2011	− 0.775
1996	− 0.2	2004	− 0.75	2012	− 0.893
1997	− 0.8	2005	− 0.917	2013	− 0.806
1998	0	2006	− 0.867	2014	− 0.872
1999	0	2007	− 0.143	2015	− 0.385
2000	0	2008	− 0.692	2016	− 0.986
2001	− 0.333	2009	− 0.958	2017	− 0.895
2002	− 0.714	2010	− 0.556	2018	− 0.359

资料来源：笔者整理。

4.3 轨道交通装备产业协同创新网络演化

4.3.1 轨道交通装备产业协同创新网络结构演化

4.3.1.1 轨道交通装备产业整体网络结构演化

观察轨道交通装备产业协同创新网络规模与密度变化趋势，1985～2001年，协同创新网络主体增加缓慢，网络密度呈现小幅度波动状态；自2002年起，协同创新网络规模迅速扩张，网络密度呈现出下降趋势；2009～2018年，网络密度迅速下降。本章将轨道交通装备产业协同创新网络划分为以下三个阶段：

（1）萌芽阶段（1986～2001年）。随着市场竞争的加剧，创新已然成为轨道交通装备产业内企业保持竞争力的基本途径。然而单靠企业一方实现创新十分困难，企业只有借助"外力"才能降低研发风险和创新成本，而企业与企业之间所特有的竞合关系必然会对创新价值的实现产生冲击和影响，因此企业寻找与自己资源匹配的高校和科研院所合作便成为其实现创新的最优决策，从而导致协同创新网络的出现。协同创新网络形成初期，只有少数企业、高校和科研院所形成对接，且多呈现"一对一"合作的单链网络与"一对多"的星形网络组合模式，网络整体不连通且局部连通性较低，并呈松散状分布。此时的企业、高校和科研院所间只是为了解决当前技术创新难题及获取异质类资源而开展合作，二次专利合作较少，各方之间合作关系的稳定性较低。萌芽阶段的协同创新网络的特点是节点数量较少，网络合作关系紧密度较低，网络节点的平均度较小。

（2）过渡阶段（2002～2008 年）。随着创新主体间合作的深入，协同创新网络逐步成长，创新主体间的合作越来越广泛。协同创新网络中的企业、高校和科研院所彼此之间的合作关系越发深入，知识转移的程度逐渐增加，各方对创新网络的认可程度逐渐增强，对协同创新网络的依赖感渐强。此时的创新网络中形成对接的企业、高校和科研院所的数量较多，且呈现出"一对一"合作的单链网络、"一对多"合作的星形网络、"多对多"合作的复杂二分网络组合模式，网络因存在单链网络而呈现整体不连通但局部连通性较高，并呈核心—边缘网络分布。此时的企业、高校和科研院所间不单单只是为了解决技术创新难题及获取异质类资源而开展合作，也是为了利用创新网络获取异质类的资源信息，从而降低信息搜索成本，并利用深入互惠合作的强关系降低交易成本，各方之间合作关系的稳定性较强。过渡阶段的轨道交通装备产业协同创新网络的特征是专利合作数量、网络规模及连接次数均快速增长，网络中开始出现规模较小的子网，网络中节点强度开始增强，核心个体开始出现。

（3）发展阶段（2009～2018 年）。随着协同创新网络自组织进程的加快，网络逐渐形成了特有的运行模式，网络显示出品牌效应，网络以集体学习为主要特征，网络演化进入发展阶段。协同创新网络中的企业、高校和科研院所彼此之间的合作关系多呈现为反复接触而形成的强关系，极大促进了隐性知识转移，同时各方充分认识创新网络的正向作用，形成了网络的共同价值观，愿意在网络中主动提供异质类资源信息、知识，以形成网络的规模经济和范围经济。此时的创新网络中企业、高校和科研院所间都已形成对接，且呈现出"多对多"合作的复杂二分网络模式，网络整体连通，网络中核心节点的合作范围较广。此时的企业、高校和科研院所间开展合作的信息搜索成本和交易成本都较低，各方之间合作关系十分稳定。发展阶段的协同创新网络的特点是网络合作总规模大，网络合作关系紧密程度很高，网络平均节点度较大。该阶段轨道交通装备产业合作专利数量大幅度跃升，网络内连接稠密，多个子网出现且子网间开始连接，个体间节点强度不断增强。

4.3.1.2 轨道交通装备产业个体网络结构演化

针对轨道交通装备产业协同创新网络的三个发展阶段，根据不同类型的主体，利用社会网络分析软件（Ucinet）中的节点度数和连接次数考察创新主体的角色演变图。[①] 节点的度值表示网络中与这个节点直接相连的节点总数，度值越大说明其在网络中所处的位置越重要，掌握网络的知识来源越广，可以用来衡量合作的广度；连接次数表示轨道交通装备产业中某个节点与其他节点间专利合作的频数，频数越高说明其在网络中与其他节点知识交互越频繁，与网络中其他节点的合作关系越持久，可以用来衡量合作的深度。为了避免不同度值的大小对于深度的影响，用合作强度来表示深度，轨道交通装备产业协同创新网络中合作强度定义为：合作强度 = 连接次数/度值。通过建立广度－深度二维矩阵，可以把主体在网络中的角色划分为四种类型：高广度－高深度型这类节点的合作次数较多，且强度高，是网络中的核心节点；高广度－低深度型这类节点与其他节点的交流比较广泛但缺乏深度，较难开展后续合作，是网络中的重要节点；低广度－高深度型这类节点的合作对象有限但合作强度较高，是网络中的一般节点；低广度－低深度型这类节点合作对象较少合作强度较低，处于网络的边缘地位。这里界定合作广度与合作强度高低的标准是所有轨道交通装备产业协同创新网络主体的平均值。

萌芽阶段（1986～2001 年）：企业、科研院所与高校在轨道交通装备产业专利合作开展初期在四个象限均有分布。有 23 家企业、17 所科研院所以及 3 所高校属于高广度－高深度型占该阶段参与主体总数的 32.1%，处在合作网络中核心位置，与其交流的对象广泛，并且与其他主体合作很频繁，延续性比较好。4 家企业、2 所科研院所以及 1 所高校在合作中属于高广度－低深度型，虽然合作广度很高，但是合作的深度不够，在合作网络中属于比较重要的节点，联系的主体比较多，但是在合作的延续性方面比较差。还有少部分企业、科研院所与高校属于低广度－高深度型，是合作网络中

---

① 因篇幅限制，读者若想获取原始图片，请联系作者，邮箱：heulww@163.com。

的一般节点，信息交流对象有限但是有较好的持续性。有43家企业、17所科研院所以及2所高校的广度－深度均低于平均值，属于低广度－低深度型占比46%，这类节点在网络中属于边缘节点，在信息交流中发挥的作用较小。

过渡阶段（2002~2008年）：在这一阶段，企业、科研院所与高校在处于高广度－高深度象限的数量均有下降。有18家企业、1所科研院所、1所高校属于高广度－高深度型，占该阶段参与主体总数的20.8%。9家企业4所科研院所、3所高校属于高广度－低深度型。9家企业、3所科研院所以及3所高校属于低广度－高深度型。32家企业、9所科研院所以及7所高校属于低广度－低深度型占总体数量的50%。科研院所以及高校在本阶段的参与程度有所降低，在轨道交通装备产业协同创新网络中的作用减小。在过渡阶段，专利合作主体数量有所减少，专利合作数量增加，核心节点开始凸显，如上海新干通通信设备有限公司。这类节点往往会掌握很多资源，同时拉高广度－深度的平均值，使得边缘节点更加边缘化。

发展阶段（2009~2018年）。企业在轨道交通装备产业协同创新网络中的核心地位得到了进一步加强，从合作广度与合作深度上看已经遥遥领先于其他主体，说明企业在专利合作中的主体地位发挥了更大作用。大多数高校的合作广度得到了很大的提升，但是合作深度没有太大的变化，说明高校在合作的延续性方面作用开始加强。67家企业、19所科研院所、5所高校属于高广度－高深度型；87家企业、3所科研院所以及21所高校属于高广度－低深度型；73家企业、8所科研院所与7所高校属于低广度－高深度型；有59%的专利合作主体属于低广度－低深度型。总体来看，各个主体间的协同作用在不断加强。在发展阶段，轨道交通装备产业专利合作主体数量迅速增加，企业在合作网络中的核心主体地位依旧保持强势。一方面，反映了国家对于轨道交通装备制造企业的重视程度；另一方面，也体现出企业在协同创新网络作为提出技术需求与提供资金的一方的重要程度。

从第一阶段到第三阶段，无论是广度还是深度，都呈现出不断增强的趋势。第一阶段，广度［0，5.2］，深度［0，7］。第二阶段，广度［0，16.2］，深度［0，11.2］。第三阶段，广度［0，42.2］，深度［0，80］。

4.3.2　轨道交通装备产业协同创新网络空间演化

将专利合作的专利申请人的地理信息提取出来，按照阶段将合作专利的申请人所属城市进行归类。专利申请人在同一城市的认定为城市内部合作，在同一省份的认定为省内部合作。同时，将各专利合作主体的经纬度信息用表格汇总。为了更直观地看出轨道交通装备产业合作专利申请人在三个时间段中的地域变化，将数据可视化如图 4.4 所示。

（a）1986~2001 年　　　　（b）2002~2008 年　　　　（c）2009~2018 年

图 4.4　1986～2018 年协同创新网络空间演化

1986～2001 年萌芽阶段，全国共有 20 个省份 51 个地级市参与到协同创新网络中，形成了以北京、上海为中心的结构，凭借雄厚的经济基础以及教育资源的集聚，北京、上海成为引领轨道交通发展的排头兵，其作为知识生产及扩散的基地，带动周边城市工作的开展。此外，从图 4.4 中不难看出，在协同创新网络中处于较重要地位的地区主要是北部、东部地区各省省会及其小范围辐射地区。说明在合作的萌芽阶段，各经济带尚未形成引领发展的核心城市，可以看出环渤海经济圈以及长江经济带已经初具雏形。

2002～2008 年过渡阶段，北京依然处于轨道交通装备产业协同创新网络中的核心地位，从全国范围内看，核心节点开始增多，形成以北京、天津、上海、河北、河南、四川、湖南为首的多核结构。尤其是以四川成都为首的西南地区，已经从萌芽阶段的呈现点状分布逐步连接成片，其辐射范围进一步增大。

2009～2018 年发展阶段，这一阶段轨道交通装备产业协同创新网络的

"多核结构"已经形成，除了环北京经济圈依然居于最为核心的地位之外，长江三角洲地区和中南地区的发展速度超过了其他地区。从图 4.4 中可以明显看出，长江三角洲地区从刚开始以上海为核心带动整个区域合作飞速发展，其辐射区域进一步扩大至安徽和江苏等大部分区域。同时，以湖南为核心的中南地区的轨道交通装备产业专利合作核心区域有明显扩大。与轨道交通装备产业发展的前一阶段相比，该阶段轨道交通装备产业专利合作核心区域有明显扩大，各区域之间联系更加紧密，已经逐渐连接成片。2018 年，协同创新网络形成了以北京、上海、长沙、成都为核心的结构，各省份之间联系更加紧密。上海、浙江已经高度融合，在泛长江三角洲地区呈现出极其显著的空间集聚特征。武汉、长沙、成都、重庆等地空间集聚效应已经显现，珠江三角洲地区的广州、深圳与其他地区的联系较少，这可能与广东的高水平高校以及科研院所数量较少有关。西南地区的云南、贵州以及广西地区因为其地理因素的制约，经济发展水平较低，交通不够便利，所以在该地区创新网络的空间集聚效应偏低。

总体来说，1986～2018 年轨道交通装备产业协同创新网络从空间角度有了较为明显的发展，基本形成了以北京为核心的环渤海经济圈，以上海、浙江为核心的泛长江三角洲经济带以及以湖南长沙、四川成都为核心的中南地区经济圈，而我国的西南地区（云南、贵州、广西等）区域内部合作与跨省份合作均需要进一步加强，对于新疆、西藏、内蒙古等省份的合作仍处于萌芽阶段，需要相关政策的大力扶持。

4.4　轨道交通装备产业协同创新网络优化对策建议

1986～2018 年我国轨道交通装备产业协同创新网络从无到有，尤其近年来合作规模迅速扩大，依然有些方面需要加强。通过分析轨道交通装备产业协同创新网络的结构特征以及演化过程为轨道交通装备产业协同创新网络的结构优化对策及建议制定提供了理论基础。网络的演化过程受到网络结构的影响，而网络结构是由网络中各个主体的合作行为决定的。网络中创新主体的合作行为很大程度上受到政府的影响，导致网络结构发生改变，进而影响网络的可持续化发展。

通过国家铁路局、国务院官网，整理出轨道交通装备产业的相关法律法规与相关政策性文件。自 2005 年起有近 15 项政策性文件与轨道交通装备产业有关，其中 2005 年国家发改委颁布的《国家中长期科技发展规划纲要（2006—2020 年）》以及 2012 年国务院颁布的关于《"十二五"国家战略性新兴产业发展规划》这一系列文件，对轨道交通装备产业协同创新网络产生了较为明显的影响。从文件中可以看出，轨道交通装备产业专利合作数量在 2009 年、2015 年以及 2017 年有较为明显的增加。

对相关的政策性文件进行研究发现，文件中均提出把交通运输业列为重点发展领域，并把高速轨道交通系统、高效运输技术装备列入优先主题，大力发展先进轨道交通装备业，重视实施先进轨道交通装备及关键部件创新发展。

结合本章对轨道交通装备产业协同创新网络的结构分析以及相关政策新研究，通过对轨道交通装备产业的协同创新网络结构和网络演化过程剖析，从政府宏观层面、行业中观层面以及微观层面，提出轨道交通装备产业协同创新网络的优化对策。

4.4.1 宏观层面

由于轨道交通装备产业专利合作的重大科技项目会对国家、行业产生深远的影响，因此一般意义上的企业、高校以及科研院所三者之间的合作程度还远远不够，政府应该在产业政策以及技术政策上提供支持共同攻关。通过项目支持的企业、高校以及科研院所不仅数量上有限，还具有一定的时效性。只有通过政策上的支持才能起到长期作用，真正调动轨道交通装备产业各方技术创新投入。此外，科技成果转化也取决于政府的政策法规。

4.4.1.1 保障科技成果转化

科技成果转化的过程，本质上是一个科技供给与市场需求对接的过程。科技供给方根据市场实际需要，创造出符合市场需求的新技术、新产品，市场自然会为科技成果提供转移转化、价值变现的渠道。因此，建立以需求为导向的科技成果转化机制，是打通我国科技与经济发展之间通道的主要方式，也是供给侧结构性改革的重要着力点。一项技术从研究开发到技术转让、产品上市，一般需要经历两个阶段：第一阶段是研发，第二阶段是转化。二者的衔接容易脱节，导致创新链条断裂，以至于科研院所、高校不了解企业需求，企业得不到充分的技术支持。

因此政府应当将科技成果的转化纳入国民经济和社会发展计划，并组织协调实施有关科技成果的转化。在利用财政资金设立应用类科技项目和其他相关科技项目时，有关行政部门、管理机构应当改进和完善科研组织管理方式，在制定相关科技规划、计划和编制项目指南时应当听取相关行业、企业的意见；在组织实施应用类科技项目时，应当明确项目承担者的科技成果转化义务，加强知识产权管理，并将科技成果转化和知识产权创造、运用作为立项和验收的重要内容和依据。

对能够显著提高产业技术水平、经济效益或者能够形成促进社会经济健康发展的科技成果转化项目，国家通过政府采购、研究开发资助、发布产业技术指导目录、示范推广等方式予以支持。

4.4.1.2 制定优惠、合理的税收政策

轨道交通装备产业专利合作项目必须将引进的技术、机床设备等优先列入技术改造项目。企业、高校、科研院所技术转让、技术开发、技术咨询、技术服务包括技术中介、技术培训、技术承包所取得的技术性服务收入暂免征收企业所得税，建立全方位、惠及面广的保护和激励创新税收政策体系，降低税负，增强企业现金流，为企业创新提供良好的外部动力。对国家需要重点扶持的高新技术企业，按较低税率征收企业所得税；企业为开发新技术、新产品、新工艺发生的研究开发费用，未形成无形资产计入当期损益的，在据实扣除的基础上，按照部分研究开发费用在所得税前加计扣除。资助非关联的科研院所和高等学校研究开发新产品、新技术、新工艺所发生的研究开发经费，经主管税务机关确定，其资助支出可以全额在当年度应纳税所得额中扣除，当年度应纳税所得额不足抵扣时，不得结转抵扣。对于引领新经济发展具有重要意义的软件和集成电路产业、技术先进型服务外包企业，也实行专门的增值税、企业所得税等优惠政策，积极支持战略性新兴产业快速发展。

4.4.1.3 完善激励政策，扩大核心城市的辐射能力

从轨道交通装备产业协同创新网络空间演化可以看出明显的"多核结

构"，北京、上海、长沙、四川等核心地域以自身为中心向外辐射。由于企业趋利避害的特性，其主要表现为利益驱动。完善自主创新激励政策，目的在于激发自主创新主体的积极性。从而使处于核心地域的企业主动地向边远地区发展。发挥不同地区的资源优势，整合资源合理利用，完善发展成果分享机制，促进技术、工艺、信息等资源自由有序流动，为推进轨道交通装备产业协同创新网络跨省份协同发展做出新贡献。对依法批准设立的非营利性科研院所、高校等单位的科技人员，通过跨省份合作的科研与技术开发所创造的实用新型、专利技术等创新成果，采取转让许可的方式，在相关单位取得转化收入，发放现金奖励，给予税收优惠，促进科技成果转化。政府应结合各创新主体以及社会发展的需要，构建科学合理的创新动力体制。

4.4.1.4　完善人才培养机制，提高高校在协同创新网络中的参与程度

鼓励高校主动同科研院所、企业开展深度合作，尤其是将建立协同创新战略联盟作为一项重要的战略。我国的高等学校特别是研究型大学，作为培养高层次创新人才的重要基地、基础研究和高技术领域原始创新的主力军之一，是解决国民经济重大科技问题、实现技术转移和成果转化的生力军，在建立协同创新战略联盟方面，采取空前主动的行动，有其高端人才荟萃、学科门类齐全、研究基础雄厚的特有优势。高校、科研院所、企业之间基于利益驱动的自愿协同创新尚未成形，若要实现高水平、高起点的协同创新，势必需要政府建立一套健全的人才交流计划和保障政策。鼓励企业科技人员到高校兼职，或高校教师到企业兼职，企业与高校联合培养研究生。仿照成功企业案例，使企业与高校在战略合作的框架下，形成以项目为载体，企业技术专家为研究生的正导师、高校教授为副导师的校企合作研究生培养模式，解决企业的人才瓶颈问题。制定吸引优秀人才的优惠政策，充分利用各种民间组织和团体的桥梁和纽带作用，吸引高层次人才，以推动轨道交通装备产业协同创新网络的发展。

4.4.1.5　加强民营企业的参与程度

我国轨道交通装备产业有一定的国家垄断性，网络中核心节点还是以国有企业为主。民营企业虽然参与专利合作，但无论从数量上还是地位上短期内都无法和国有企业相提并论，没有充分发挥出民营企业的灵活性以及市场

洞察力。国家应加大对民营企业的重视程度，实施多种鼓励政策，推动我国轨道交通装备产业飞速发展。

4.4.2　中观层面

4.4.2.1　综合利用外部资源，整合利用内部资源

我国轨道交通装备产业起步较晚，虽然现在已经取得不可磨灭的成就，但在技术上依然存在发展空间。应该引进国外先进技术，结合我国国情进行优化。在融合过程中，不仅可以消化引进的技术，还可以激发新思路、新想法，从"制造大国"向"制造强国"迈进。

原铁道部下属企业众多，但大多数企业间均存在一定的竞争关系，在合作研究方面相对较弱。因此可以建立中国轨道交通装备产业产学研合作平台，在技术上，应是共同合作、不区分企业。政府应当鼓励市场方面的良性竞争，而研发方面应当集中力量，通过构建平台，签订合作协议，建立战略联盟，以提高我国轨道交通装备产业整体技术水平，进而赶超发达国家。

4.4.2.2　建设产学研信息共享平台

产学研信息综合服务平台决定了信息资源共享的效率和共享平台的可服务性，提高了共享平台的利用率，最终实现共享平台的稳定可持续发展。探索和加强区域科技信息资源保障和服务能力建设，促进战略联盟的建立，建立区域科技信息联合服务体系是必要的。提高科学技术成果转化和信息共享，充分发挥创新人才的科技优势，解决资源共享问题，扩大资源共享的范围，加深资源共享的深度。保障用户可以在任何地方和任何时间利用各种文件和信息。机构提供的信息资源和服务，为更加高效的科技创新体系和机制奠定基础。提供高质量的科技信息资源，健全共享协调机制，对共享平台建设统一协调规划，保证科技信息资源的整合、合理有效、不浪费的重复利用。

通过产学研合作平台的建设能够有效配置高校和科研院所拥有的基础设施和专业人才，也能够使发挥企业的资金和社会资源，从而使得各个合作主体的资源得以充分利用以及合理配置，实现优势互补进而提升该领域的技术

协同创新效率；同时，在很大程度上还可以规避研发风险，达到节约成本、缩短专利研发周期的目的，此外，还能加快轨道交通装备产业技术孵化水平。企业能够通过产学研平台充分配置资源，以增加科研成果的方式提高企业的核心竞争力。高校和科研院所能够充分利用产学研合作平台的资源，增加科研成果转化率并提升自身的科研水平。因此，加强产学研合作平台建设，在专业化分工基础上开展产学研协同创新，深入科研开发、配套集成、市场开拓、业务承包等方面的合作，最终使得整个轨道交通装备产业技术水平不断提高。

4.4.3 微观层面

4.4.3.1 加强企业内研发机构建设

企业作为"产学研"中提出技术需求与提供资金的一方，直接面对市场竞争。应该进一步增强技术创新意识和风险管理意识，把科研成果的引进和应用放到企业发展的重要战略位置，增加对科研成果的需求，真正发挥产学研一体化建设的主导作用。借鉴发达国家和新兴工业化国家创新发展的成功经验和我国推进自主创新战略的需要，只有企业自身拥有强有力的创新实力，才能带动产学研协同创新。

4.4.3.2 设置合理的利益分配机制

在轨道交通装备产业产学研创新体系中，企业是主体，高校和科研院所提供技术上的支持和强有力的后盾。企业创新的动力是效益原则，要有利于增加利润，要有利于提升市场竞争力。科研院所和高校的参与不全是无偿奉献，也有各自利益的追求。他们希望通过解决企业需求的实际问题，提升学术水平、造就高级人才、分享经济利益和荣誉。如果一个专利合作项目，各方找到了满意的利益共同点，那么这个项目所取得的成果会更加显著。企业提出的创新需求，如果高校及科研院所认为这个项目的学术水平不高，对自己带来的效益不满意而不予接受，这样的产学研项目最终结果是失败的。在专利合作项目中，这样的现象并不少见，开始时各方同心同德申请项目，却在最后利益分配时出了差错导致项目失败。尤其是轨道交通装备产业专利合作这种国家重大型科技创新项目，一旦出现因为最终利益分配不满意造成项目失败，带来的经济损失不可估量。所以在推动轨道交通装备产业专利合作中，参与合作的各方要把探求"利益的共同点"放在突出地位，才能收到实效。

第 5 章

海洋工程装备产业协同创新网络研究

5.1 海洋工程装备产业 专利合作现状

国务院常务会议于 2010 年 9 月 8 日审议并通过了《国务院关于加快培育和发展战略性新兴产业的决定》，标志着海洋工程装备产业的发展已上升为国家战略[157]。《海洋工程装备产业创新发展战略》[158]、《海洋装备制造业中长期发展规划》[159]等重要政策文件的相继出台，海洋工程装备产业政策体系初步成型。中共十八大明确提出"提高海洋资源开发能力，发展海洋经济，保护海洋生态环境，坚决维护国家海洋权益，建设海洋强国"[160]。习近平总书记在 2013 年 7 月 30 日主持中央政治局第八次集体学习的讲话中，对如何建设中国特色的海洋强国做了全面论述[161]。2015 年的政府工作报告中提出"中国制造 2025"，指出把海洋工程装备和高技术船舶作为十大重点发展领域之一加快推进，明确了今后十年的发展重点和目标，为我国海洋工程装备和高技术船舶发展指明了方向。

习近平总书记在中共十九大报告中指出，经过长期努力，中国特色社会主义进入了新时代，这是我国发展新的历史方位。新时代开启了加快建设海洋强国的新征程，这既是党中央对海洋事业发展的新要求，也是海洋事业发展的前进方向和战略目标。《海洋工程装备制造业持续健康发展行动计划（2017—2020 年）》发布，提出到 2020 年，我国海洋工程装备产业国际竞争力和持续发展能力明显提升，产业体系进一步完善，专用化、系列化、信息化、智能化程度不断加强，产品结构迈向中高端，力争步入海洋工程装备总装制造先进国家行列[162]。

"欧美设计，亚洲制造"是目前世界海洋工程装备及其配套设备与系统的总体格局，全球的海洋工程装备产业分为三大阵营，中国、阿联酋、巴西、俄罗斯、越南、印度和印度尼西亚等国家属于第三阵营，以中低端产品制造为主[163]。我国连续三年在海洋工程装备产业世界市场的份额保持订单规模第一。经过几年的发展，在产品层次、产业分工、经营规模等方面，我国海洋工程装备制造企业都有很大提高，在全球海洋工程装备市场的竞争地位已有显著提升，从总装建造向配套设备和零部件制造领域不断延伸。另外，我国海洋工程装备产业发展进入新阶段。我国企业已自主建造出具有里程碑意义的海洋工程产品。海洋工程企业在国内和国际市场上具有优异的表现，国内海洋工程装备产业格局发生新变化[164]。

进入 21 世纪后，我国海洋工程装备产业的产业集聚初步形成，技术水平和制造能力得到较大提升，但仍存在许多问题，如核心技术依赖国外、配套产业发展滞后、总承包能力缺乏、产能过剩隐忧、高端人才匮乏等[165]。海洋工程装备产业是高端装备制造业的重要方向，同时也是战略性新兴产业的重要组成部分，海洋工程装备的发展离不开行业的自主创新能力的提高[166]。海洋工程装备产业企业要占据竞争优势，在国际竞争中得到法律保护，可以通过授权专利的方式拥有自主知识产权。近年来我国总体创新能力不断提升，知识产权保护意识也在逐渐增强，中国专利数量尤其是海洋工程装备产业专利数量呈现出逐年上升态势。

伴随着海洋强国战略的提出和知识经济的快速发展，海洋工程装备产业已成为未来海洋强国战略实施的重心。专利是技术创新活动中科学技术成果转化的载体，并且合作申请专利已成为协同创新的主要方式。近年来，协同创新网络的发展将专利合作带入了一个新的阶段，许多企业、高校以及科研院所等组成了海洋工程装备产业协同创新网络，创新网络成为企业提升创新能力的有效途径，网络主体通过合作研发不断获取、吸收以及利用网络中的各种资源从而增强自身的研发实力。从目前的学术研究来看，协同创新网络方面的研究已成为学术热点，但鲜有海洋工程装备产业的协同创新网络方面的研究。通过分析海洋工程装备产业合作过程中存在的主要问题，揭示海洋工程装备产业协同创新网络中创新主体的行为偏好以及网络演化机理，优化完善海洋工程装备产业的协同创新网络的结构和功能，对于推动海洋工程装备产业的快速发展具有重要意义。

海洋作为最具有重要战略意义的新型开发领域，是各沿海国家解决资源问题的新选择，海洋蕴含的资源不仅种类丰富且储量巨大。发展海洋工程装备是维护海洋权益、实现经济可持续发展的必然要求。但就目前来看，我国海洋工程装备产业与国际发达国家仍存在很大差距，产业发展存在诸多问题。近年来市场竞争和经济全球化现象日益显著，协同创新已成为全社会的共识。因此，本章在了解海洋工程装备产业的内涵及特点的基础上，基于相关理论，构建海洋工程装备产业协同创新网络模型，进而探讨其演化过程，从而提出促进海洋工程装备产业协同创新的对策建议。

5.1.1 海洋工程装备产业协同创新网络的数据来源及数据处理

本章选取中国国家知识产权局（CNIPA）专利数据库作为专利数据来源。为了确保获得的数据有效和全面，我们将国际专利分类（IPC）号和关键字搜索策略结合在一起。国际上通常将海洋工程技术装备分为三大类：海洋油气资源开发装备、其他海洋资源开发装备和海洋浮体结构物。结合《战略性新兴产业重点产品和服务指导目录（2016 版）》中海洋工程装备产业的细分方向，我们对关键字进行了修改，最终确定了海洋工程装备产业三大类技术的专利检索表达式。将确定的专利检索公式输入中国国家知识产权局（CNIPA）专利检索和分析系统中，获得了 9031 个海洋工程装备产业的专利数据（1985 年 1 月 1 日 ~ 2018 年 2 月 2 日）。然后，我们筛选并删除了重复的数据。在筛选这些专利时，如果一个专利具有两个或多个组织，则假定他们之间存在合作关系，且认为该专利是合作专利。我们发现1993 年才出现合作申请专利，最终获得了 753 项合作专利的数据，即本章的实证研究对象。这 753 项专利是海洋工程装备产业技术创新的产物，可以有效地反映整个产业协同创新的发展现状。根据专利申请数量变化趋势，我们将 1993 年以来的专利申请日期分为三个阶段：萌芽阶段（1993～1999年）、成长阶段（2000～2010 年）和成熟期（2011～2017 年）。最后，我们手动处理数据，得到 526 个申请人之间构成专利合作关系共计 560 条，专利合作次数共计 1373 次。最后，使用复杂网络分析软件（Gephi）可视化专利数据和协作关系。

5.1.2　海洋工程装备产业专利合作基本情况分析

5.1.2.1　合作专利数量与增长趋势

海洋工程装备产业专利合作申请体现了专利申请人的知识产权保护意识，而海洋工程装备产业合作申请专利数量的变化情况，能够反映出海洋工程装备产业协同创新水平变化情况。将海洋工程装备产业具有合作关系的 753 项专利数据按照时间序列进行分类处理得到了如图 5.1 所示的 1993～2017 年海洋工程装备产业的合作申请专利数量情况。可以发现在这 25 年间，海洋工程装备产业的合作申请专利数量呈现出逐步上升趋势，说明该产业的技术创新水平在不断提升。1993～2003 年海洋工程装备产业的合作申请专利数量呈现缓慢发展状态，说明海洋工程装备产业的技术创新水平还相对较弱；在这段时间中，有 4 年的海洋工程装备产业的合作申请专利数为 0 件，而在 1993 年和 2002 年海洋工程装备产业的合作申请专利数为 3 件，这是 11 年间合作申请专利数量的最大值；此外，在这 11 年间海洋工程装备产业的合作申请专利数量年均 1.09 件。2004～2007 年海洋工程装备产业的合作申请专利数量开始缓慢增加，在这 4 年间海洋工程装备产业的合作申请专利数量年均 8.25 件。2008～2016 年海洋工程装备产业的合作申请专利数量迅速增加，在 2008 年海洋工程装备产业的合作申请专利仅为 13 件，而在 2016 年海洋工程装备产业的合作申请专利数量已增加至 131 件，在这 9 年间海洋工程装备产业的合作申请专利数量年均 70.22 件，平均增长率达到了 33.48%，这与 2006 年后国家政策对海洋工程装备产业的扶持力度不断增加有关。从图 5.1 中我们可以看出 2017 年海洋工程装备产业的合作申请专利数量有下降趋势，这是由于部分海洋工程装备产业的专利从申请到公开时间需要 18 个月以上，因此产生的递延效果使得一定数量的专利还无法被检索到。从整体上来说，我国海洋工程装备产业的合作申请专利数量呈现逐步上升的趋势，也体现出海洋工程装备产业的技术创新水平不断提升。

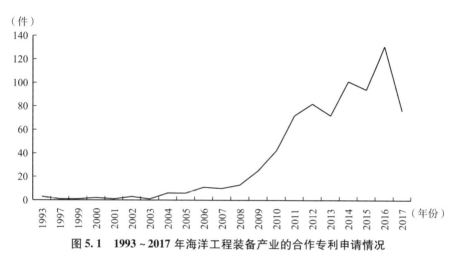

图 5.1　1993～2017 年海洋工程装备产业的合作专利申请情况

资料来源：中国国家知识产权局。

5.1.2.2　专利申请人类型

图 5.2 说明，企业占协同创新网络专利申请人的 71.16%，是该网络的最大组成部分。高校和科研院所分别占 15.92% 和 12.92%。这表明在海洋工程装备产业专利的合作申请中，企业占主导地位，高校和科研院所的参与度相对较低。企业在海洋工程装备产业专利的合作申请中具有较高的参与度，主要是因为他们更倾向于将技术创新转化为专利，并且可以从中受益，如可增强其核心竞争力。相比之下，高校和科研院所具有强大的科研能力，可以独立研究和开发相关技术，因此，他们很少合作申请专利。

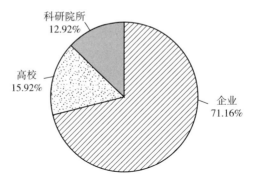

图5.2 海洋工程装备产业合作专利不同申请人类型比例

资料来源：中国国家知识产权局。

5.1.2.3 合作关系类型

基于不同专利申请人类型（企业、高校及科研院所），我们将专利合作类型划分为6种：企业－企业，高校－企业，企业－科研院所，高校－高校，高校－科研院所和科研院所－科研院所。考虑到在2004年之前，海洋工程装备产业合作专利数量较少，得到了如图5.3所示的2004～2017年海洋工程装备产业的不同主体合作类型专利数量申请情况。

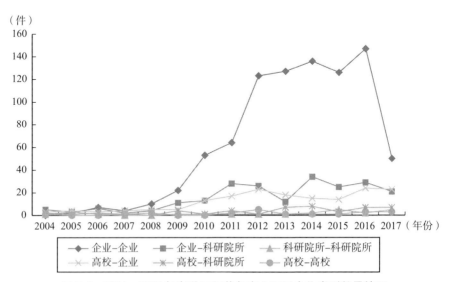

图5.3 2004～2017年海洋工程装备产业不同合作类型数量情况

资料来源：中国国家知识产权局。

由图 5.3 可以看出，2004～2007 年这 6 种合作类型的数量都相对较少；在此期间，企业 - 企业是这 6 种合作类型中最为重要的组成部分，其次是高校 - 企业、企业 - 科研院所；相比之下，高校 - 科研院所的数量相对较少。在 2004～2017 年间，高校 - 高校、科研院所 - 科研院所的数量呈现出平稳发展趋势，合作申请专利数量相对较少，仅在 2015～2017 年稍有上升趋势。而其他 4 种合作类型数量在 2008～2017 年都呈现不同程度的上升趋势；在 2017 年，这 4 种合作类型的合作申请专利数量相比前一年有小幅下降，可能受到了专利公开过程中的递延效果的影响。

2004～2010 年，企业 - 企业的数量呈现出先缓慢发展再快速发展趋势，而 2011～2017 年，企业 - 企业的数量呈现出先平稳发展再快速发展趋势。相比之下，2004～2012 年，企业 - 科研院所以及高校 - 企业的数量呈现缓慢上升趋势，2013～2015 年，高校 - 企业的数量减少，高校 - 科研院所的数量有所增加，企业 - 科研院所的数量不稳定；2015 年之后企业 - 科研院所、高校 - 企业以及高校 - 科研院所的数量都呈现上升趋势。总而言之，在海洋工程装备产业的合作申请专利中，企业 - 科研院所、高校 - 企业正在逐步追赶企业 - 企业这种合作类型，高校 - 科研院所的合作也在平稳发展，科研院所 - 科研院所、高校 - 高校这两种合作类型数量未发生较大变化，在这 6 种合作类型中的地位较低。

5.1.2.4 专利申请人竞争力分析

对获得的海洋工程装备产业专利合作数据中专利申请人所申请的专利数量进行分析，可以发现企业、高校、科研院所对相关技术的重视程度以及在海洋工程装备产业中的技术协同创新地位有所差异，同时也反映出海洋工程装备产业的企业、高校以及科研院所的知识产权和专利保护意识也有所差异。表 5.1 反映了我国海洋工程装备产业前 20 位专利申请人的专利申请情况。

表 5.1　　1993～2017 年海洋工程装备产业前 20 位合作专利申请人

序号	申请人	数量（件）	比例（%）
1	中国海洋石油总公司	223	29.61
2	海洋石油工程股份有限公司	93	12.35

序号	申请人	数量（件）	比例（%）
3	中海油研究总院	56	7.44
4	中国国际海运集装箱（集团）股份有限公司	52	6.91
5	中海油能源发展股份有限公司	51	6.77
6	烟台中集来福士海洋工程有限公司	45	5.98
7	中国石油天然气集团公司	35	4.65
8	中集海洋工程研究院有限公司	24	3.19
9	中国石油集团渤海石油装备制造有限公司	23	3.05
10	渤海装备辽河重工有限公司	22	2.92
11	中国石油集团工程技术研究院	22	2.92
12	中国石油集团海洋工程有限公司	22	2.92
13	中国石油化工股份有限公司	20	2.66
14	海洋石油工程（青岛）有限公司	19	2.52
15	海阳中集来福士海洋工程有限公司	15	1.99
16	南通中远船务工程有限公司	15	1.99
17	上海交通大学	14	1.86
18	中海油能源发展装备技术有限公司	13	1.73
19	大连理工大学	12	1.59
20	龙口中集来福士海洋工程有限公司	12	1.59

资料来源：中国国家知识产权局。

从表5.1可以看出，在海洋工程装备产业中，中国海洋石油总公司合作申请的专利数量最多，达到了223件，占所有合作申请专利总量的29.61%，说明中国海洋石油总公司具有很高的研发水平，并在海洋工程装备产业的技术创新过程中占据着重要位置，同时也说明中国海洋石油总公司在海洋工程装备产业具有很强的知识产权保护意识；海洋石油工程股份有限公司以93件合作申请的专利数量位列其后；中海油研究总院、中国国际海运集装箱（集团）股份有限公司以及中海油能源发展股份有限公司分别以 56 件、52 件以及 51 件合作申请的专利数量分别排在第 3 位、第 4 位以及第 5 位。排名前 10 位的还有烟台中集来福士海洋工程有限公司、中国石油天然气集团公司、中集海洋工程研究院有限公司、中国石油集团渤海石油装备制造有限公司以及渤海装备辽河重工有限公司；除此之外，中国石油集团工程技术研究院、海阳中集来福士海洋工程有限公司以及上海交通大学等企业及高校都紧随其后。在我国海洋工程装备产业合作申请专利的前 20 位专利申请人中，包含了 16 家企业，2 所科研院所以及 2 所高校。其中，16 家企业中由中国海洋石油总公司和中国石油天然气集团公司 2 家国有企业和海洋石油工程股份有限公司、中国国际海运集装箱（集团）股份有限公司等 5 家股份有限公司以及烟台中集来福士海洋工程有限公司、中集海洋工程研究院有限公司等 9 家有限责任公司组成，反映出国有企业和民营企业都有较强的协同创新和知识产权保护意识。然而，科研院所在海洋工程装备产业前 20 位合作专利申请人中仅有两席，说明科研院所在海洋工程装备产业的技术合作研发中占据一定的地位；相比之下，高校占据海洋工程装备产业前 20 位合作专利申请人也是两席，但高校拥有的海洋工程装备产业合作申请专利总量较少，反映出高校对于海洋工程装备产业的合作申请专利重视程度还相对较弱，在未来的海洋工程装备产业的协同创新发展过程中还需进一步加强。

5.1.2.5 关键技术领域分析

国际专利分类法是国际上通用的专利文献分类法。国际专利分类（IPC）号指用国际专利分类法分类专利文献（说明书）而得到的分类号。它是通过专利所属的不同技术领域，将专利数据划分到不同技术类别之中，对于专利数据的科学分类管理具有重要意义。本书从筛选得到的海洋工程装备产业合作专利数据中的 IPC 分类号入手，对海洋工程装备产业合作申请专利中发明所属的技术领域进行分析，可以让我们更全面掌握各个合作主体在海洋工程装备产业的技术优势；从而能够根据专利技术的发展过程预测未来海洋工程装备产业的技术创新热点；还可以通过各个合作主体所涉入的技术研究领域，来判断未来海洋工程装备产业的技术发展趋势。通过对我国海洋工程装备产业 1993～2017 年合作申请专利数据中的 IPC 分类号进行分析，筛选出排名靠前的 20 项海洋工程装备产业的合作关键技术名称，各个 IPC 分类号所代表的含义如表 5.2 所示。

表 5.2   海洋工程装备产业协同创新关键技术领域

IPC 分类号	含义
B63B	船舶或其他水上船只；船用设备
E02B	水利工程
C09D	涂料组合物；填充浆料；化学涂料或油墨的去除剂；油墨；改正液；木材着色剂
F16L	管子；管接头或管件；管子、电缆或护管的支撑；一般的绝热方法
B66C	起重机；用于起重机、绞盘、绞车或滑车的载荷吊挂元件或装置
B23K	钎焊或脱焊；焊接；用钎焊或焊接方法包覆或镀敷；局部加热切割
E21B	土层或岩石的钻进
G01M	机器或结构部件的静或动平衡的测试；其他类目中不包括的结构部件或设备的测试
E02D	基础；挖方；填方；地下或水下结构物
B32B	层状产品，即由扁平的或非扁平的薄层，例如，泡沫状的、蜂窝状的薄层构成的产品

资料来源：中国国家知识产权局。

由于我国海洋工程装备产业合作申请专利数量排名前 10 位的专利申请人占该产业合作申请专利总量的大多数；而排名第 11～20 位的合作主体在海洋工程装备产业的合作专利中申请数量相对较少，并且其中绝大部分技术领域与排名前 10 位的专利申请人合作的技术领域一致，不足以影响海洋工程装备产业合作的技术领域分布。关键专利申请人的合作专利技术领域分布情况，如表 5.3 所示。从技术领域的视角进行分析，可以发现 B63B（船舶及船用设备）是海洋工程装备产业合作主体最为偏好的研究热点；其次是 E02B（水利工程）、C09D（涂料组合物）、F16L（管子）、B66C（起重机）这四个技术领域是各个合作主体的研究重点。

表 5.3　　　　海洋工程装备产业关键专利申请人的技术领域分布

专利申请人	IPC 分类号									
	B63B	E02B	C09D	F16L	B66C	B23K	E21B	G01M	E02D	B32B
中国海洋石油总公司	50	37	4	36	16	24	21	15	10	0
海洋石油工程股份有限公司	30	15	0	15	12	22	2	7	5	0
中海油研究总院	28	12	0	1	2	0	6	7	0	0
中国国际海运集装箱（集团）股份有限公司	37	7	0	2	6	5	2	1	2	5
中海油能源发展股份有限公司	0	3	4	18	7	1	6	2	3	0
烟台中集来福士海洋工程有限公司	37	4	0	1	6	4	0	1	2	0
中国石油天然气集团公司	1	2	21	6	0	1	5	1	3	8
中集海洋工程研究院有限公司	21	4	0	1	3	0	0	0	2	0
中国石油集团渤海石油装备制造有限公司	5	3	0	0	6	0	1	0	1	0
渤海装备辽河重工有限公司	6	3	0	0	6	0	1	0	1	0

资料来源：中国国家知识产权局。

从合作主体在各技术领域的合作申请的专利数量来看，可以发现中国海洋石油总公司具有较强的技术研发实力，具有很高的技术创新水平；此外，在这 10 个合作主体中中国海洋石油总公司在 B63B（船舶及船用设备）、E02B（水利工程）、F16L（管子）、B23K（焊接）以及 E21B（钻进）这五个技术领域的技术创新水平最为突出。从各个合作主体最为擅长的技术领域上看，海洋石油工程股份有限公司、中海油研究总院、中国国际海运集装箱（集团）股份有限公司、烟台中集来福士海洋工程有限公司以及中集海洋工程研究院有限公司在 B63B（船舶及船用设备）技术领域的技术研发实力比较突出；同时，海洋石油工程股份有限公司在 B23K（焊接）技术领域更为突出。此外，中海油能源发展股份有限公司在 F16L（管子）技术领域合作申请专利最多，说明中海油能源发展股份有限公司在海洋工程用管子、管接头或管件等方面的研究更具优势；相比于其他技术领域，中国石油天然气集团公司对 C09D（涂料组合物）的专利技术领域的研究更具优势。从合作主体类型上看，研究所更偏重于 B63B（船舶及船用设备）领域的研究；相比之下，企业的合作研发技术领域更广泛。

5.1.3 海洋工程装备产业专利合作存在的主要问题

5.1.3.1 合作主体的研发投入相对较弱

海洋工程装备产业的协同创新发展需要大量的创新资源投入。通过对海洋工程装备产业合作申请专利数据分析，可以发现我国海洋工程装备产业合作申请专利的数量是逐年增加的，但是由于海洋工程装备产业创新主体合作申请专利的意识薄弱，因此我国海洋工程装备产业技术科技成果转化为专利的水平较低，也使得海洋工程装备产业合作主体间的协同创新关系较弱，以至于影响了海洋工程装备产业协同创新发展的进程。此外，从最近几年海洋工程装备产业合作申请的专利数量中我们还可以发现，虽然我国海洋工程装备产业合作申请专利增长趋势较为显著，但是由于申请专利的"基数"较小，导致合作申请专利数量还是相对较少，说明海洋工程装备产业技术创新水平相对较低，也从侧面反映出海洋工程装备产业的研发投入相对较弱。

5.1.3.2 不同合作主体的研发能力和研究领域差异较大

海洋工程装备产业中合作主体的研发能力以及研究领域是决定主体能否在激烈的竞争环境中快速发展的重要因素。通过分析海洋工程装备产业排名前 20 位的合作主体类型，可以发现海洋工程装备产业排名前 20 位主体由 16 家企业、2 所科研院所以及 2 所高校组成，说明在海洋工程装备产业合作的快速发展过程中，企业的研发能力相对较强，起到主导作用，而科研院所和高校的研发能力较弱。此外，根据对海洋工程装备产业的关键技术分析，发现企业在该领域的研究范围较广，而科研院所在该产业的研究范围较单一，说明海洋工程装备产业不同合作主体的研究领域差异较大。

5.1.3.3 不同主体合作类型差异性较大

技术创新合作研发是加快海洋工程装备产业快速发展最有效的途径，因此，合理配置不同创新主体合作类型创新资源，对于促进海洋工程装备产业发展尤为重要。通过对海洋工程装备产业不同合作类型的数量分析，可以发现企业－企业是海洋工程装备产业最主要的合作类型，企业－科研院所、高校－企业正在逐步追赶企业－企业，而高校－科研院所、科研院所－科研院所、高校－高校这三种合作类型在海洋工程装备产业合作申请专利中的地位较低，说明在海洋工程装备产业中，不同主体合作类型差异性较大。如何调整海洋工程装备产业的合作主体结构是该产业未来技术研发过程中亟待解决的问题。

5.2　海洋工程装备产业协同创新网络结构

5.2.1　海洋工程装备产业协同创新网络拓扑结构测度及网络模型构建

5.2.1.1　海洋工程装备产业协同创新网络拓扑结构测度

海洋工程装备产业的协同创新网络由节点以及连边构成，用 $G = (V, E)$ 表示，其中 $V = \{v_1, v_2, \cdots, v_n\}$ 代表节点的集合，$E = \{w_1, w_2, \cdots, w_n\}$ 代表连边的集合，w_{ij} 代表节点 i 与节点 j 之间的连边权重。海洋工程装备产业的协同创新网络连边表示同一专利有多个申请人合作，权重 w 表示为专利申请的合作次数。海洋工程装备产业的协同创新网络是一个无向加权网络，既反映了发明人之间的合作情况，还包含了各个发明人之间的合作强度以及合作属性关系。

海洋工程装备产业的协同创新网络结构的研究，包含网络基本结构特征和网络内部结构特征、网络重要节点这两大部分，利用以下测度指标：

（1）网络密度 d。同公式（3–1）。

（2）平均聚集系数 C。同公式（3–2）、公式（3–3）。

（3）平均路径长度 L。同公式（3–4）。

（4）节点中心性。同第 3 章 3.2.1.1（4）。

（5）无标度网络。同第 4 章 4.2.1.1（1）。

5.2.1.2　海洋工程装备产业协同创新网络模型构建

对海洋工程装备产业相关专利数据进行筛选处理，得到具有合作关系的海洋工程装备产业专利数据共计 753 件。将网络节点视为合作专利的专利申请人；若同一专利中存在两个或两个以上的专利申请人，则认为具有合作关系，视为网络中对应节点间的网络连边；将网络连边的权重视为专利申请人之间共同申请合作专利的数量。最后，基于所得到的专利数据，利用复杂网络分析软件（Gephi）可视化海洋工程装备产业协同创新网络，如图 5.4 所示。此外，为提高海洋工程装备产业协同创新网络的可视化效果，本章将归一化运用到网络的连边权重处理上，将权重的取值控制在［0，1］之间。

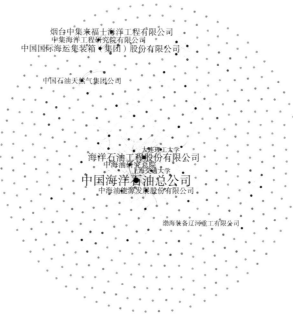

图 5.4　海洋工程装备产业协同创新网络

5.2.2　海洋工程装备产业协同创新网络结构的实证分析

5.2.2.1　海洋工程装备产业协同创新网络定性理论分析

（1）网络构成要素。

海洋工程装备产业协同创新网络的创新主体是指在我国从事海洋工程装备产业技术创新活动的企业、高校以及科研院所等组织。值得注意的是，我国海洋工程装备产业的相关技术研发主体不仅包括我国的企业、高校以及科研院所，还包括部分在我国申请相关专利的国外从事海洋工程装备产业技术合作研发的创新主体。故基于合作专利的视角，在海洋工程装备产业具有技术合作研发并反映在专利方面具有实质性贡献的企业、高校以及科研院所都是我国海洋工程装备产业协同创新网络的创新主体。网络的连边主要基于技术合作，强调海洋工程装备产业协同创新网络的创新主体之间是根据研发而产生的协同创新关系，主要包含了技术交流以及技术合作研发等形式。

（2）网络形成动因。

海洋工程装备产业是发展海洋经济的先导性产业。21 世纪以来，在海洋工程装备产业快速成长的十几年里，我国相继出台了一系列重要政策文件，海洋工程装备产业逐步成为我国建设海洋强国以及发展经济的重心。由于海洋工程装备产业技术密集的特点，因此，在海洋工程装备的研发和生产过程中，对技术投入的要求非常高，即要求海洋工程装备产业的快速发展必须以企业为核心，通过专利合作整合异质资源，提升合作者的能力，从而促进海洋工程装备产业的快速发展。前瞻产业研究院发布了我国海洋工程产业发展现状分析报告，报告指出我国海洋工程装备产业成交额迅速增长、市场规模迅速扩大并由一系列政策助推海洋工程装备产业创新发展，无论从目前发展现状还是从行业整体竞争力来看，我国海洋工程装备产业与发达国家尚有一定差距，做大做强海洋工程装备产业任重道远。

伴随着海洋工程装备产业的迅速发展以及一系列相关文件的不断出台，产业链和价值链得以不断完善，也使得从事海洋工程装备制造的企业、高校以及科研院所的数量不断增加，越来越多的企业、高校以及科研院所之间的合作关系不断形成。与此同时，越来越多的海洋工程装备产业的科技成果转化为专利，逐步形成了全国范围内的海洋工程装备产业协同创新网络。

5.2.2.2 海洋工程装备产业协同创新网络结构量化分析

（1）网络基本结构和网络内部结构分析。

海洋工程装备产业协同创新网络基本结构特征统计量如表5.4所示。由表5.4可知海洋工程装备产业协同创新网络的平均路径长度为2.963，说明海洋工程装备产业协同创新网络的传递和运行效率较高；但网络密度仅为0.004，说明海洋工程装备产业协同创新网络中节点间互动程度不高，信息传播速度不够快；网络的平均聚集系数为0.731，说明该网络小世界性明显；度中心性指标值为0.004，说明该网络围绕部分节点的运行能力较强；接近度中心性为0.495，表示相邻网络节点之间的紧密连接。相比之下，度中心性、中介中心性和特征向量中心性的值相对较低，表明网络的中心控制能力较弱。

表5.4　　　　海洋工程装备产业协同创新网络基本结构特征统计量

项目	平均路径长度	网络密度	平均聚集系数	度中心性	接近度中心性	中介中心性	特征向量中心性
海洋工程装备产业协同创新网络	2.963	0.004	0.731	0.004	0.495	0.0004	0.026

资料来源：笔者整理。

我们根据获得的专利数据确定了专利申请人的省域分布，如图5.5所示。可以看出，位于北京、山东、天津、广东、上海和江苏6个省份的专利申请人总数占专利申请人总数的82.07%，是海洋工程装备产业协同创新的主导力量，是专利合作申请最活跃的省份。尤其是北京，对海洋工程装备产业的研发贡献最大，北京的合作专利申请比例达到27.47%。相对而言，其他省份对海洋工程装备产业的合作研发关注较少。总体而言，东部和沿海城市的海洋工程装备产业合作研发水平很高，而中部地区的发展相对缓慢。

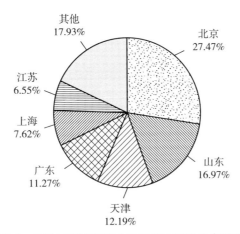

图 5.5 海洋工程装备产业协同创新网络的省域分布

资料来源：中国国家知识产权局。

（2）重要节点分析。

根据度中心性的指标值来判断哪些节点是网络的核心（hub）节点；以中介中心性衡量节点对资源的控制程度；以特征向量中心性衡量节点在网络中的重要性。通过上述 3 个中心性指标，对海洋工程装备产业协同创新网络中的重要节点进行分析，从而衡量节点在网络中的影响力和控制力，进而反映节点的重要程度。根据这 3 个指标对海洋工程装备产业协同创新网络排名前 10 位的重要节点进行排序，如表 5.5 所示。

表 5.5 海洋工程装备产业协同创新网络中的重要节点中心性前 10 位排名

排名	度中心性	中介中心性	特征向量中心性
1	中国海洋石油总公司	中国海洋石油总公司	中国海洋石油总公司
2	海洋石油工程股份有限公司	中国科学院海洋研究所	海洋石油工程股份有限公司
3	中海油能源发展股份有限公司	上海交通大学	中海油研究总院
4	中海油研究总院	中国海洋大学	中海油能源发展有限公司
5	中海石油（中国）有限公司湛江分公司	中石化胜利石油工程有限公司钻井工艺研究院	大连理工大学
6	国家电网有限公司	中国石油大学（北京）	中海石油（中国）有限公司湛江分公司

排名	度中心性	中介中心性	特征向量中心性
7	中海石油深海开发有限公司	中国石油大学（华东）	上海交通大学
8	大连理工大学	中国石化集团胜利石油管理局钻井工艺研究院	中海石油（中国）有限公司天津分公司
9	中国国际海运集装箱（集团）股份有限公司	中国石化集团胜利石油管理局海洋钻井公司	中海石油深海开发有限公司
10	中国石油天然气集团公司	中国石油化工股份有限公司	海洋石油工程（青岛）有限公司

资料来源：笔者整理。

由度中心性指标可知，排名前 10 位的节点都拥有较高的度中心性，与其他节点建立了较为广泛的合作关系，在网络中的地位比较重要。排名前 10 位的节点由 8 家企业、1 所高校以及 1 所科研院所组成，说明企业对海洋工程装备产业的发展贡献较大。此外，中国海洋石油总公司排名第 1 位，是网络中的核心（hub）节点，处于网络中的最优位置，在网络中具有重要地位，对于未来海洋工程装备产业协同创新将会产生重要影响。

通过对中介中心性的分析发现，排名前 10 位的节点由 3 家企业、4 所高校以及 3 所科研院所组成，说明企业、高校以及科研院所的资源控制程度持平，中国海洋石油总公司和中国科学院海洋研究所等节点拥有较高的中介中心性，占据着知识交流和资源共享的关键路径，可以通过对这些关键路径上的节点给予足够的关注和扶持进而提升网络整体的知识交互水平。

根据特征向量中心性可知，排名前 10 位的节点包括 7 家企业、2 所高校以及 1 所科研院所，这些节点与其邻居节点之间具有良好的合作关系且其邻居节点在网络中也处于相对重要的位置。此外，中国海洋石油总公司仍旧是网络中最为重要的节点。由表 5.5 可知，中国海洋石油总公司在 3 个中心性指标排名中都是第一，说明中国海洋石油总公司在海洋工程装备产业协同创新网络中处于最为重要的位置，具有很强的影响力和控制力。这 3 个指标值排名前 10 的网络主体由 13 家企业、5 所高校以及 4 所科研院所构成，说明部分高校和科研院所对海洋工程装备产业的协同创新发展也起到了一定的推动作用。

5.3 海洋工程装备产业协同创新网络演化

5.3.1 海洋工程装备产业协同创新网络结构演化

根据筛选得到具有合作关系的海洋工程装备产业的专利数据，描绘了1993～2017 年我国海洋工程装备产业的专利申请总数、合作专利申请数及合作专利数所占比例，如图 5.6 所示。

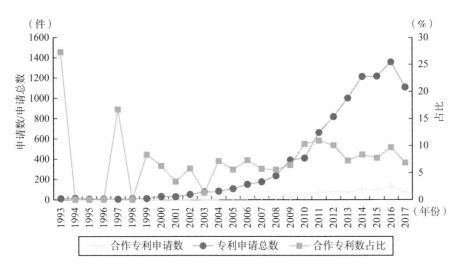

图 5.6　海洋工程装备产业合作专利申请数、专利申请总数及其比例

资料来源：中国国家知识产权局。

从专利申请数量的角度看，1993～1999 年，年均专利申请总量为 10.43 件，说明在这一时期海洋工程装备产业的创新能力还处于较低水平；2000～2010 年，海洋工程装备产业的专利申请总数呈现出稳定增长趋势，专利申请总数从 2000 年的 32 件增长到 2010 年的 409 件，年均增长率为 180.98%，说明在这一时期海洋工程装备产业的创新能力有一定程度的提升；2011～2016 年，海洋工程装备产业的专利申请总数呈现出快速发展趋势，专利申请总数从 2011 年的 661 件增长到 2016 年的 1357 件，年均增长率为 370.27%，说明在这一时期，海洋工程装备产业创新能力得到快速提升；从图 5.6 可以看出 2017 年海洋工程装备产业专利申请总数有下降趋势，这是由于部分海洋工程装备产业的专利从申请到公开时间需要 18 个月以上，因此产生的递延效果使得部分专利还无法被检索到。

从合作专利申请数以及合作专利数所占比例的角度看，1993 ~ 1999 年，由于合作申请数和专利申请总数都较少，以至于这一时期的合作专利比例波动较大。例如：在 1993 年，合作专利申请为 3 件，专利申请总数为 11 件，以至于合作申请比例为 27.27%，而在这种情况下的合作专利比例出现较大幅度的变动并不能反映出真正的专利合作趋势；2000 ~ 2010 年，合作申请比例从 2000 年的 6.25% 上升到 2010 年的 10.27%，合作申请比例呈现稳定增长态势，说明在这一时期合作申请专利数量增长速度超过了专利总数的增长速度；2011 ~ 2016 年，合作申请专利数量所占比例呈现稳定发展态势，从 2011 年的 10.89% 下滑到 2016 年的 9.65%，说明在这一时期内，合作专利申请数量和专利申请总量基本持平，合作专利申请数量的增长速度慢于和专利申请总量的增长速度。

总体来说，海洋工程装备产业专利合作具有明显的阶段特征，可将其分为 1993 ~ 1999 年、2000 ~ 2010 年和 2011 ~ 2017 年这三个阶段，进而分析海洋工程装备产业协同创新网络的演化特征和规律。

5.3.1.1 海洋工程装备产业整体网络结构演化

按照专利申请时间将海洋工程装备产业合作专利分为三个阶段：1993 ~ 1999 年、2000 ~ 2010 年和 2011 ~ 2017 年。根据专利申请人的合作关系，借助复杂网络分析软件（Gephi）绘制各阶段的协同创新网络，如图 5.7 所示。每个节点代表一个专利申请人，每条连边代表连边双方具有合作关系。网络节点的大小与其度值大小成正比，网络节点越大说明其度值越大，合作广度越大；连边的粗细与连边权重成正比，连边越粗说明其权重越大，即连边所连接点合作强度越大。

由图 5.7 可知，1993 ~ 1999 年，海洋工程装备产业协同创新网络主体由 5 家企业、1 所高校和 1 所科研院所构成，企业处于主导地位，高校和科研院所的协同创新能力和知识产权保护意识较弱，且在这一时期每个网络主体的

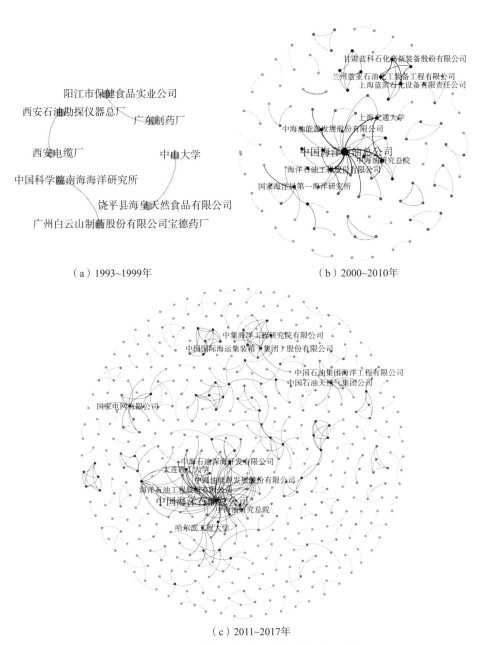

（a）1993~1999年

（b）2000~2010年

（c）2011~2017年

图 5.7　海洋工程装备产业协同创新网络的演化

度值都是 1，即每个主体仅有 1 项合作专利。2000～2010 年，海洋工程装备产业协同创新网络的规模有了一定幅度的增长，网络主体由 71 家企业、22 所高校、21 所科研院所构成。企业仍处于主导地位，高校和科研院所参与协同创新的数量持平。2010 年以后，海洋工程装备产业协同创新网络规模有了较大幅度的增长；2011～2017 年，海洋工程装备产业合作网络主体由 322 家企业、61 所高校和 73 所科研院所构成，企业依然占据该阶段节点类型的绝大部分。以中国海洋石油总公司为首的企业是该阶段合作申请专利的重要组成部分；中国海运集装箱（集团）股份有限公司为代表的企业对海洋工程装备产业协同创新活动的发展也有重要作用；此外，在高校和科研院所两种类型的网络主体中，大连理工大学、中国石油集团工程技术研究院和中海油研究总院是比较活跃的。

5.3.1.2　海洋工程装备产业个体网络结构演化

通过海洋工程装备产业协同创新网络的结构指标来研究不同时期个体网络结构的演化情况。节点的度值表示网络中与这个节点直接相连的节点总数。度值越大说明其在网络中所处的位置越重要，掌握网络的知识来源越广；连接次数表示海洋工程装备产业协同创新网络中某个节点与其他节点间合作的频数，频数越高说明其在网络中与其他节点知识交互越频繁，与网络中其他节点的合作关系越持久。海洋工程装备产业协同创新网络中合作强度被定义为：合作强度 = 连接次数/度值。由于网络中节点与其他节点至少合作 1 次，故合作强度≥1。为了反映海洋工程装备产业协同创新网络中节点类型的演化过程，以度值衡量网络中网络主体进行合作的"广度"，以合作强度衡量网络中网络主体进行合作活动的深度，构建"深度－广度"二维矩阵图。[①]

1993～1999 年，海洋工程装备产业合作申请专利数量总量较少，每一个主体有且只有一次合作关系。2000～2010 年，海洋工程装备产业协同创新网络的节点分布模式总体具有较低的合作深度，而部分节点具有相对较高的合作深度，主要是以南通中远船务工程有限公司、江苏大学、中海油研究总院以及海洋石油工程股份有限公司为代表。由此可见在这一时期，企业、高校与科研院所之间的合作模式对促进海洋工程装备产业协同创新活动非常重要；

---

① 因篇幅限制，读者若想获取原始图片，请联系作者，邮箱：heulww@163.com。

此外，部分节点具有较高的广度，说明网络中存在一部分节点获得知识的渠道较广，主要是中国海洋石油总公司，具有较多的合作对象。2011 ~ 2017 年，海洋工程装备产业合作申请专利总量出现了爆发式增长，体现在"深度 - 广度"二维矩阵中，网络节点绝大部分处于广度［1，15］和深度［1，10］的高广度 - 高深度类型，说明网络中绝大部分节点是网络中的一般节点，具有较多的知识交流对象和较频繁的合作频率。

5.3.2 海洋工程装备产业协同创新网络空间演化

在深入研究海洋工程装备产业协同创新网络演化过程之后，进一步从网络空间分布模式对网络进行分析，从而揭示空间因素对海洋工程装备产业协同创新活动过程中网络主体合作行为的影响。首先，按照组织所在省份对专利所属省份进行分类。共包括 27 个省份，分别为安徽、北京、福建、甘肃、广东、贵州、海南、河北、河南、黑龙江、湖北、湖南、江苏、江西、辽宁、山东、山西、陕西、上海、四川、台湾、天津、香港、新疆、云南、浙江以及重庆。另外，1993 ~ 2017 年，日本、新加坡以及荷兰等国外组织在我国合作申请海洋工程装备产业的专利共 8 件，占据申请总量的比重较小，因此不予考虑。基于海洋工程装备产业合作专利申请所属的 27 个省份，构建了跨省协同创新网络。

5.3.2.1 海洋工程装备产业省内合作演化

通过对具有合作关系的海洋工程装备产业专利数据的分析，编制海洋工程装备产业专利所属省域内部合作申请专利及所占比例，如表 5.6 所示，反映了 27 个省份内部组织间合作申请专利次数及所占该省份合作申请专利次数的比例。海洋工程装备产业合作专利是在 2000 ~ 2010 年以及 2011 ~ 2017 年这两个阶段呈现增长趋势的，因此本章侧重分析这两个阶段。此外，从海洋工程装备产业的协同专利所属省份内部合作申请数量上看，北京、山东、江苏、广东以及上海这 5 个省份占据省份内部合作申请专利总数的前五的位置，说明这 5 个省份在海洋工程装备产业的协同创新活动过程起到了较为重要的作用。其中，北京省份内合作申请专利数达 154 件，远高于位于第二的山东，内部合作申请数为 81 件，可见北京作为首都城市，其协同创新水平和知识产权保护意识较高。

表5.6 　　　　　　　　海洋工程装备产业省内合作申请专利数及比例

区域	1993~1999 年			2000~2010 年			2011~2017 年		
	合作总数（件）	内部合作（件）	省内合作比例（％）	合作总数（件）	内部合作（件）	省内合作比例（％）	合作总数（件）	内部合作（件）	省内合作比例（％）
安徽	0	0	0.00	3	0	0.00	6	0	0.00
北京	0	0	0.00	69	38	55.07	292	116	39.73
福建	0	0	0.00	3	3	100.00	14	12	85.71
甘肃	0	0	0.00	4	3	75.00	5	5	100.00
广东	3	2	66.67	10	5	50.00	126	27	21.43
贵州	0	0	0.00	1	0	0.00	0	0	0.00
海南	0	0	0.00	0	0	0.00	4	0	0.00
河北	0	0	0.00	5	0	0.00	19	0	0.00
河南	0	0	0.00	2	0	0.00	14	1	7.14
黑龙江	0	0	0.00	2	0	0.00	10	3	30.00
湖北	0	0	0.00	2	0	0.00	26	7	26.92
湖南	0	0	0.00	1	1	100.00	4	2	50.00
江苏	0	0	0.00	7	7	100.00	60	30	50.00
江西	0	0	0.00	0	0	0.00	2	0	0.00
辽宁	0	0	0.00	4	2	50.00	47	4	8.51
山东	0	0	0.00	20	6	30.00	157	75	47.77
山西	0	0	0.00	1	0	0.00	3	0	0.00
陕西	1	1	100.00	0	0	0.00	2	0	0.00
上海	1	0	0.00	12	1	8.33	74	25	33.78
四川	0	0	0.00	3	1	33.33	9	4	44.44
台湾	0	0	0.00	1	0	0.00	0	0	0.00
天津	0	0	0.00	30	5	16.67	168	13	7.74
香港	0	0	0.00	0	0	0.00	7	0	0.00
新疆	0	0	0.00	0	0	0.00	1	1	100.00
云南	0	0	0.00	0	0	0.00	5	3	60.00

续表

区域	1993~1999 年			2000~2010 年			2011~2017 年		
	合作总数（件）	内部合作（件）	省内合作比例（%）	合作总数（件）	内部合作（件）	省内合作比例（%）	合作总数（件）	内部合作（件）	省内合作比例（%）
浙江	0	0	0.00	8	5	62.50	27	14	51.85
重庆	0	0	0.00	2	1	50.00	2	0	0.00

资料来源：中国国家知识产权局。

通过对 2000~2010 年与 2011~2017 年这两个阶段中海洋工程装备产业合作专利所属省份内部合作比例的分析，将海洋工程装备产业合作专利申请所属省份划分为三大类。第一类是内部合作比例始终高于 50%，这些省份主要是通过省份内部的知识流动来进行合作，说明省域边界对这些省份的合作行为具有较大影响。其中，甘肃、福建、江苏、湖南以及浙江的内部合作比例均高于 50%，且甘肃的合作比例呈现上升趋势；相比之下，福建、江苏、湖南以及浙江这 4 个省份的内部合作比例都高于 50%，但合作比例呈现不断下降的趋势，说明省域边界对于这 4 个省份的海洋工程装备产业的合作申请专利的影响程度逐步降低。第二类是内部合作比例始终低于 50%，这些省份更偏向于跨省合作，通过省份间知识流动获取知识，省份边界对这类合作申请专利的影响程度较低。其中，四川、山东、天津、上海、湖北、黑龙江以及河南这 7 个省份内部合作比例都小于 50%，而陕西、河北和香港等省份的内部合作比例更低，更依赖于跨省份外部知识合作。第三类是内部合作比例在两阶段具有明显转变。其中，北京、广东、辽宁以及重庆这 4 个省份的内部合作比例由高于 50% 降到 50% 以下，由内部合作转变为外部合作；而云南、新疆的内部合作比例由低于 50% 上升至 50% 以上，内部合作正在逐步加强。

5.3.2.2 海洋工程装备产业跨省合作演化

根据海洋工程装备产业合作专利数据，绘制出 1993~2017 年的海洋工程装备产业合作专利申请人所在省与其他省份合作的协同创新网络，如图 5.8 所示。本网络图为无向加权图，两个省份间存在连边即具有合作关系，连边的粗细表示省份间的合作强度。

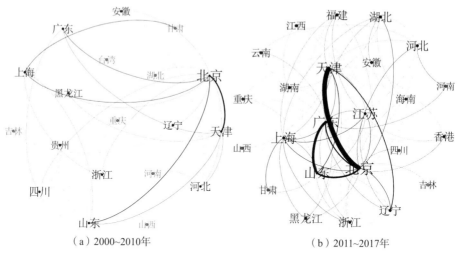

（a）2000~2010年　　　　　　　　　　（b）2011~2017年

图5.8　海洋工程装备产业跨省协同创新网络

由于1993~1999年的合作申请专利总量较少，各组织跨省合作意识较浅，只存在上海-广东一条省份间合作数据，故在此不做讨论。在第二阶段中，北京、天津以及山东这三个省具有较高的度数及合作强度，为该阶段网络的核心节点；在该阶段中，包含北京、天津、广东、上海以及甘肃等在内的20个省份存在跨省的专利合作，但省份间整体合作强度不大。在第三阶段中，北京、天津、山东仍为海洋工程装备产业的协同创新网络核心节点；此外，随着时间的推移，参与跨省合作的省份从第二阶段的20个增加到现阶段的23个，合作网络逐步向华南地区和东部沿海城市延伸，贵州、吉林以及台湾退出跨省合作网络；福建、海南、湖南、江西、香港以及云南加入跨省合作网络。在这两个阶段中，海洋工程装备产业跨省协同创新网络密度分别为0.148和0.25，平均聚集系数分别为0.519和0.629。从上述指标值中可以看出，伴随着跨省合作的发展，网络密度和平均聚集系数在不断增加，平均最短路径则不断降低；跨省合作活动越发明显，省份边界对省间的知识流动的影响程度降低。

本节通过"深度-广度"二维矩阵来展示海洋工程装备产业所属省份合作申请专利的分布模式。根据各个阶段省份间的合作广度以及深度的平均值，省份位置在平均值的右侧或上侧表示省份的合作广度和深度在平均值以上。①

———————————

①　因篇幅限制，读者若想获取原始图片，请联系作者，邮箱：heulww@163.com。

2000～2010 年，北京、天津、上海、山东以及广东这 5 个省份处于网络的核心位置；甘肃具有较高的深度和较低的广度，说明甘肃拥有与其他省份间较为稳定的合作关系；四川和河北具有较低的深度和较高的广度，说明这 2 个省份在网络中地位一般；而山西、重庆以及黑龙江等 12 个省份具有较低的深度和广度，在该阶段属于边缘节点。2011～2017 年，不同省份在海洋工程装备产业的合作申请专利具有较大差异，尤其是北京、天津、山东、广东以及上海这 5 个省份，其合作广度和合作深度相比于上一阶段都有了大幅度的提升，这 5 个省份和其他省份都具有合作申请专利并具有较深的合作深度，体现出这 5 个省份处于网络中的核心位置。此外，江苏和重庆具有较高的广度和较低的深度，说明这 2 个省份与其他省份间的合作深度不高；而甘肃、黑龙江以及辽宁这 3 个省份处于低广度－高深度的位置，说明这几个省份与其他省份的合作广度较低；而其他大多数省份还处于低广度－低深度位置，体现出多数省份在跨省专利合作过程中还处于初级阶段，这些省份在网络中处于边缘位置。

通过研究海洋工程装备产业所属省份协同创新网络空间演化情况发现，1993～1999 年，海洋工程装备产业合作申请专利数量较少，仅有一条跨省合作数据。自 2000 年起，海洋工程装备产业合作申请专利的数量呈现迅猛增长，但跨省的专利合作数量依然较少，主要体现为企业和企业间的合作，说明在这一阶段，省份边界与省份间的差距对跨省合作具有较大影响。2010 年之后，海洋工程装备产业的合作申请专利数量呈现稳步增长，跨省合作现象愈发明显，且跨省协同创新网络的合作广度和深度不断增强，省份边界与省份间的差距对跨省合作的影响逐步削弱，在这一阶段中，企业－企业、企业－科研院所以及高校－企业的合作模式加快了省份间的知识交流。

5.4 海洋工程装备产业协同创新网络优化对策建议

（1）完善人才建设机制。

企业、高校以及科研院所虽然是海洋工程装备产业协同创新网络主体，但协同创新的实质是由从事于海洋工程装备产业技术研发的创新人员直接产生的。大力引进和培养海洋工程装备产业创新人才，能够由此有效地加快协同创新的成果产出速度，促进海洋工程装备产业协同创新网络中的知识流动，并发挥创新人才的支撑作用。因此，完善人才建设机制、健全创新人才政策体系以及增强对创新人才和团队建设的扶持力度。在政策上，制定创新人才的出境、深造、就业、落户、住房以及社会保障制度，更深层次地解决创新人才的后顾之忧，使创新人才的重心放在海洋工程装备产业的技术研发当中。同时鼓励华侨以及海外留学人员等创新人才并吸引国外优秀的科研团队参与到海洋工程装备产业合作研发活动中，积极开展国际间的创新人才交流活动。加强海洋工程装备产业的创新人才培训，提升创新人才的职业素质和技能水平，完善创新人才的人力资源管理制度，提高创新人员资源使用效率，从而达到创新人才的最优匹配。

（2）加强合作平台建设。

通过分析我国海洋工程装备产业协同创新网络结构，发现不同创新主体类型的合作模式较为单一，省份间合作申请专利数量较少。由于海洋工程装备产业技术研发过程中需要大量的资金、设备以及高技术人才等方面的投入，而单一地由一家企业、高校或者科研院所来承担都存在着较大的问题。这些海洋工程装备产业技术研发主体的知识存量具有较大差异，而合作能够促进海洋工程装备产业技术合作研发主体之间的知识流动，从而提高协同创新效率。通过合作平台的建设能够有效配置高校和科研院所拥有的基础设施和专业人才，也能够使发挥企业的资金和社会资源，从而使得各个合作主体的资源得以充分利用以及合理配置，实现优势互补进而提升该领域的技术合作创新效率。同时，在很大程度上还可以规避研发风险，此外，还能达到节约成本、缩短专利研发周期的目的，也能提高海洋工程装备产业技术孵化水平。企业能够通过合作平台充分配置资源，以增加科研成果的方式提高企业的核心竞争力，高校和科研院所能够充分利用合作平台的资源，增加科研成果转化率并提升自身的科研水平。因此，加强合作平台建设，在专业化分工基础上开展协同创新，深入科研开发、配套集成、市场开拓、业务承包等方面的合作，最终使得整个海洋工程装备产业技术水平不断提高。

（3）加快知识产权战略体系建设。

通过分析海洋工程装备产业专利合作现状，发现海洋工程装备产业合作主体间的协同创新意识和知识产权保护意识较弱。在海洋工程装备产业协同创新活动过程中，制约网络主体之间进行协同创新活动的主要因素包括知识泄露、侵权行为等知识产权风险。因此，维持甚至加强合作主体间的技术合作创新活动需要加强对海洋工程装备产业合作主体拥有的发明创造成果的保护。首先，需要增强海洋工程装备产业协同创新网络主体的知识产权战略意识。例如：加强知识产权的创造、管理、实施以及保护能力。其次，加快造就庞大的高素质知识产权人才队伍，建立健全的专利法、商标法等法律法规，不断完善知识产权制度。最后，完善知识产权的保护、转让、许可和交易等政策体系，支持企业、高校以及科研院所等网络主体将专利作价、转让以及质押等方式进行交易，进而实现其拥有的知识价值，支持网络主体间的技术合作研发，从而提升海洋工程装备产业协同创新网络主体的知识创造、管理、实施以及保护的能力。

（4）加快海洋工程装备产业的战略布局建设。

海洋工程装备产业的战略布局是促进该行业协同创新网络形成和发展的基础。当今时代，已经有了初步的海洋工程装备产业的战略布局，进一步完善以及加快已有战略布局的实施会最终影响海洋工程装备产业协同创新网络的形成和发展。海洋工程装备产业的战略布局包括海洋工程装备产业的区域布局、资源布局以及配套设施建设等方面。政府需要以海洋工程装备产业重点技术项目、创新孵化项目等建设为主要目标，实现各类资源的空间聚集和有机整合从而形成企业联盟，进而达到优化海洋工程装备产业协同创新网络的目的。海洋工程装备产业相关配套产业的发展也极其重要，相对而言船体的主体建造仅占整体份额的小部分，大部分的附加值集中在配套装备相关产品。另外，还要通过两个方面：加强海洋工程装备产业链上下游以及同行业的合作，从而构建纵向的延伸、横向的联合发展模式；利用国家政策支持的产业聚集地，以相关制造业、服务业以及配套装备产业围绕大型优势企业的核心，衍生出具有技术相关、产品配套的卫星式集群发展模式。

（5）加大海洋工程装备产业技术创新投入力度。

通过对海洋工程装备产业的专利合作现状的分析，发现海洋工程装备产业的合作主体的研发投入力度较弱。因此，政府有必要合理配置海洋工程装备产业的创新资源，同时加大对我国海洋工程装备产业的技术创新投入力度；基于不同领域的海洋工程装备产业不同程度偏好的技术创新投入力度，例如，在海洋工程装备产业相关的重点以及热点技术领域加强资金以及人才投资力度。对于华东以及华南等技术创新水平较强的地区，给予更多的海洋工程装备产业政策上的支持。与此同时，海洋工程装备产业的协同创新网络主体有必要整合自身内部的创新资源，并将其进行合理分配以实现创新资源价值的最大化。此外，政府还有必要加大外部资源的投入力度，从而吸引更多的企业、高校以及科研院所加入该行业的技术合作创新过程中。

（6）强化海洋工程装备产业合作网络主体的网络权利。

网络权利是指网络主体在网络中的控制力和影响力。其中，控制力指网络主体对网络中合作关系以及创新资源的控制程度；影响力指网络主体对其他网络主体合作行为的影响程度。

通过对海洋工程装备产业协同创新网络结构和网络演化的分析，发现在网络中的核心（hub）节点为中国海洋石油总公司，对网络具有一定的控制能力，在网络中起着最为重要的作用，有助于网络主体间的知识扩散，加大中国海洋石油总公司与其他企业的合作，对促进海洋工程装备产业的发展有重要作用。另外，增加中国海洋石油总公司与高校和科研院所的合作，从而增加专利申请成果的转化效果，可以较好促进海洋工程装备产业协同创新网络发展。海洋工程装备产业协同创新网络中核心主体不仅包含了具有大量协同创新关系的主体（即核心节点），还包含对资源具有控制能力的主体（即中介节点）。

为了提高网络核心主体的网络权力，一方面，政府可以通过基于相应的政策提供资金以及技术等方面的支持，通过降息、补贴等相关方式鼓励网络核心主体发挥带头作用。另一方面，政府应鼓励网络主体通过企业联盟和合作等形式增强不同网络核心主体类型之间的知识共享能力，进而提升海洋工程装备产业协同创新网络中核心主体的技术创新水平以及协同创新能力。另外，考虑网络核心主体所处省份，鼓励跨省网络核心主体间和异质类网络主体间的合作，如北京、广东、山东以及天津等创新资源较丰富的网络主体与其他省网络主体间的合作，达到各省创新资源合理配置的目的。此外，需要鼓励网络核心主体与其他网络主体间的合作，尤其同网络边缘主体间的合作，从而使网络核心主体的网络权利得以充分发挥；增强网络核心主体与网络外部主体间的信息交流以增加网络内部创新资源。如：鼓励海洋工程装备产业相关技术的学术交流以及技术交易等各种交流平台，加强网络核心主体与国外组织机构的合作交流，鼓励网络核心主体与外资企业、研发机构开展研发合作，从而使网络核心主体的网络权利得以充分发挥。

新能源产业篇

第 6 章

核电产业协同创新网络研究

6.1 核电产业专利合作现状

核电能源成为许多国家的重点发展对象，核能也成为我国今后能源结构调整的主攻方向，因此发展核电成为我国重要的能源战略，我国核电产业迎来其发展的黄金时期。尽管我国核电产业处于快速发展阶段，规模日益增大，但技术创新能力仍有待提升。专利作为知识以及技术创新的重要载体，能够从一定程度反映出核电产业的发展情况。因此，本章通过对核电产业合作专利数据的收集与处理，分析核电产业专利合作现状，进而剖析核电产业的专利合作过程中存在的问题，激发核电产业的技术合作研发潜力，帮助我国核电产业更好更快发展。

6.1.1 核电产业协同创新网络的数据来源及数据处理

本章以中国国家知识产权局（CNIPA）专利

数据库作为专利数据的来源。

通过在中国国家知识产权局专利数据库检索，得到了 1985~2019 年，在我国申请的核电产业的所有专利。在检索我国核电产业参与的相关专利时，我们借鉴国内外专利检索方法，最终确定了相关检索式。首先，参照核电产业链结构，核电企业分为核资源企业、核电设备及辅助设备制造企业、核电运营企业（拥有核电站的企业），结合其他核电产业专利方面的相关研究，确定专利检索的拟关键词为核电站、核燃料和核能发电；其次，利用获得的拟关键词确立专利检索表达式，并在中国国家知识产权局专利数据库进行检索；再次，对检索得到的专利文献进行关键词的提取，进一步扩充专利检索表达式中的关键词；最后，基于上述流程，最终确定核电、核燃料、核电站、核能发电和核资源作为关键词。

根据上述检索策略，共检索到核电产业的相关专利数据共 18389 项。对获得的所有专利数据中的申请人进行分析，通过逐一筛选，得到其中包含两个及以上专利申请人（企业、高校、科研院所、个人）的专利数据，再对数据进行进一步的去重、去噪等加工，最终共得到专利数据 4397 项，以此作为本章的实证研究对象。

6.1.2　核电产业专利合作基本情况分析

通过对核电产业的合作专利趋势、不同主体合作类型、合作主体竞争力以及合作关键技术等基本情况进行剖析，全面反映出核电产业的专利合作现状。

6.1.2.1　合作专利数量与增长趋势

核电产业合作申请专利的数量，能够直观地反映出其协同创新水平。将得到的 4397 项数据按照时间序列进行处理，得到了图 6.1 所示的 1986~2019 年核电产业的合作申请专利数量情况。

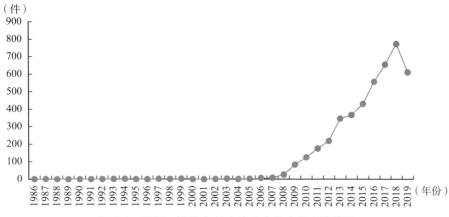

图 6.1　1986～2019 年核电产业合作专利申请情况

资料来源：中国国家知识产权局。

可以发现，核电产业合作申请的专利数量总体呈现上升趋势，这说明我国核电产业创新实力不断增强。1986～2006 年，我国核电产业申请的合作专利数量均小于 10 件，专利数量波动不大，有 10 个年度没有开展合作申请专利，其中 1988～1992 年连续 5 个年度的合作申请专利数量为 0，原因在于这一时期掌握核电核心技术的企业或其他科研主体较少，研发能力较弱；2006年这一年合作申请专利的数量为 6 件，这是 20 年间核电产业合作申请专利数量的最大值。2007～2012 年，核电产业的合作专利数量开始缓慢增加，在这6 年间，核电产业的年平均合作专利数量达到 106.2 件，这一阶段，国家对于核电产业发展的重视程度有所提升。2013～2018 年核电产业合作申请的专利数量迅速增加，从 2013 年的 346 件增长至 2018 年的 773 件，我国核电产业的水平在这一阶段得到了极大的提升，同时，核电产业创新主体的协同创新意识也不断增强；2019 年合作申请的专利数量有所下降，这是由于部分专利从申请到公开需要经历 18 个月的审查期，因此我们收录到的 2019 年的专利数据并不完整。整体来看，30 余年，我国核电产业合作申请专利数量呈现上升趋势，体现出我国核电产业的技术创新水平的不断提升。

6.1.2.2　不同主体合作专利数量及增长趋势

通过对核电产业合作专利数据中的申请（专利权）人进行分析，可以按照组织类型区别为企业、高校、科研院所以及个人四种类型，核电产业合作组织类型及数量如表6.1所示。

表 6.1　　　　　核电产业合作专利申请人类型及数量　　　　　单位：件

组织类型	企业	科研院所	高校	个人
数量	440	82	64	81

资料来源：中国国家知识产权局。

进一步按照申请人组织类型将合作专利类型划分为：企业－企业，高校－高校，科研院所－科研院所，个人－个人，企业－高校，企业－科研院所，高校－科研院所，个人－企业，个人－科研院所，个人－高校以及企业－高校－科研院所共11种类型，并对不同主体合作类型的数量以及增长趋势进行分析。考虑到2007年以前，合作申请的专利数量较少，仅以2007～2019年这13年的专利数据绘制了不同类型主体的合作专利申请数量情况图。并且由于13年间企业－高校－科研院所，高校－高校，个人－高校，个人－科研院所以及个人－企业合作申请的专利数量较少，在此，我们仅绘制企业－企业，科研院所－科研院所，个人－个人，企业－高校，企业－科研院所以及高校－科研院所这6种类型的专利数量申请情况图，如图6.2所示。

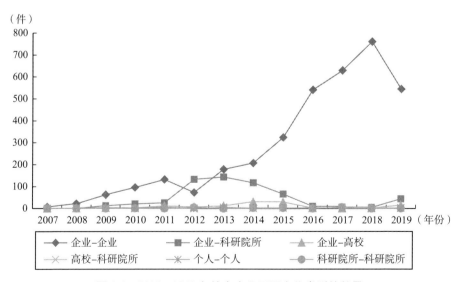

图 6.2　2007～2019 年核电产业不同合作类型的数量

资料来源：中国国家知识产权局。

由图6.2可以看出，2007~2012年，这6种合作类型的数量都相对较少，其中企业－企业这种合作模式在所有模式中占据主导地位，相比之下，企业－科研院所合作数量开始缓慢增长，而其他合作模式的数量都非常少。2013~2018年，企业－企业合作数量迅速增长，这种合作模式成为核电产业专利合作的主流模式，企业－科研院所合作数量逐年下降，其他合作模式的数量仍然没有大幅度的变化。2019年企业－企业合作数量有所下降，企业－科研院所合作申请数量有了一个显著的回升。为直观反映每种合作类型的变化趋势，将图6.2拆分为图6.3。

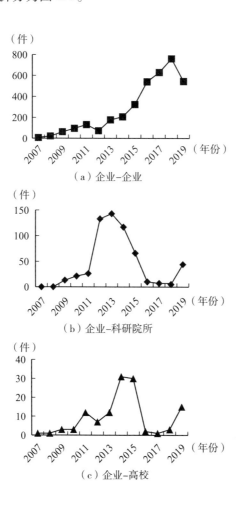

（a）企业-企业

（b）企业-科研院所

（c）企业-高校

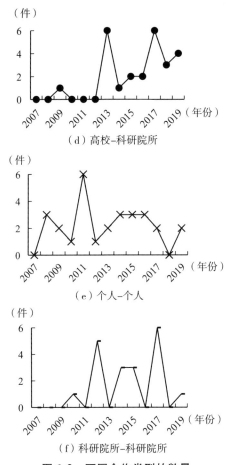

（d）高校-科研院所

（e）个人-个人

（f）科研院所-科研院所

图6.3　不同合作类型的数量

资料来源：中国国家知识产权局。

由图6.3（a）可知，2007～2011年，企业－企业数量呈现稳定增长的趋势；由于受到日本福岛核泄漏事故的影响，2012年合作申请专利数量较前年有小幅下降；2013～2018年，企业－企业数量呈现快速增长的趋势。总体来看，企业－企业数量呈上升趋势。由图6.3（b）可知，2007～2011年，企业－科研院所数量较少，略有波动，总体呈现上升趋势；2013年，企业－科研院所数量达到13年间的峰值；2014～2018年，企业－科研院所数量出现大幅度的下降后趋于平稳，2019年，企业－科研院所数量又大幅回升。由图6.3（c）可知，企业－高校数量较少，2007年开始企业－高校数量不断攀升，在 2014 年这一数量达到最高，为 31 件；2016 年企业 – 高校数量大幅下降至 1 件；经历 3 年的平稳期后 2019 年这一数量开始增加。另外由图 6.3（d）（e）（f）可知，高校 – 科研院所，个人 – 个人以及科研院所 – 科研院所这 3 种合作类型的年合作申请专利数量均比较小，不超过 6 件，且波动比较大。总体来看，企业 – 企业这种合作类型是最普遍的一种类型，其次是企业 – 科研院所以及企业 – 高校这 2 种合作类型，其余合作类型的合作专利数量较小。

6.1.2.3 合作主体竞争力分析

对获得的核电产业专利合作数据中各专利申请人申请的专利数量进行分析，可以发现不同主体在核电产业中的技术创新地位有所差异，同时也体现了各主体的知识产权保护意识也有所差异。表 6.2 反映了我国核电产业前 20 位专利申请人的申请情况。

表 6.2 　　　　　　　　1986～2019 年核电产业前 20 位合作专利申请人

序号	申请人	申请数量（件）	比例（%）
1	中国广核集团有限公司	2374	53.99
2	中国广核电力股份有限公司	1359	30.91
3	中广核工程有限公司	1249	28.41
4	大亚湾核电运营管理有限责任公司	669	15.21
5	中国广东核电集团有限公司	489	11.12
6	广东核电合营有限公司	382	8.69
7	岭东核电有限公司	374	8.51
8	苏州热工研究院有限公司	374	8.51
9	中核核电运行管理有限公司	308	7.00
10	中核武汉核电运行技术股份有限公司	300	6.82
11	核动力运行研究所	299	6.80
12	岭澳核电有限公司	259	5.89
13	中广核研究院有限公司	222	5.05
14	深圳中广核工程设计有限公司	221	5.03

续表

序号	申请人	申请数量（件）	比例（%）
15	中广核核电运营有限公司	196	4.46
16	北京广利核系统工程有限公司	135	3.07
17	中科华核电技术研究院有限公司	130	2.96
18	上海核工程研究设计院	119	2.71
19	秦山核电有限公司	101	2.30
20	秦山第三核电有限公司	97	2.21

资料来源：中国国家知识产权局。

从表6.2可以看出，中国广核集团有限公司合作申请的专利数量为2374件，占总合作申请专利数量的53.99%，超过半数，排在第1名；这说明中国广核集团有限公司在核电产业的协同技术创新过程中地位最高，同时该企业的研发水平处于领先地位，并且该公司具有很强的知识产权保护意识；中国广核电力股份有限公司合作申请的专利数量为1359件，占总数量的30.91%，排在第2名；中广核工程有限公司以1249件合作申请的专利数量排在第3名；随后大亚湾核电运营管理有限责任公司和中国广东核电集团有限公司分别以669件、489件合作申请的专利数量排在第4名、第5名。进入前10位的合作申请人还有广东核电合营有限公司、岭东核电有限公司、苏州热工研究院有限公司、中核核电运行管理有限公司、中核武汉核电运行技术股份有限公司。从表6.2我们可以看出，前20位核电企业合作申请专利数量的申请人中，18位申请人为核电企业，这说明核电企业在核电产业具有较强的知识产权保护意识。2位申请人是科研院所，分别为核动力运行研究所（第11位）以及上海核工程研究设计院（第18位），占据申请专利总量的9.51%，代表科研院所在核电产业的合作研发中也占据一定地位。相比之下，没有高校能够进入到核电产业合作专利申请数量前20位合作申请人的行列当中。一方面，是因为与从事核电产业的科研院所、企业相比较，我国开设核专业的高校数量较少；另一方面，则是因为高校对于与其他主体合作申请专利的重视程度较低。另外，没有个人能够进入到榜单中，因为个人拥有的研究资源远远少于其他主体，而核电产业的研究往往需要耗费较多的资源，这一条件限制了个人在核电产业开展合作专利活动。总体来看，核电企业在核电产业的专利合作中拥有最强的竞争力，其次是科研院所，高校以及个人在核电产业专利合作中的优势不明显。

6.1.2.4 合作关键技术领域分析

国际专利分类法是国际上通用的专利文献分类法。国际专利分类号通过专利所属的不同领域，将专利划分为不同的技术类别，从而对专利数据进行科学的分类管理。本节从筛选得到的核电产业的专利合作数据中的 IPC 分类号着手，对专利所属的技术领域进行分析，筛选出其中排名前 10 项的核电产业协同创新关键技术领域。各 IPC 分类号所代表的含义如表 6.3 所示。

表 6.3 核电产业协同创新关键技术领域

IPC 分类号	含义
G21C	核反应堆
G21D	核发电厂
G01N	借助于测定材料的化学或物理性质来测试或分析材料
G06Q	专门适用于行政、商业、金融、管理、监督或预测目的的数据处理系统或方法；其他类目不包括的专门适用于行政、商业、金融、管理、监督或预测目的的处理系统或方法
G21F	χ、γ 辐射、微粒辐射或粒子轰击的防护；处理放射性污染材料；及其去污染装置
G06F	电数字数据处理
F04D	非变容式泵
B23K	钎焊或脱焊；焊接；用钎焊或焊接方法包覆或镀敷；局部加热切割，如火焰切割；用激光束加工
C08K	使用无机物或非高分子有机物作为配料
G01R	测量电变量；测量磁变量

资料来源：中国国家知识产权局。

从技术领域的视角进行分析，可以发现 G21C（核反应堆）是核电产业合作主体最为偏好的研究热点，有 1360 件专利涉及了这一领域；其次依次是

G21D（核发电厂）、G01N（借助于测定材料的化学或物理性质来测试或分析材料）、G06Q（数据处理系统或方法）、G21F（处理放射性污染材料；及其去污染装置）这四个技术领域，数量分别为559件、436件、423件以及353件。

通过对各种类型合作主体涉猎的技术领域的分析，可以掌握各合作主体在核电产业的技术优势，预测未来核电产业的研究热点，促进各个主体间的深入合作。因此，对我国核电产业不同类型主体前3位专利申请人的合作专利技术领域进行分析，如表6.4所示。

表6.4　　　　　　　　　关键专利申请人的技术领域分布　　　　单位：件

专利申请人	IPC 分类号									
	G21C	G21D	G01N	G06Q	G21F	G06F	F04D	B23K	C08K	G01R
中国广核集团有限公司	478	161	175	152	118	136	37	54	18	76
中国广核电力股份有限公司	266	85	109	104	70	91	15	34	15	41
中广核工程有限公司	275	128	90	65	57	78	22	20	4	40
核动力运行研究所	95	43	17	8	13	15	3	9	3	10
上海核工程研究设计院	32	16	9	5	3	4	1	6	2	2
中国核动力研究设计院	14	4	0	1	2	3	0	1	0	0
清华大学	10	5	0	1	1	1	1	1	0	0
上海交通大学	0	1	0	4	0	3	0	1	0	0
西安交通大学	3	0	1	0	0	0	0	0	0	0

资料来源：中国国家知识产权局。

从合作主体在各个技术领域合作申请的专利数量来看，中国广核集团有限公司在各个技术领域均占据绝对的领先地位，具有很高的技术创新水平，其在核反应堆以及核发电厂方面的合作专利申请占据其总合作申请量的比重较大。通过对不同类型主体前三位申请人合作的领域进行分析，核电企业侧重于G21C（核反应堆）、G21D（核发电厂）、G01N（借助于测定材料的化学或物理性质来测试或分析材料）、G06Q（数据处理系统或方法）方面的研究；科研院所侧重于 G21C（核反应堆）、G21D（核发电厂）、G01N（借助于测定材料的化学或物理性质来测试或分析材料）以及 G06F（电数字数据处理）领域的研究；而高校的合作技术领域集中在 G21C（核反应堆）、G21D（核发电厂）以及 G06Q（数据处理系统或方法）。总体来看，核电企业在核电产业的合作申请专利活动中合作研发技术领域范围更广，各领域的研发实力更强。

6.1.3 核电产业专利合作存在的主要问题

6.1.3.1 不同主体合作类型差异性较大

通过对核电产业不同主体合作专利数量以及增长趋势进行分析，可以发现在核电产业的专利合作中，企业－企业是最主要的合作类型，数量远超其他合作类型，且随着时间的推移，企业－企业这一合作模式成为我国核电产业的专利合作中最普遍的一种合作类型，为我国核电实力的提升做出突出贡献；其次是企业－科研院所这种合作模式，这一模式合作数量自 2007 年逐渐增加，2013 年达到最大数量 143 件，又在 2014 年开始逐渐没落，2019 年这一合作模式又一次开始兴起；与企业－科研院所合作模式类似，企业－高校也经历了"兴起—没落—再次兴起"的过程，2014 年这一合作模式的合作数量达到峰值，为 31 件；其他合作类型的合作数量都比较小，每种类型的数量总和不超过 30 件。这说明在核电产业中不同合作类型存在较大的差异性，调整核电产业的合作主体结构成为亟须解决的问题。

6.1.3.2 不同合作主体的研发能力差距较大

通过对核电产业合作专利数量排名前 20 位的合作主体进行分析，可以发现中国广核集团占据榜首，拥有 2374 件合作专利，超出核电产业合作专利总数的一半，第 20 位为秦山第三核电有限公司，拥有 97 件合作专利，占合作专利总数的 2.21%，可以看出不同主体间合作申请专利数量差距悬殊，说明不同主体的研发能力差距较大。同时，前 20 位主体中包含 18 家核电企业、2 所科研院所，高校与个人并未上榜。这说明在我国核电实力不断进步的过程中，企业的研发能力更强，在核电产业占主导地位，核电产业中的主体更加倾向于与实力强劲的企业联合研发，达成共赢。科研院所在核电产业专利合作中也占据着重要地位，高校与个人在同其他主体联合申请核电专利时表现出的研发实力较弱。

6.1.3.3 合作关键技术比较单一

根据对核电产业合作专利的关键技术进行分析，可以发现，核电产业的合作专利大多围绕核反应堆（G21C）、核发电厂（G21D）这一类别的发明专利展开，其他领域，例如，电数字数据处理（G06F）、供电或配电的电路装置或系统（H02J）、χ辐射和γ辐射、微粒辐射或粒子轰击的防护和处理放射性污染材料及去污染装置（G21F）等类别的专利合作比较少见。以中国广核电力股份有限公司为例，其在核反应堆（G21C）领域合作专利数量为291件，而在一般的控制或调节系统；这种系统的功能单元；用于这种系统或单元的监视或测试装置（G05B）这一领域合作专利数量仅为38件，这说明，核电产业在关键技术领域中的合作范围比较单一，主要集中在核心技术领域，而在其他技术领域开展的专利合作比较少。

6.1.3.4 各主体间的专利合作范围较小

通过对核电产业专利合作数据进行分析可以发现，虽然每年的合作专利数量持续增长，越来越多的主体加入核电产业协同创新的阵营当中，但是各个主体间开展合作的范围较小。很多核电主体拥有较多的核电合作专利，但与其开展合作研发行为的组织是固定的，即核电产业的主体更倾向于已经缔结过合作关系的组织开展共同研发，而不愿去选择寻找新的合作伙伴。以中核武汉核电运行技术股份有限公司为例，该公司拥有的核电合作专利数量为284件，其中222件专利是与核动力运行研究所联合申请的，这说明中核武汉核电运行技术股份有限公司绝大多数的合作专利均是与核动力研究所共同完成的。这也不利于知识在核电产业协同创新网络中的流通，会影响核电产业整体水平的提升。同时，对于刚刚起步的中小型核电企业来说，进入核电产业协同创新的阵营中，进行核电技术间的交流就会变得比较困难。

6.2　核电产业协同创新网络结构

6.2.1　核电产业协同创新网络拓扑结构测度及网络模型构建

6.2.1.1　核电产业协同创新网络拓扑结构测度

核电产业的协同创新网络由节点及连边构成，用 $G = (V, E)$ 表示，其中节点的集合为 $V = \{v_1, v_2, \cdots, v_n\}$，连边的集合为 $E = \{w_1, w_2, \cdots, w_n\}$，节点 i 与节点 j 之间的连边权重为 w_{ij}。在网络中，连边表示申请同一专利的创新主体间的合作关系，连边的权重 w 表示两节点之间合作申请专利的次数。核电产业协同创新网络是一个无向加权网络，既体现了发明人之间的合作情况，还包含了各主体之间的合作强度以及合作属性关系。

结合复杂网络的相关理论以及社会网络分析的研究方法，选取以下指标对核电产业协同创新网络结构进行研究：

（1）网络密度 d。同公式（3 - 1）。

（2）平均聚集系数 C。同公式（3 - 2）、公式（3 - 3）。

（3）平均路径长度 L。同公式（3 - 4）。

（4）节点中心性。同第 3 章 3.2.1.1（4）。

（5）度强度分布。度分布是指网络中节点度值的概率分布，而度强度分布是指所有带权重的节点的概率分布。节点 i 的强度 $S_i = \sum w_{ij}$，其中，w_{ij} 表示节点 i 与节点 j 的连边权重。节点 K 的度强度分布概率为：

$$P(S_K) = \frac{\sum_{i=1}^{l} S_{kj}}{\sum_{j}^{N} S_j} \tag{6-1}$$

6.2.1.2　核电产业协同创新网络模型构建

构建核电产业协同创新网络模型的数据来源为我们在国家知识产权局收集并筛选处理的相关专利数据，共计 4397 项。将专利数据中的各专利申请人视为网络节点；将两个及两个以上专利申请人间的合作关系视为网络的连边；将相同专利申请人之间合作申请专利的次数视为连边的权重。最后，基于专利数据，利用复杂网络分析软件（Gephi）对构建的核电产业协同创新网络进行数据可视化处理，如图 6.4 所示。此外，本章将归一化运用到网络的连边权重处理上，将权重的取值控制在［0，1］之间，以此来提高核电产业协同创新网络的可视化效果。

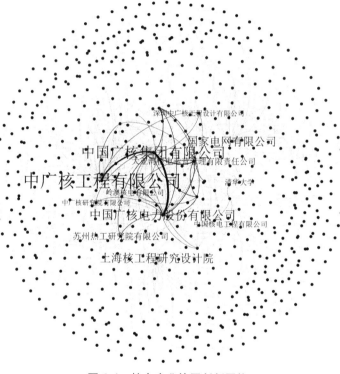

图 6.4 核电产业协同创新网络

6.2.2 核电产业协同创新网络结构的实证分析

6.2.2.1 核电产业协同创新网络定性理论分析

（1）网络构成要素。

核电产业协同创新网络的创新主体是指在核电产业以联合申请专利的形

式进行技术创新活动的企业、高校、科研院所以及个人。因此，基于专利合作的视角，核电产业协同创新网络的创新主体，是指具有合作技术研发，反映在专利方面具有实质性贡献的企业、高校、科研院所以及个人。网络中两个节点间的连边代表两个创新主体之间因为开展联合申请专利活动而发生的协同创新关系。

（2）网络形成动因。

核电作为一种高效、清洁、经济的新能源，具有强大的发展潜力和发展前途。21 世纪以来，我国核电实力不断提升，我国相继出台一系列政策以支持核电在我国的发展，其中，2015 年国家能源局公布《服务核电企业科学协调发展协调工作机制实施方案》中，首次提出核电"走出去"战略，对核电企业"走出去"给予方向性指引，并推动将核电企业"走出去"作为我国与潜在核电输入国双边政治、经济交往的重要议题。同时，国家不断加大投入以支持我国核电企业的发展。所以，打造核电"走出去"的国家名片，我国的核电企业任重而道远。

核电是技术密集型和资金密集型产业，技术壁垒和资金壁垒极高。因此，基于其技术密集以及资金密集的特点，越来越多合作在核电产业的创新主体间开展，以便整合核电产业间的资源，提高我国核电的创新能力，进而提升核电的核心竞争力；同时随着核电产业的产业链和价值链不断地完善，越来越多的主体加入核电的研发制造以及运营当中，各个创新主体间的关系不断地密切，企业与高校、科研院所以及个人之间的合作不断形成；除此之外，随着专利保护意识的不断增强，越来越多的科技成果转化为专利，逐步形成了全国范围内的核电产业的协同创新网络。

6.2.2.2 核电产业协同创新网络结构量化分析

（1）网络基本结构和网络内部结构分析。

首先，对核电产业协同创新网络的网络基本结构进行分析。表 6.5 列举了核电产业协同创新网络的基本结构特征统计量。核电产业协同创新网络的网络密度为 0.004，说明协同创新网络相对稀疏，整体来看网络中主体间的互动程度不高，网络的活力较为低下。在复杂网络理论中，一般选择平均聚集系数以及平均路径长度判定网络的小世界特性。核电产业的协同创新网络的平均路径长度为 3.892，说明该网络的信息传递能力较强，运行的效率较高；平均聚集系数为0.662，说明节点的集聚程度高，该网络的平均聚集系数大于0.1，平均路径长度小于10，说明网络具有一定的小世界性。度中心性指标为2.984，说明网络中部分节点占据重要地位；接近度中心性为0.537，说明网络中节点与其他节点的接近程度不高；另外两个有关中心性的指标数值较低，总的来说，核电产业协同创新网络的中心的控制能力一般。

表6.5 核电产业协同创新网络的基本结构特征统计量

项目	网络密度	平均路径长度	平均聚集系数	度中心性	接近度中心性	介数中心性	特征向量中心性
核电产业协同创新网络	0.004	3.892	0.662	2.984	0.537	0.002	0.041

资料来源：笔者整理。

如图6.5所示，刻画双对数坐标下网络度强度分布，其中，横坐标节点表示节点的度强度K，纵坐标表示节点度强度所对应的概率。对数据进行回归分析，最终得出核电产业协同创新网络度强度分布服从幂指数为-0.584的幂函数分布。

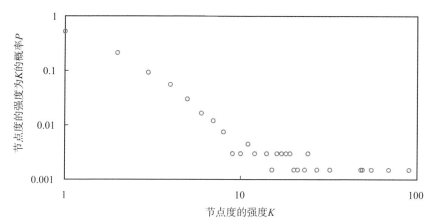

图6.5 核电产业协同创新网络度强度分布

资料来源：笔者整理。

另外通过检验，如表6.6所示，得出误差平方和（SSE）为0.453，复相关系数（R-square）为0.820，调整自由度的拟合系数（Adjusted R-square）

为 0.813，均方根误差（RMSE）为 0.205，可以看出，拟合效果较好。综上，网络中节点的度分布服从幂律分布，具有明显的无标度特征，网络中少数核心节点主导整个协同创新网络。

表 6.6　　　核电产业协同创新网络度强度分布的拟合优度检验

相关参数	检验数值
误差平方和	0.453
复相关系数	0.820
调整自由度的拟合系数	0.813
均方根误差	0.205

资料来源：笔者整理。

在对核电产业协同创新网络基本结构分析的基础上，基于专利申请省域构成对网络的内部结构进行深度分析。将 598 位专利申请人按照省域划分为 30 个省份，得到核电产业协同创新网络的省域分布（部分省份申请数量过少合并为其他省份），如图 6.6 所示。其中，仅广东省专利合作次数之和占专利合作总次数的 69.41%，有 64 位专利申请人来自广东，是我国核电产业创新主体联合申请专利最活跃的省份；浙江（46 位专利申请人）和湖北（18 位专利申请人）专利合作次数分别占专利合作总次数的 5.66%、5.4%，排在

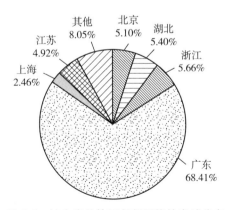

图 6.6　核电产业协同创新网络的省域分布

资料来源：中国国家知识产权局。

第2位、第3位，以上三个地区是联合申请专利的第一梯队；北京（87位专利申请人）、江苏（86位专利申请人）、上海（59位专利申请人）等省份紧随其后；相对来说，其他省份对协同创新发展的重视程度较低。总体来看，东部经济比较发达的城市核电的技术合作创新水平较强，其他省份的态势较弱。

（2）网络社团结构分析。

由图6.4可知，网络中存在一个较大的社团结构。通过统计，该网络可划分为113个社团，除最大社团外，其余社团的规模较小，绝大多数只包含2个节点以及1条连边。本节以核电产业协同创新网络中的子网络为研究对象，分析核电产业协同创新网络的社团结构，研究其社团结构特性，如图6.7所示。最大社团结构中包含401个节点与812条连边，网络密度为0.010，平均度为4.050，优于整体核电产业协同创新网络，说明在最大社团中，节点的联系更加紧密，网络的凝聚性更强。

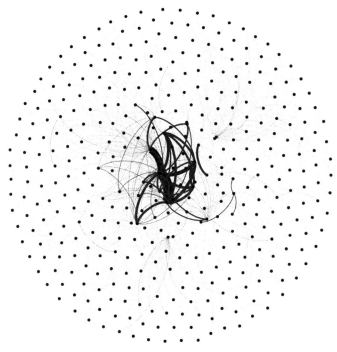

图6.7 核电产业协同创新网络最大社团

（3）网络重要节点分析。

在对网络结构进行分析后，依据 3 个衡量中心性的指标对网络中单个节点进行分析，其中，度中心性用以度量网络中的核心节点，介数中心性用以度量节点对资源的控制能力，特征向量中心性用以度量节点在网络中的重要程度。根据以上 3 个指标，对核电产业协同创新网络中的节点进行排序，得出各个指标排名前 10 位的重要节点，如表 6.7 所示。

表 6.7　　　　核电产业协同创新网络中的重要节点中心性前 10 位排名

排名	特征向量中心性	度中心性	介数中心性
1	中国广核集团有限公司	中广核工程有限公司	中广核工程有限公司
2	中广核工程有限公司	中国广核集团有限公司	上海核工程研究设计院
3	中国广核电力股份有限公司	中国广核电力股份有限公司	清华大学
4	苏州热工研究院有限公司	上海核工程研究设计院	国家电网有限公司
5	大亚湾核电运营管理有限责任公司	国家电网有限公司	中国广核集团有限公司
6	岭澳核电有限公司	苏州热工研究院有限公司	中国核电工程有限公司
7	岭东核电有限公司	大亚湾核电运营管理有限责任公司	中核武汉核电运行技术股份有限公司
8	广东核电合营有限公司	清华大学	中国广核电力股份有限公司
9	中广核研究院有限公司	中国核电工程有限公司	中核核电运行管理有限公司
10	清华大学	岭澳核电有限公司	中国核动力研究设计院

资料来源：笔者整理。

从表 6.7 可知，特征向量中心性排名前 10 位的节点中有 9 家企业以及 1 所高校，排名第 1 位的企业为中国广核集团有限公司，这说明中国广核集团有限公司在网络中与其邻居节点具有良好的合作关系，同时邻居节点在网络中也占据着重要的地位。值得一提的是，其中 6 家企业均属于中广核旗下主要成员公司，这也说明中国广核集团有限公司在核电产业的技术合作研发中起主要带头作用，将会对我国核电相关的合作研发产生重要影响。特征向量中心性排名前 10 位中的高校为清华大学，说明与清华大学开展合作的主体在网络中也占据重要地位。

度中心性排名前 10 位的节点中有 8 家企业、1 所科研院所以及 1 所高校，其中排名第 1 位的为中广核工程有限公司，这说明中广核工程有限公司在网络中与其他节点建立了广泛的合作关系，在网络中占据着重要的地位。中国广核集团有限公司、中国广核电力股份有限公司的度中心性排在第 2、第 3 位。另外，上海核工程研究设计院的度中心性排在第 4 位、清华大学的度中心性排在第 8 位。

介数中心性排名前 10 位的节点中有 7 家核电企业、2 所科研院所以及 1 所高校，这些主体占据着网络中知识交流和资源共享的关键路径，对资源具有较强的控制能力。另外，上海核工程研究设计院、中国核动力研究设计院和清华大学具有较强的介数中心性，说明高校和科研院所在核电产业协同创新网络中的知识共享和技术共同研发方面发挥重要作用。

总体来看，核电产业专利合作有待进一步加强，虽然中广核工程有限公司和中国广核集团有限公司、中国广核电力股份有限公司这 3 家核电企业在核电产业协同创新网络中占据核心位置，具有最强的影响力和控制力，但是影响有限，只有增强各个节点之间的联系与交流，使得节点获得知识、信息的范围变得更广，网络距离才会越来越短，从而减小核电产业协同创新网络中各个节点对中心节点的依赖，使得网络能够高效运作。因此，核电产业的主体需要加强与其他主体的交流与合作，建立更为广泛的联系，以此提升核电产业协同创新网络的整体效率。

6.3 核电产业协同创新网络演化

6.3.1 核电产业协同创新网络结构演化

以从国家知识产权局获得的专利数据作为数据源，并通过筛选等一系列加工，绘制 1986 ~ 2019 年我国核电产业的专利总数、合作申请专利数以及合作专利数占申请总数的比例折线图，如图 6.8 所示。

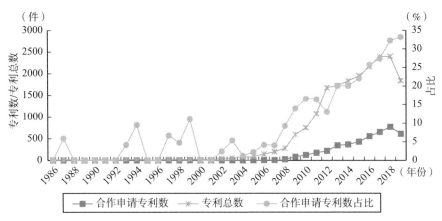

图 6.8　核电产业合作申请专利情况

资料来源：中国国家知识产权局。

　　从专利申请数量上来看，1986 年我国申请了第 1 件核电相关的专利，直到 1992 年，每年申请的核电相关的专利件数不超过 20 件，说明这一时期我国核电研究刚刚起步，创新能力较低；1993～2005 年，核电专利的申请数量开始缓慢增长，年平均专利申请数量不足 100 件，这一时期我国核电产业的创新能力仍然处于较低的水平；2006 年后我国核电相关专利的年申请量持续增长，我国核电水平有了整体提升，2019 年受到部分专利数据仍处于审批阶段的影响，数据收录不完整，呈现下降趋势。

　　从核电产业合作申请的专利数据来看，2006 年以前，核电产业年平均合作申请专利数量仅为 1.095 件，核电专利年平均申请量为 33.429 件，这一时期的合作申请数和申请总数都比较少，数值波动比较大；2007～2012 年，这一阶段核电产业专利合作数量不断增加，以相对稳定的速度从 2007 年的 8 件增长至 2012 年的 219 件；2013 年合作申请专利数量出现大幅增长，2014 年合作申请专利数量的增长速度放缓，以稳定速度增长至 2018 年，2019 年同样由于数据收录不完整呈下降趋势。

　　从合作申请专利数所占百分比来看，1986～2006 年，这一时期核电产业合作申请专利所占比例波动比较大，以 1999 年和 2000 年为例，1999 年我国核电产业专利总数为 27 件，合作申请专利数量为 3 件，合作申请专利数所占百分比达到了 11.11%，2000 年这一比例为 0，数值出现了大幅度变动，因此并不能真实反映核电产业的专利合作趋势；2007～2010 年比例也逐年增高，且核电产业合作申请专利数量的增长速度超过了核电专利申请总量的增长速度；2011～2012 年，合作申请专利数量比例出现小幅下降；2013～2018年，合作申请专利数所占百分比以相对稳定速度从 20.08% 增长至 32.22%，合作申请专利数量的增速快于专利申请总量的增速。

可以发现，核电产业专利合作行为具有显著的阶段特征，可以将其划分为 1986～2006 年，2007～2012 年，2013～2019 年三个阶段，并以此来分析核电产业协同创新网络的演变规律。

6.3.1.1 核电产业整体网络结构演化

依据核电产业合作申请专利中专利申请人的合作关系，利用复杂网络分析软件（Gephi）绘制各阶段的网络图，如图 6.9 所示。

由图 6.9（a）可知，1986～2006 年，核电产业协同创新网络中包含 27 个节点以及 16 条连边，其中 13 个节点为个人、7 个节点为企业、6 个节点为科研院所，1 个节点为高校。约半数节点为个人，说明个人在这一阶段的协同创新能力和合作意识比较强。在网络中占据主导地位的是上海核工程研究设计院，总体来看这一阶段仅有少数核电产业主体开始联合申请核电专利。由图 6.9（b）可知，2007～2012 年，核电产业协同创新网络中包含 225 个节点和 238 条连边，225 个网络节点中包含 144 家企业、28 所科研院所、20 所高校以及 33 位个人，这说明核电企业开始逐渐重视与其他主体开展合作。这一阶段，在网络中占据主导地位的是中广核工程有限公司以及上海核工程研究设计院。可以发现，这一阶段网络中主体数量明显增加，合作数量明显变多，且连边数超过了节点数，说明网络中的合作范围扩大，核电产业协同创新网络的规模逐渐增大。由图 6.9（c）可知，2013～2019 年，核电产业协同创新网络中包含 462 个节点和 715 条连边，包含 380 家核电企业、59 所科研院所、47 家高校以及 32 位个人，企业在核电产业协同创新网络中的地位不断提高。在网络中占据核心的是中广核工程有限公司，这说明在这一阶段网络中各网络主体的地位也在悄然发生变化。此外，越来越多的科研院所以及高校加入网络中。总体来看，网络的规模迅速扩大，网络主体间的合作频次明显增加，少数节点在网络中的重要性日益凸显。

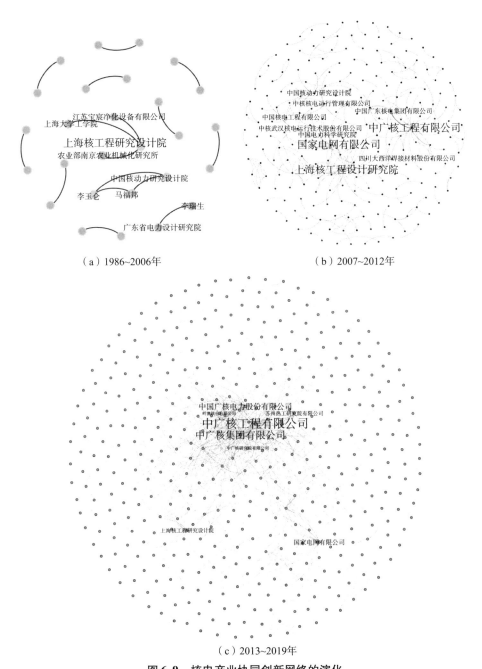

（a）1986~2006年   （b）2007~2012年

（c）2013~2019年

图6.9　核电产业协同创新网络的演化

6.3.1.2　核电产业个体网络结构演化

为了深入了解核电产业协同创新网络中个体网络的结构演化，以网络中个体的度值衡量其专利合作的广度，以合作强度衡量其专利合作的深度，以此构建核电产业协同创新网络"深度－广度"二维矩阵图。[1]　其中，横坐标为度值，度值表示网络中与该节点直接相连的节点总数，度值越大，节点在网络中的合作范围越广；纵坐标为合作强度，合作强度用以衡量网络中某个节点与其他节点间合作的频率，合作强度越大，说明该节点与其他节点的合作关系越持久，合作越深。合作强度＝加权度/度，合作强度≥1。

1986～2006年这一阶段，上海核工程研究设计院的度值最大，合作范围最广，中广核工程有限公司的合作强度最高，网络中各个主体在核电专利合作的广度与深度上表现得并不突出；2007～2012年这一阶段，中广核工程有限公司以及上海核工程研究设计院具有最大的合作广度，核动力运行研究所具有最大的合作深度，总体来看，中国广核集团有限公司在核电专利的广度与深度上表现最为突出，说明其在网络中合作范围较广且合作关系比较持久。另外，这一阶段网络整体的合作强度较上一阶段有明显提升，绝大多数的主体仍然聚集在合作广度、合作深度均小于10的区间；2013～2019年这一阶段，网络整体的合作强度与深度均有大幅提升，其中表现比较突出的有中国广核集团有限公司、中国广核电力股份有限公司，另外，中广核工程有限公司度值较大，说明其合作范围较广，但是合作强度较小，与其他主体的合作关系不够深入。泰山第三核电有限公司则具有较大的合作强度，但其合作广度较小。总体来看，这一阶段核电产业协同创新网络中，有相当一部分的节点处于度、合作强度均大于20的区间，说明这部分创新主体具有较多的合作对象且合作关系比较稳定。

6.3.2　核电产业协同创新网络空间演化

在对核电产业协同创新网络的演化过程进行深入分析之后，本节进一步从核电产业协同创新网络的空间分布模式进行分析，进而揭示空间因素对核

---

[1]　因篇幅限制，读者若想获取原始图片，请联系作者，邮箱：heulww@163.com。

电产业协同创新网络中各主体的协同创新行为的影响。按照网络中各主体所在省域对专利进行分类。其中共包含 30 个省份，并基于以上省份构建跨省协同创新网络。

6.3.2.1 核电产业省内合作演化

通过对核电产业合作申请的专利数据进行分析，分别计算出三个阶段的所属省域内部合作专利数量及所占比例，如表 6.8 所示。

表 6.8 　　　　　　　**核电产业专利省内合作申请专利数量及比例**

省份	1986~2006 年			2007~2012 年			2013~2019 年		
	总合作数量（件）	内部合作数量（件）	内部比例（%）	总合作数量（件）	内部合作数量（件）	内部比例（%）	总合作数量（件）	内部合作数量（件）	内部比例（%）
广东	7	7	100.00	359	246	68.52	2510	1916	76.33
湖北	1	0	0.00	113	93	82.30	243	192	79.01
浙江	1	0	0.00	35	17	48.57	353	259	73.37
北京	2	1	50.00	139	51	36.69	510	66	12.94
上海	4	2	50.00	76	19	25.00	154	33	21.43
四川	0	0	0.00	71	14	19.72	120	31	25.83
江苏	2	0	0.00	104	11	10.58	834	21	2.52
辽宁	0	0	0.00	29	8	27.59	127	7	5.51
福建	0	0	0.00	9	1	11.11	16	11	78.57
内蒙古	0	0	0.00	0	0	0.00	29	3	10.34
山东	0	0	0.00	8	0	0.00	69	4	5.80
湖南	0	0	0.00	8	2	25.00	11	1	9.09
黑龙江	0	0	0.00	7	0	0.00	21	2	9.52
河北	0	0	0.00	5	3	60.00	15	0	0.00
陕西	1	0	0.00	8	1	12.50	35	1	2.86
山西	0	0	0.00	4	1	25.00	14	0	0.00
江西	0	0	0.00	0	0	0.00	19	1	5.26
青海	0	0	0.00	0	0	0.00	8	1	12.50

续表

省份	1986~2006 年			2007~2012 年			2013~2019 年		
	总合作数量（件）	内部合作数量（件）	内部比例（%）	总合作数量（件）	内部合作数量（件）	内部比例（%）	总合作数量（件）	内部合作数量（件）	内部比例（%）
新疆	0	0	0.00	0	0	0.00	3	1	33.33
海南	0	0	0.00	0	0	0.00	4	1	25.00
广西	0	0	0.00	4	0	0.00	70	0	0.00
天津	0	0	0.00	5	0	0.00	51	0	0.00
河南	0	0	0.00	7	0	0.00	31	0	0.00
重庆	0	0	0.00	1	0	0.00	5	0	0.00
云南	0	0	0.00	0	0	0.00	2	0	0.00
贵州	0	0	0.00	0	0	0.00	1	0	0.00
安徽	0	0	0.00	1	0	0.00	11	1	9.09
宁夏	0	0	0.00	0	0	0.00	7	0	0.00
甘肃	0	0	0.00	0	0	0.00	5	0	0.00
吉林	0	0	0.00	4	1	25.00	0	0	0.00

资料来源：中国国家知识产权局。

如表 6.8 所示，在 1986~2006 年这一阶段，我国仅有 7 个省份的核电科研主体参与到了合作申请核电专利中，分别为广东、湖北、浙江、北京、上海、江苏以及陕西，且仅有广东、上海和北京 3 个省份发生了内部合作申请专利的行为，但内部合作专利的数量极少。2007~2012 年这一阶段，省份内部合作申请核电专利的数量明显增多，21 个省份参与到了合作申请核电专利中，14 个省份发生了省内合作申请专利行为。这一阶段以广东为代表，发生合作专利 359 件，其中 246 件为广东省内合作，所占比例为 68.52%；其次是湖北，内部合作比例为 82.30%；北京、江苏、上海、四川等地合作次数较多，但是内部合作比例偏低，说明这些省份的核电创新主体更倾向于外部合作；浙江、河北的合作次数不多，但是约半数的合作是在省内进行的；其余省份的合作次数与内部合作比例均不高。2013~2019 年这一阶段，合作申请核电专利的省份不断增多。其中，广东核电创新主体合作次数以及省内合作申请专利数量仍然全国领先；湖北的合作申请专利数量大幅提升，内部合作比例最高，占比达到 79.01%；浙江的合作次数以及内部合作次数大幅提升，内部合作比例也从 48.57% 增长至 73.37%，说明这一阶段浙江核电水平得到了极大的提升；辽宁的合作次数也大幅提升，以外部合作形式为主；北京、上海、江苏等省份的合作次数提升，但内部合作比例不升反降，说明这一阶段北京开展的合作形式以跨省合作为主；内蒙古、江西、青海、新疆、海南、云南、贵州、宁夏、甘肃等新加入网络中的省份以开展外部合作的形式为主。

由于 1986～2006 年这一阶段我国核电产业专利合作数据较少，本节将2007～2012 年和 2013～2019 年这两个阶段的省份合作专利数据进行对比，来分析核电产业专利所属省域的内部合作演化。通过对比，将核电产业专利申请所属省份分为四类。第一类内部合作比例始终高于 50%，这类省份的核电创新主体主要进行省份内部合作，知识在省份内部发生流动，说明省份边界对他们的合作行为具有较大的限制。属于这一类的省份为广东、湖北两地。广东、湖北的合作次数以及内部合作数量持续增长，逐渐成长为支撑我国核电技术发展的重要力量。第二类内部合作比例始终低于 50%，这些省份倾向于跨省合作，通过省份间的知识流动来获取技术资源。北京、上海、四川、江苏、辽宁、内蒙古、山东、湖南、黑龙江、陕西、山西、江西、青海、新疆、海南、安徽以及吉林这些省份均属于第二类。第三类内部合作比例在这两个阶段存在明显的转变。其中，浙江的内部合作比例有了明显的提升，从48.57% 增长到 73.37%，福建的合作形式由跨省合作为主转为内部合作为主，河北的内部合作比例由 60% 降低至 0，说明河北的核电科研主体开始寻求外部合作以提升区域的核电实力。第四类内部合作比例始终为 0。没有发生省份内部合作的行为，如广西、天津、河南、重庆、云南、贵州、宁夏、甘肃。总体来看，省份边界对于合作申请专利行为的影响较小。

6.3.2.2 核电产业跨省合作演化

将核电产业的专利合作数据划分为三个阶段，分析 1986～2019 年的核电产业合作专利申请人省份间的专利合作演化，并绘制核电产业专利所属省域外部合作网络空间图谱（由于 1986～2006 年核电产业的合作申请专利总量较少，无法形成网络，故在此不做讨论），如图 6.10 所示，本网络为无向加权网络，网络中的节点代表省份，连边则代表两个省份具有合作关系，连边的权重表示省份间的合作强度。

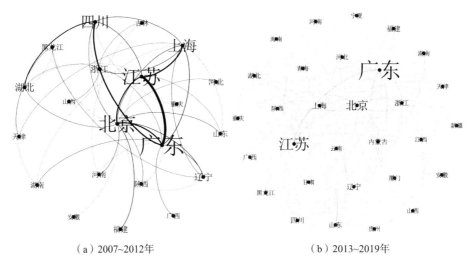

（a）2007~2012年 　　　　　　　　（b）2013~2019年

图 6.10　核电产业跨省协同创新网络

2007～2012 年这一阶段，共 21 个省份的核电主体参与到了跨省的专利合作当中，同时可以发现，省份外部的专利合作主要发生在广东、湖北、江苏、北京、上海、浙江等省份，且合作强度不大。2013～2019 年这一阶段越来越多的省份加入网络中，网络的规模不断扩大，广东、湖北、江苏、北京等省份仍为网络的核心节点，同时网络逐渐由东部沿海地区向西部延伸。2007～2012 年这一阶段，网络中共 21 个节点、47 条连边、网络密度为 0.224、平均聚集系数为 0.396、网络平均最短路径为 2.024；2013～2019 年这一阶段网络中共 30 个节点、101 条连边、网络密度为 0.232、平均聚集系数为 0.726、网络平均最短路径为 1.874。从上述指标的变化我们可以看出，随着越来越多的省份加入跨省合作网络中，网络密度增大，平均聚集系数增大，网络平均最短路径减小，这说明网络局部连接越来越明显，网络的运行效率有所提高。

基于各阶段省份间的专利合作广度以及深度的平均值，绘制核电产业省份间合作专利的"深度－广度"二维矩阵用以展示核电产业省份间专利合作的分布模式。①

在2007～2012年这一阶段，北京拥有最大的合作广度，江苏拥有最大的合作深度，广东、北京、上海、江苏、四川等地在协同创新网络中具有较高的合作广度与深度，说明这些省份的跨省专利合作范围比较广，合作关系比较紧密，浙江拥有较高合作广度，但合作强度不大，福建与之相反。其他节点在跨省专利合作的广度与深度方面表现不佳。总体来看，这一阶段省份间的整体合作强度不大。在2013～2019年这一阶段，广东、江苏两地在协同创新网络中仍然保持其核心地位，上海、北京、浙江等地处于高广度、低深度位置，广西、辽宁具有较高的合作深度，网络中涌现出的新的节点聚集在跨省协同创新网络中低广度－低深度的位置，处于网络中的边缘位置。

通过对核电产业所属省份协同创新网络的空间演化进行分析，发现在我国核电产业跨省协同创新网络中始终占据核心地位的为广东、江苏，这2个省份给我国核电产业协同创新网络的不断发展提供了支撑作用，同时上海、浙江、北京也为我国核电的发展做出重要贡献。总体来看，我国核电产业专利所属省域外部合作网络规模不断扩大，协同创新网络从广东等东部沿海地区逐渐发展到中部地区及北部地区，再逐渐向我国西部地区扩散，网络中各省域的合作强度越来越大。

6.4 核电产业协同创新网络优化对策建议

6.4.1 推进高校、科研院所与企业的协同创新机制

通过对核电产业专利合作数据不同主体合作类型进行分析，我们可以发现，核电产业的专利合作类型普遍为企业－企业间开展的合作，科研院所、高校以及个人在核电产业协同创新方面的参与度不高，这也说明目前核电产业的企业、高校以及科研院所等雄厚的创新资源与庞大的教育资源没有形成

---

① 因篇幅限制，读者若想获取原始图片，请联系作者，邮箱：heulww@163.com。

一个很好的结合，资源的使用率不高。因此，应推进核电产业的协同创新机制。

首先，高校与科研院所可以制定相关政策鼓励拥有科技成果的科技人员积极参与科技创业以及成果转化，例如，可以支持拥有科技成果的科研人员离岗创业，并在一定期限内为其保留原有职称；其次，可以建立协同创新中心，支持高校与企业、科研院所之间共同建立协同创新中心，设定若干个重要研究课题开展联合科研攻关，进一步提升协同创新中心的科技创新能力与协同创新能力。同时，加强企业与高校的点对点合作，提升产业科技创新水平。通过征集企业技术需求、组织大型产学研活动提高合作项目落地率与成功率。

6.4.2　建立公平、合理的利益分配机制

在核电产业协同创新网络中，网络主体的类型有企业、高校、科研院所以及个人，由于不同合作类型的组织性质不同，导致在合作过程中不同的主体有着不同的目标以及价值追求，因此如何在合作过程中公平、合理地分配利益是影响不同类型主体间开展合作的一个重要因素。

建立一个公平、合理的分配机制可以确保合作各方的利益不被侵害。一旦发生利益分配意见不统一的情况，极有可能造成科技成果的流失，也容易导致成果转化受到阻碍，尤其是当科研成果转化为经济效益时，如何确保相对弱势的一方的经济利益不受损害是不容忽视的问题。一个合理公平的分配机制会对此类问题起到一定约束作用。同时，建立利益分配机制有利于充分发挥各种类型主体的活力，在确保自身利益不被侵害之后，各个主体间的创新要素发生最大化的相互作用，将会产生更大的效益。

6.4.3　加大技术创新投入力度

通过对核电产业的合作专利数据进行研究，可以发现近年来我国核电产业在自主创新方面有了极大的突破。但是想要实现重大科技创新成果的突破，离不开雄厚的资金投入，尤其核电产业是一个长生命周期产业，前期需要耗费巨大的投资，并且有着工程建设期长，运营成本高的特点，这些因素都在

制约核电的发展。所以，想要取得科研成果，必须加大对核电产业的技术创新投入力度，为我国核电产业的发展提供强有力的支撑与保障。

首先，国家可以在核电相关研究的热点领域加强资金和人才的投资力度，吸引更多高校以及科研院所投入到相关研究当中；其次，对核电实力相对较弱的地区如甘肃、宁夏等西部地区，国家应提供技术扶持以及资金投入，帮助该地区更快补齐短板，提升实力，缩小差距；同时，政府可以增加企业专项扶持基金，推动企业快速成长，企业也可以通过吸收财政补贴、风险投资、跟紧国家减税、调息政策等加大研发费用投入力度，以实现关键技术的突破。

6.4.4　加强人才队伍建设

科研人员是技术创新的重要资源，是技术创新的不竭动力。核电作为一种技术密集型产业，想要在竞争激烈的国际市场中占有一席之地，必须把人才培养和人才资源的开发放在首位，树立正确的人才观，发挥好人才对核电产业高质量发展的重要支撑作用，才能不断提升我国核电技术水平，使我国成为核电强国。

在加强人才队伍建设方面，企业应加强创新人才培训，给企业的创新人才提供更多的深造机会，例如，外出考察、出国深造等；同时，要注重人才的激励与选拔。加大对核电企业重点性、突破性工作人员的奖励力度，鼓励员工积极参与到科研创新工作当中。高校与科研院所应加强人才储备工作，拓宽人才选拔的渠道，吸引高水平人才加入核电的科研建设当中，积极引进核电产业的拔尖型科技人才，为其提供优质生活保障，留住人才。除此之外，企业可以与高校以及科研院所积极开展合作，探索实施"人才＋项目"的培养模式，实现技术上的交流，以提升创新人员的科研水平。

6.4.5　有效发挥协同创新网络中重要节点的主导作用

通过对核电产业协同创新网络中网络重要节点的分析，我们发现网络的核心节点为中国广核集团有限公司，网络中其他重要节点大多数属于中国广核集团有限公司的主要成员公司，这说明在核电产业协同创新网络中，中国广核集团有限公司在网络中起重要的作用，具有一定的控制力以及影响力，有助于网络主体间的知识扩散与技术交流。加大中国广核集团有限公司与其他科研主体间的合作，尤其是加强中国广核集团有限公司与网络边缘的主体进行合作，对于提升我国核电整体水平有重要作用；同时，网络中的重要节点应该加强与高校以及科研院所之间的合作，高校与科研院所科研实力是毋庸置疑的，由于资源的限制导致许多科研成果无法应用到生产之中，通过合作可以充分发挥各自的力量以及优势，更快实现成果的转化。

6.4.6 加强核电产业技术合作平台的建设

通过对核电产业协同创新网络结构的研究，可以发现网络的规模虽然越来越大，但是网络中绝大多数节点仅与少数节点建立起联系。因此，应尽快搭建一个用于核电产业内部技术研发、转化、应用、交流的服务平台，强化主体间的合作，加速提升创新能力。

首先，构建一个合作平台，可以有效配置网络中的资源。通过对核电产业合作关键技术分析可以发现，核电产业协同创新网络中的主体之间的研究重点存在着一定的差异，通过合作，可以实现优势互补，提升科研实力；其次，构建平台可以及时获取外部研发信息，全面提升产业内部技术进步水平与技术利用效率；最后，搭建该平台可以促进产业内部的交流合作，有助于主体间形成长期稳定的合作关系，广泛形成技术、人才、资源间的互动与共享，以便将最新的科研成果及时应用到核电产业的发展。

针对我国核电产业合作现状，可以建立跨省合作联盟的技术合作平台。通过对核电产业协同创新网络的空间分布模式进行分析，可以发现核电产业的合作行为主要分布在沿海及东部地区，内陆地区之间开展合作申请专利的行为比较少。建立核电产业创新的跨省合作联盟，有利于核电技术由沿海向西部辐射，提升我国西部地区的核电实力，缩短我国东部与西部的核电水平差距。

6.4.7 强化核电产业合作意识

核电产业开展合作可以缩短研发周期，节约科研成本。核电产业的技术难度一般比较大，研发周期比较长，所以想要缩短研发周期，更快地将科研成果转化为现实生产力，最有效的方法就是寻求合作。通过合作，充分发挥各自的力量以及优势，可以提升科研效率，节约成本。同时，合作可以在一定程度上帮助各科研主体规避研发风险。因此，强化合作意识是拓宽核电产业合作范围的关键。

通过对核电产业专利合作现状进行分析，近年来我国核电产业的协同创新意识以及知识产权保护意识有所提升，但还需要继续增强。在核电产业协同创新活动中，知识泄露、侵权行为等都将制约网络主体间进行协同创新活动。因此，想要扩大核电产业协同创新网络的规模，使各个主体间的合作愈加紧密，必须提升知识产权保护意识。首先，要制定适合自己发展的知识产权战略，培育自己的知识产权体系；其次，注重专利、商标、商业秘密的注册、申请、保护等工作；最后，完善知识产权的许可、保护、转让以及交易等政策体系，提升各个主体在专利合作过程中知识创造、管理、实施以及保护的能力。只有加大知识产权保护力度，提升知识产权保护意识，才能保证各个主体间开展高质高效的合作。

同时，要强化核电产业的开放合作意识。通过对核电产业专利数据进行分析，发现我国核电产业开展专利合作的对象大多是省份内的企业和其他科研主体，跨省的合作案例很少，跨国合作的案例更是寥寥无几。这也导致了我国核电水平在空间上的分布严重不均，网络的整体水平被拉低。核电产业的创新主体应强化开放合作意识，积极地与省外的科研主体开展合作，努力践行共享知识产权的联合创新模式，使我国中部以及西部地区的核电实力得到提升，逐渐缩小地区间的差距。并且，应该坚定不移地深化和扩大对外的开放合作，占据更多的国外市场，以此提升我国核电产业的国际影响力，使我国核电事业成为"中国制造"的一张名片。

第 7 章

智能电网产业协同创新网络研究

7.1 智能电网产业专利合作现状

　　本章以智能电网领域为研究对象，通过建立协同创新网络和演化分析，对其协同创新网络进行深入研究，探索我国智能电网领域协同创新网络的时空演化特征，剖析我国智能电网关键技术的发展现状并预测未来的发展趋势，以期对我国智能电网的建设提供理论指导、方法支撑与实践参考。在合作环境中与主要合作伙伴共享信息可以帮助他们尽快发现问题并采取适当措施以最大限度地减少负面影响，从而实现电力系统运行的优化。如果有一个通信平台可以帮助不同合作伙伴之间的合作和运营，智能电网的发展将会更快更好。协同创新网络提供了一个交流平台，通过该平台，专利发明人可以更轻松地了解我国智能电网领域的相关专家，以找到协同创新伙伴并获取外部知识信息。为了加快合作创新中的知识信息流动，合理地分配网络创新实体之间的资源，提高专利技术的研发能力以及加快我国智能电网领域专利技术向生产力的转化，本章试图探索现有的协同创新网络的创新模式和时空演化路径。这项研究对协同创新网络中原始和新兴参与者的协同创新伙伴选择以及在我国省内和跨省的协同创新偏好进行了实证分析。本章研究了专利合作何时开始，如何发生，参与者在不同阶段如何互动以及我国不同阶段省内和跨省的合作偏好，从而调整和优化专利协同创新模式，保持区域均衡发展，实现更有效的专利合作。从专利合作的角度出发，构建了一个协同创新网络进行实证分析，弥补了现有研究在我国智能电网领域协同创新动态演进方面的不足。

7.1.1 智能电网产业协同创新网络的数据来源及数据处理

本章中关于智能电网产业的专利数据来源于国家知识产权局（CNIPA）专利数据库。通过借鉴前人从文献中的搜索词和见解来提取关键词，然后向智能电网产业内的专家和学者征求意见，然后通过使用布尔搜索方法删除、添加、修改和保留关键字，该搜索方法将更快地产生可用结果，并根据搜索结果不断优化和调整该搜索方法。我国智能电网领域的著名专家撰写了《智能电网技术》，系统、全面地介绍了智能电网技术。本章最终获得的有效关键词包括四个主要方面：大规模新能源发电和并网技术、智能输电技术、智能配电技术和智能用电技术。每个方面都包含许多类型的特定技术，例如，智能配电技术（包括配电自动化、智能配电、分布式发电和微电网等），共有 45 个与智能电网技术相关的关键字。首先，通过输入关键词和范围筛选的高级检索方式过滤冗余信息并选择相关的关键信息，例如，发明人、申请人、日期等，获取有关智能电网产业的全部专利数据，共计 9380 件；然后，运用手动检索的方式对智能电网产业中具有合作特性的专利数据筛选处理，得到我国智能电网产业中专利合作申请数量共计 2955 件，不同申请人之间构成专利合作关系数量共计 2175 件，形成专利合作数量共计 7037 件；另外，为了获得发明人和组织的地理位置，需要在互联网上进行单独的搜索。最后，运用复杂网络分析软件（Gephi）对专利数据以及专利合作关系等进行可视化处理。

7.1.2　智能电网产业专利合作基本情况分析

7.1.2.1　合作专利数量与增长趋势

我们将智能电网产业中具有专利合作关系的 2955 件专利数据按照时间顺序进行分类处理，如图 7.1 所示。我们可以发现 2007～2016 年，智能电网产业专利合作申请数量整体呈现逐步上升的趋势，说明智能电网产业的创新合作在不断加强。智能电网产业专利合作申请的 2 种类型，主要包括发明专利和实用新型专利（由于外观设计类专利合作申请数量很少，我们对其不予考虑）。从图 7.1 中可以发现，发明专利类型的合作申请数量要远远超过实用新型专利类型的合作申请数量。从整体上来说，2007～2016 年，我国智能电网产业的专利合作申请数量呈现逐步上升的趋势，反映出我国智能电网产业协同创新水平在不断提升。

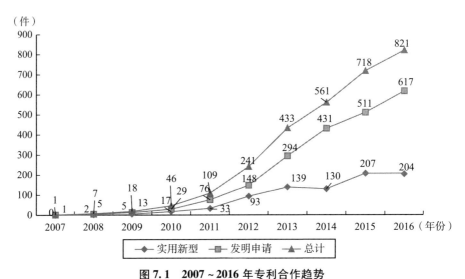

图 7.1　2007～2016 年专利合作趋势

资料来源：中国国家知识产权局。

我们还对智能电网产业的专利申请总量、专利合作申请数量及专利合作申请数量占专利申请总量的比例进行分阶段分析，如图 7.2 所示。从专利申请总量上进行分析，2007～2010 年，专利申请总量为 481 件，年均专利申请总量为 120.25 件，说明这一时期内，智能电网产业中申请专利的能力还处于较低水平；2011～2013 年，专利申请总量呈现快速增长的趋势，专利申请总量达到 2880 件，年均专利申请总量为 960 件，说明这一时期内，智能电网产业中申请专利的能力大幅度提升，呈现快速发展的趋势；2014～2016 年，专利申请总量呈现稳步增长发展的趋势，专利申请总量为 4797 件，年均专利申请总量为 1599 件，反映在这一时期内，智能电网产业的申请专利的能力处于持续提高的状态。

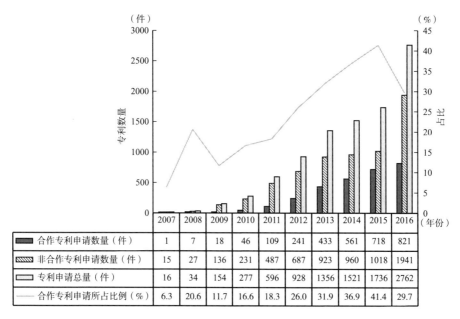

（件）	2007	2008	2009	2010	2011	2012	2013	2014	2015	2016
■ 合作专利申请数量（件）	1	7	18	46	109	241	433	561	718	821
▨ 非合作专利申请数量（件）	15	27	136	231	487	687	923	960	1018	1941
▢ 专利申请总量（件）	16	34	154	277	596	928	1356	1521	1736	2762
┈ 合作专利申请所占比例（%）	6.3	20.6	11.7	16.6	18.3	26.0	31.9	36.9	41.4	29.7

图 7.2 智能电网产业的专利申请总量、专利合作申请数量及其占比

资料来源：中国国家知识产权局。

从专利合作申请数量及其占专利申请总量的比例进行分析，2007～2010 年，由于刚刚开始出现专利合作申请的情况，所以专利合作申请数量相对较少，专利合作申请数量仅为 72 件，年均专利合作申请数量仅为 18 件，其中由于 2008 年的专利申请总量和专利合作申请数量基数较小，专利合作申请数量的比例出现较大波动，不能真正反映出这一时期专利的合作趋势。2011～

2013 年，专利合作申请数量从 2011 年的 109 件上升到 2013 年的 433 件，专利合作申请总量为 783 件，年均专利合作申请数量为 261 件，专利合作申请数量占专利申请总量的比例呈现出稳健上升的趋势；2014～2016 年，专利合作申请总量为 1793 件，年均专利合作申请数量为 597.7 件，专利合作申请数量整体上呈增长趋势，专利合作申请数量占专利申请总量的比例越来越大，呈现出进一步上升趋势，说明在智能电网产业的专利合作趋势越来越明显。

综上所述，由于智能电网产业的专利合作行为具有明显的阶段特征，可将其分为 2007～2010 年、2011～2013 年以及 2014～2016 年三个阶段来分析智能电网产业中专利合作行为的演变规律。

7.1.2.2 不同主体合作专利数量及增长趋势

我们根据选取的智能电网产业的相关专利数据，按照组织类型将专利申请人划分为企业、高校、科研院所以及个人四种类型。从图 7.3 中可以看出以企业形式参与专利合作申请的数量占合作专利申请人总量的 75.6%，科研院所、个人和高校参与专利合作申请的比例分别为 11.3%、7.0% 和 6.1%。说明在智能电网产业中，企业是参与专利合作的重要组成部分，而个人、高校以及科研院所的贡献相对较小。形成这种分布的主要原因可能是：企业更倾向于将技术创新等科技成果转化为专利等形式，进而形成企业在行业内的

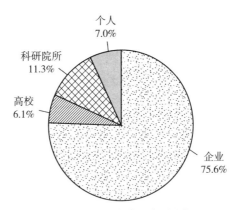

图 7.3 不同申请人类型比例

资料来源：中国国家知识产权局。

竞争力，因此，企业在专利合作申请中所占比例比较大；而大部分个人形式的专利申请人隶属于企业、高校以及科研院所，个人的大部分专利成果是以企业、高校以及科研院所名义申请的，所有权归企业、高校以及科研院所所有，因此，个人在专利合作申请中所占比例比较少；另外，高校和科研院所有很强的科研能力，可以独自对智能电网产业相关技术进行研究，较少与其他类型的主体合作申请专利，因此，高校和科研院所在专利合作申请中占比较少。

根据不同类型的专利申请人之间的合作关系将智能电网产业专利合作关系类型划分为 10 种，即企业－企业、企业－个人、企业－高校、企业－科研院所、高校－高校、高校－个人、高校－科研院所、科研院所－个人、科研院所－科研院所以及个人－个人。可以发现，高校－高校、企业－个人、高校－个人这三种合作关系类型的合作专利申请数量非常少，而科研院所－个人合作关系类型的合作专利申请数量为 0。

2007～2016 年智能电网产业中不同专利申请人所构成的不同合作关系类型的专利合作情况，如图 7.4 所示。从图 7.4 中可以看出 2007～2016年，这九种类型的专利合作关系在智能电网产业中各自所占的比例。其中，企业－企业间的合作关系类型是这 9 种合作关系类型中所占比例最高的部分，

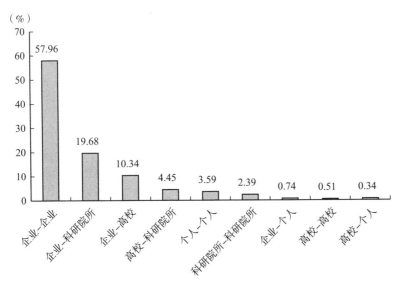

图 7.4 2007～2016 不同合作关系类型比例

资料来源：中国国家知识产权局。

高达 57.96%；企业－科研院所与企业－高校两种合作关系类型在 9 种合作关系类型中所占比例较高，分别为 19.68%、10.34%；相比之下，个人－个人、科研院所－科研院所以及高校－科研院所间的专利合作申请比例还相对较少；此外，企业－个人、高校－高校以及高校－个人的专利合作申请情况几乎可以忽略不计，而科研院所－个人合作申请专利的情况还未出现。

7.1.2.3 申请人参与数量

我们根据智能电网产业的相关专利数据，对合作专利中参与主体数量进行整理分析，如图 7.5 所示。从图中可以发现，合作性专利中申请人参与数为 2 个的专利申请件数最多，所占比例为 52.61%，合作性专利中申请人参与数为 2 个、3 个和 4 个的专利申请件数之和占很大比例，高达 97.17%；合作性专利中申请人参与数为 5 个、6 个和 7 个的专利申请件数占比很小。可见，在智能电网产业中专利合作申请更倾向于两两合作与三方合作，这可能是由于参与主体数量过多会导致各主体间协调起来比较困难，不利于合作专利申请。

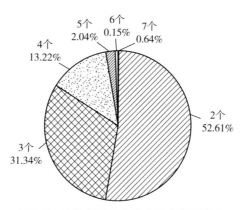

图 7.5　参与专利合作的申请人数量分布

资料来源：中国国家知识产权局。

7.2 智能电网产业协同创新网络结构

7.2.1 智能电网产业协同创新网络拓扑结构测度及网络模型构建

7.2.1.1 智能电网产业协同创新网络拓扑结构测度

本章运用复杂网络理论与社会网络分析法，构建智能电网产业协同创新网络，对该网络特征进行分析，并通过以下指标对网络结构进行分析。

（1）网络密度 d。同公式（3-1）。

（2）平均聚集系数。同公式（3-2）、公式（3-3）。

（3）平均路径长度 L。同公式（3-4）。

（4）节点中心性。同第 3 章 3.2.1.1（4）。

（5）网络凝聚性。主要由网络密度、节点间平均距离和内聚性来衡量。网络密度越高，节点之间的联系越紧密，整个网络对节点的影响也越大。网络平均距离是指网络中节点之间的平均距离，反映节点之间的关系。内聚性表示模块中的组件彼此紧密结合的程度。根据网络连通性的不同，将网络映射分为四种类型，包括完全连通图、最大连通子图、弱连通图和强连通图。网络中的连通子图具有内部连接紧密、外部连接松散的特点。子图的形成受协作类型、区域偏好和技术偏好的影响，呈现一定的联系偏好和小群体现象。

（6）小世界网络。是指一个图的平均路径长度与相应随机生成的随机图相近，而该图的平均类聚系数要显著高于相同节点集生成的随机图，即具有较短平均路径长度又具有较高类聚系数的网络。

（7）无标度网络。同第 4 章 4.2.1.1（1）。

7.2.1.2 智能电网产业协同创新网络模型构建

通过对智能电网产业的相关专利数据进行筛选处理，获得我们所需要的具有专利合作关系的数据共计 2955 项。我们将专利数据中每个专利申请人视为一个网络节点。同一专利中存在两个或两个以上的专利申请人，则存在合作关系，在协同创新网络中2个节点的连边则表示不同专利申请人间的合作。最后，运用复杂网络分析软件（Gephi）对智能电网产业的协同创新网络进行可视化处理，如图7.6所示。1043个节点代表1043个专利申请人，最大的节点是国家电网有限公司。国家电网有限公司位于网络的核心，节点的大小从内部到外部逐渐减小。国家电网有限公司是连接节点数最多的节点，表明国家电网有限公司是网络中最重要的节点，中国电力科学研究院、国家电网江苏电力有限公司、国家电网浙江电力有限公司等节点是相对重要的节点。2175个连接代表2175个不同专利申请人之间的专利合作关系，国家电网有限公司与中国电力科学研究院之间的连接最粗，2个专利申请人之间的合作最频繁。国家电网有限公司与国家电网江苏电力有限公司、国家电网有限公司与国家电网天津电力公司、国家电网有限公司和许继集团有限公司、国家电网有限公司与国家电网浙江省电力有限公司之间的联系相对较多，表明他们的合作强度相对较高。

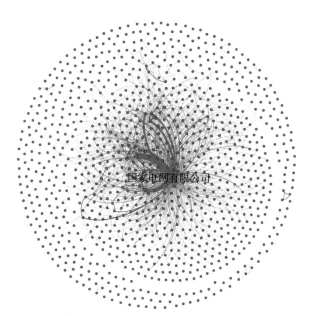

图7.6 智能电网产业协同创新网络

7.2.2 智能电网产业协同创新网络结构的实证分析

7.2.2.1 智能电网产业协同创新网络定性理论分析

（1）网络构成要素。

智能电网产业的协同创新网络的创新主体是指在智能电网产业以联合申请专利的形式进行技术创新活动的企业、高校、科研院所与个人。因此，基于专利合作的视角，智能电网产业协同创新网络的创新主体，是指具有合作技术研发，反映在专利方面具有实质性贡献的企业、高校、科研院所以及个人。网络中两个节点间的连边代表两个创新主体之间因为开展联合申请专利活动而发生的协同创新关系。

（2）网络形成动因。

如今，协同创新日益频繁，协同创新网络已成为协同创新的重要形式。发明者之间的合作以及省内或跨省的合作正日益推动高科技领域的专利活动和技术扩散。越来越多的主体加入智能电网产业的研发制造以及运营当中，各个创新主体间的关系不断地密切，企业与高校、科研院所以及个人之间的合作不断形成；同时随着专利保护意识的不断增强，越来越多的科技成果转化为专利，逐步形成了全国范围内的智能电网产业的协同创新网络。

7.2.2.2 智能电网产业协同创新网络结构量化分析

（1）网络基本结构和网络内部结构分析。

本章利用网络的基本结构特征统计量对智能电网产业协同创新网络进行分析，如表 7.1 所示。由表 7.1 可知，智能电网产业协同创新网络图密度为 0.004，说明智能电网产业协同创新网络还不够密集；智能电网产业协同创新网络的平均路径长度为 2.635，这个值明显小于相同大小的随机网络的平均路径长度，说明智能电网产业协同创新网络中知识交流和信息传递能力较强。而网络的平均聚集系数为 0.745，这个值明显大于相同规模的随机网络的平均聚集系数，网络节点的聚集程度较高，因此，智能电网产业协同创新网络有着较短平均路径长度又有着较高平均聚集系数，说明该网络呈现出小世界网络的特征；智能电网产业协同创新网络边有 2175 条，而网络的连接次数有

7307 次，连接次数明显大于相同大小的随机网络的连接数量，说明智能电网产业内部有着较频繁的交流和较高的合作强度。智能电网产业的协同创新网络中最大连通子图节点个数、边数以及连接次数分别为 818 个、1982 条和6901 次，分别占总数的 66.18%、80.81% 和 78.91%，说明智能电网产业协同创新网络有着较好的连通性，不同主体间具有良好的沟通渠道，交流比较密切。

表 7.1   智能电网产业协同创新网络结构特征统计量

指标	统计值
网络规模（个）	1043
网络边数（条）	2175
网络密度	0.004
网络连接次数（次）	7307
平均聚集系数	0.745
平均路径长度	2.635
网络连通子图个数（个）	93
最大连通子图节点个数（个）	818（78.43%）
最大连通子图边数（条）	1982（91.13%）
最大连通子图连接次数（次）	6901（94.44%）

资料来源：笔者整理。

基于专利申请人所在省份，从省份分布的角度对智能电网产业协同创新网络的结构特征进行分析。将专利申请人（仅考虑企业、高校和科研院所 3种类型，不考虑个人类型的情况，由于个人类型的省份归属不清）按照省份划分为北京、江苏以及上海等 31 个省份（港澳台地区除外）。可以发现至少参与一项专利合作申请的省份共有 30 个，其中西藏参加专利合作申请的数量为 0。根据统计得到智能电网产业中专利合作的省份分布情况如图 7.7 所示，北京、江苏、山东、上海、河南、广东和浙江 7 个省份的专利合作次数之和占专利合作总次数的 79%，占据了智能电网产业合作专利申请的主导地位，其中北京对智能电网产业技术合作研发的贡献力度最大，专利合作次数高达

36%，同时也说明其他省份对于智能电网产业协同创新发展重视程度相对较弱。总体上来看，东部沿海地区在智能电网产业的合作技术创新研发水平相对较强，而中西部地区智能电网产业的合作技术创新研发水平相对较低。

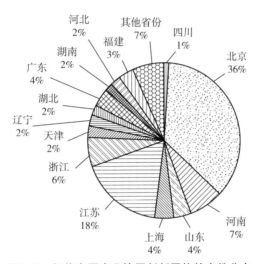

图 7.7 智能电网产业协同创新网络的省份分布

资料来源：中国国家知识产权局。

（2）重要节点分析。

根据度数中心性、亲密中心性、介数中心性和特征向量中心性 4 个指标对智能电网产业协同创新网络中排名靠前的重要节点进行排序，如表 7.2 所示。从表 7.2 可以看出，国家电网有限公司在各个指标中始终处于首位，作用极其突出，是网络中的核心（hub）节点，处在网络中的核心位置，反映出国家电网有限公司在整个协同创新网络中处于核心地位，对智能电网产业的协同创新以及研发产生巨大影响，具有很强的影响力和控制力，而中国电力科学院、国网江苏省电力公司、国电南瑞科技股份有限公司以及华北电力大学等节点在各指标中总体维持在前 10 位之内，对推动智能电网产业的技术创新发展起重要作用。度数中心性指标排名前 10 位的节点拥有较高的度中心数，说明他们与其他节点建立的合作关系比较广泛，在网络中处于较重要地位。排名前 10 位的节点由 7 家公司、2 所科研院所和 1 所高校组成，说明企业对智能电网产业发展的贡献较大。从亲密中心性指标来看，排名前 10 位的节点是由 7 家企业、2 所高校和 1 所科研院所组成，与其他节点的距离比较接近，他们居于整个网络的中心区域，对其他节点产生较深远的影响。

表 7.2　　　　　智能电网产业协同创新网络的重要节点前 10 位排名

排名	度数中心性	亲密中心性	介数中心性	特征向量中心性
1	国家电网有限公司	国家电网有限公司	国家电网有限公司	国家电网有限公司
2	中国电力科学研究院	中国电力科学研究院	中国电力科学研究院	中国电力科学研究院
3	国网江苏省电力公司	国网江苏省电力公司	国网上海市电力公司	国网江苏省电力公司
4	国网浙江省电力公司	国网浙江省电力公司	北京四方继保自动化股份有限公司	国电南瑞科技股份有限公司
5	国电南瑞科技股份有限公司	华北电力大学	华南理工大学	国网浙江省电力公司
6	华北电力大学	国电南瑞科技股份有限公司	上海交通大学	华北电力大学
7	许继集团有限公司	国网上海市电力公司	南京南瑞继保电气有限公司	南京南瑞集团公司
8	国网福建省电力有限公司	上海交通大学	国电南瑞科技股份有限公司	国网江苏省电力公司电力科学研究院
9	国网上海市电力公司	南京南瑞继保电气有限公司	清华大学	许继集团有限公司
10	国网江苏省电力公司电力科学研究院	北京四方继保自动化股份有限公司	许继电气股份有限公司	国网天津市电力公司

资料来源：笔者整理。

从介数中心性来看，排名前 10 位的节点由 6 家公司、3 所高校以及 1 所科研院所组成，占据节点间相互连通的关键位置，在网络中处于重要位置，说明这些节点在网络中不容易受到其他节点的控制或威胁，在知识交流、信息传递以及技术合作方面有更多的渠道优势，对资源的控制能力较强。

从特征向量中心性来看，排名前 10 位的节点包括 7 家企业、1 所高校和

2 所科研院所,这些节点与其邻居节点之间具有良好的合作关系,且其邻居节点在网络中也处于相对重要的位置,这些节点之间常常会实现强强联合的创新合作关系。此外,少数企业之间存在较为紧密的合作关系,这些公司主要是以母子公司的形式进行智能电网产业技术的合作研发,例如,许继集团母子公司、远东电缆母子公司以及上海熊猫公司等。

从表 7.2 中还可以看出,在智能电网产业协同创新网络中国家电网有限公司是拥有特别多连接的节点的核心(hub)点,对整个网络的运行起着主导的作用;同时,在整个协同创新网络中节点的度数存在着严重的不均匀分布特征;而且,网络中大多数的网络节点只有很少量的连接。因此,智能电网产业协同创新网络具有无标度网络的特性。

7.3 智能电网产业协同创新网络演化

7.3.1 智能电网产业协同创新网络结构演化

首先,将智能电网产业中合作申请的专利按照 2007～2010 年、2011～2013 年和 2014～2016 年这三个阶段进行划分,然后根据合作申请的专利中专利申请人的合作关系,运用复杂网络分析软件(Gephi)绘制各个阶段的协同创新网络图,见图 7.8。

从图 7.8 中可以发现,2007～2010 年,智能电网产业的协同创新网络主要由企业构成,企业的数量在协同创新网络中所占的比例高达 72.8%,高校、科研院所和个人的数量比例分别占到 8.7%、6.5%、12.0%,不同类型主体间形成了企业－企业、企业－科研院所、企业－高校、个人－个人、科研院所－科研院所、高校－科研院所、企业－个人、高校－高校以及高校－个人这 9 种类型的专利合作关系,其中企业－企业类型的比例占到了 63%,其他类型的专利合作关系比例相对较小。2011～2013 年,智能电网产业的协同创新网络规模迅速扩大。其中,企业仍然占据节点的绝大部分,所占比例为 73%,高校、科研院所和个人的数量比例分别占到 6.2%、14.0%、6.8%,个人节点类型比例较上一个阶段有所下降,科研院所节点类型比例

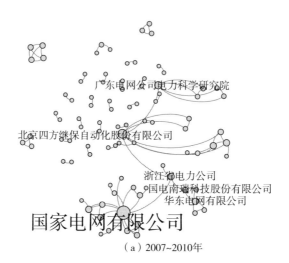

广东电网公司电力科学研究院

北京四方继保自动化股份有限公司

浙江省电力公司
国电南瑞科技股份有限公司
华东电网有限公司

国家电网有限公司

（a）2007~2010年

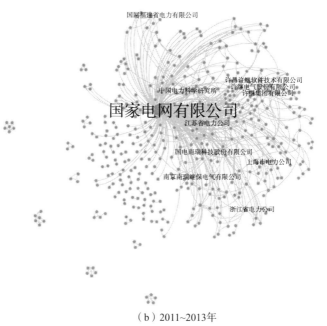

国网福建省电力有限公司

许昌许继软件技术有限公司
中国电力科学研究所 许继电气股份有限公司
许继集团有限公司

国家电网有限公司

江苏省电力公司

国电南瑞科技股份有限公司
上海市电力公司

南京南瑞继保电气有限公司

浙江省电力公司

（b）2011~2013年

（c）2014~2016年

图7.8 2007~2016年协同创新网络的演化

较上一个阶段有所上升。同时，这一阶段9种类型的专利合作关系中，企业－企业、企业－科研院所之间的专利合作关系类型为该阶段的主要类型，分别占该阶段总边数的61%、19%，企业－科研院所类型的比例较上一阶段有所上升。2014~2016年，智能电网产业的协同创新网络规模进一步扩大。在该阶段中，企业占该阶段节点类型的比例小幅度上升，所占比例为76.4%，高校、科研院所和个人的数量比例分别占到7.3%、11.8%、4.5%，科研院所和高校的数量较上一阶段所占的比重略有浮动，个人节点类型的比例进一步下降；以国家电网有限公司为核心的所有企业，是三个阶段智能电网产业中专利合作申请的最重要组成部分。

　　为了更加深入地分析智能电网产业中协同创新网络的阶段性演化过程，我们采用社会网络分析方法，通过相关指标对智能电网产业中三个阶段的协同创新网络结构特征进行分析，如表7.3所示。从表7.3中可以发现智能电网产业中协同创新网络的网络规模从第一阶段的92个节点增加到第三阶段的737个节点，说明伴随着时间的推移，越来越多的企业、高校、科研院所以及个人参与智能电网产业的协同创新；尤其是在国家"十二五"规划提出之后，国家发展和改革委员会发布了《战略性新兴产业重点产品和服务指导目录》，其中智能电网产业被列为新能源产业的重点发展领域，智能电网产业作为战略性新兴产业的一个重要组成部分，智能电网领域的发展越来越受专家，学者和政府的重视，促使参与专利合作申请的专利申请人数量大幅增加。在智能电网产业的协同创新网络中，网络的规模由节点的数量表示，网络连边表示网络节点之间的合作关系，网络边数表示不同主体间双方合作构成的种类数，网络连接次数表示网络节点之间的合作频率，通过对这三个指标的分析可以发现，在第一阶段中，智能电网产业中协同创新网络的网络节点数为 92 个，网络规模较小，网络边数与连接次数分别为 86 条、140 次，节点间的连接频率较低；在第二阶段中，网络节点数增长至 434 个，网络边数与连接次数分别增长至 723 条、1969 次，伴随着网络中节点的增加，网络规模逐渐增大，专利合作申请的频率也随之增强；到第三阶段的时候，网络中的节点数增长至 737 个，网络边数增长至 1595 条，连接次数达到了 5197 次，说明在该阶段中，网络规模进一步扩大，不同主体间的合作频率不断增强，部分节点与其他节点间具有持续较强的专利合作关系。由于网络中节点的数目增长过快，而网络边数的增长相对较慢，从而导致整体网络密度呈现逐阶段下降趋势，说明信息在网络主体间流通的效率降低，网络主体间的交流通道不如以前顺畅。在这三个阶段中，该领域的协同创新网络的平均聚集系数越来越大，平均路径长度越来越小，且一直拥有较大的平均聚集系数和较小的平均路径长度，说明网络的集聚效应越来越明显，网络中的主体倾向于集聚成团，网络中信息传播的速度很快，智能电网产业的协同创新网络中小世界网络的特征越来越明显。

表 7.3 　　　智能电网产业中三阶段协同创新网络的结构特征统计量

项目	2007～2010 年	2011～2013 年	2014～2016 年
网络密度	0.021	0.008	0.006
网络规模（个）	92	434	737
网络边数（条）	86	723	1595
网络连接次数（次）	140	1969	5197
平均聚集系数	0.725	0.749	0.765

续表

项目	2007～2010 年	2011～2013 年	2014～2016 年
平均路径长度	3.526	2.687	2.535
网络连通子图个数（个）	26	47	51
最大连通子图节点个数（个）	37（40.22%）	318（73.27%）	618（83.85%）
最大连通子图边数（条）	51（59.30%）	618（85.48%）	1503（94.23%）
最大连通子图连接次数（次）	88	1797	5012

资料来源：笔者整理。

此外，智能电网产业中协同创新网络的连通子图数从第一阶段的 26 个增加到第二阶段的 47 个，这是由于协同创新网络从第一阶段到第二阶段处于快速扩展阶段，协同创新网络的规模在不断地扩大；到第三阶段的时候，网络连通子图数增至 51 个，增速放缓，这是由于协同创新网络的连通性越来越好，部分新进入的主体可能会加入原有网络连通子图，原有网络连通子图也有可能融入其他网络连通子图，形成一个更大的网络连通子图。三个阶段中最大子图节点数分别为 37 个、318 个和 618 个，占各阶段总节点的比重分别为 40.22%、73.27% 和 83.85%，可以看出智能电网产业的协同创新网络中，最大连通子图的规模越来越大，逐渐呈现出一个巨大的社团；同时，三个阶段中最大连通子图边数分别为 51 条、618 条和 1503 条，分别占各阶段总的网络边数的 59.30%、85.48% 和 94.23%，三个阶段中最大连通子图连接次数分别为 88 次、1797 次、5012 次，可以看出最大连通子图内的合作频率越来越高，合作强度越来越高，说明到第三阶段的时候，智能电网产业的协同创新网络具有非常高的连通性，并且网络节点间具有较为稳定的合作关系。

7.3.2 智能电网产业协同创新网络空间演化

7.3.2.1 智能电网产业省内合作演化

为了深入研究智能电网产业协同创新网络的演化，本章从空间演化的角度对智能电网产业协同创新网络进行研究，分析在智能电网产业的协同创新活动过程中空间因素对不同主体间合作行为的影响。通过整理智能电网产业中具有合作关系的专利数据，筛选出能体现省份合作关系的专利合作次数共计 11623 次（这里的合作关系指的是不同主体间的双方合作，例如，北京 – 北京表示北京市参与 2 次合作，北京 – 上海表示上海市参与 1 次合作，北京市参与 1 次合作）。按照专利申请人的省份分布进行分类，共包括 30 个省份，分别为北京、重庆、浙江、上海、江苏、山东、河南、广东、河北、天津、湖北、山西、安徽、辽宁、吉林、江西、四川、福建、湖南、新疆、青海、甘肃、贵州、海南、广西、云南、宁夏、陕西、黑龙江及内蒙古。

根据筛选得到能体现省份合作关系的相关专利数据，编制出智能电网产业中 30 个省份内部专利合作次数及其占该省总合作次数的比例，如表 7.4 所示。从表 7.4 可以看出 2007～2010 年，仅有 15 个省份参与到专利合作中，包括北京、江苏、山东、浙江和广东等。在这一阶段，协同创新网络中的创新合作主要是在省内部进行的，大多数省份的省内部合作比例较高。从 2011 年起，智能电网产业的专利申请总量以及专利合作申请总量快速增长，因此，我们侧重分析 2011～2013 年以及 2014～2016 年这两个阶段智能电网产业中专利申请人所在省内部合作的演化模式。此外，从专利申请人所属省份内部合作次数上看，可以发现北京、江苏、河南、浙江以及上海这 5 个省内部合作总次数处于前 5 位的位置，说明这 5 个省份是智能电网产业中协同创新活动过程中最为重要的省份。

表 7.4　　　　　　　　智能电网产业省内合作申请专利数量及比例

省份	2007～2010 年			2011～2013 年			2014～2016 年		
	总合作次数（次）	省内合作次数（次）	省内合作比例（%）	总合作次数（次）	省内合作次数（次）	省内合作比例（%）	总合作次数（次）	省内合作次数（次）	省内合作比例（%）
北京	46	16	35	1176	222	19	3186	486	15
江苏	31	14	45	494	183	37	1354	471	35
河南	7	4	57	173	91	53	575	197	34
浙江	11	3	27	158	56	35	522	134	26
广东	20	3	15	96	23	24	295	99	34
福建	1	1	100	57	18	32	299	78	26

续表

省份	2007~2010 年			2011~2013 年			2014~2016 年		
	总合作次数（次）	省内合作次数（次）	省内合作比例（％）	总合作次数（次）	省内合作次数（次）	省内合作比例（％）	总合作次数（次）	省内合作次数（次）	省内合作比例（％）
上海	29	17	59	172	83	48	205	69	34
河北	8	0	0	42	9	21	196	46	23
湖南	0	0	0	53	10	19	142	41	29
辽宁	4	0	0	79	23	29	186	38	20
山东	9	6	67	131	31	24	299	32	11
湖北	3	2	67	62	3	5	199	20	10
四川	0	0	0	25	5	20	104	20	19
甘肃	0	0	0	15	1	7	76	12	16
青海	0	0	0	17	3	18	45	12	27
重庆	1	0	0	32	3	9	50	10	20
天津	5	0	0	109	9	8	213	7	3
新疆	0	0	0	4	1	25	41	6	15
吉林	0	0	0	14	3	21	62	5	8
江西	0	0	0	22	0	0	100	4	4
云南	1	0	0	6	5	83	11	4	36
安徽	5	1	20	11	1	9	88	3	3
陕西	0	0	0	27	1	4	38	1	3
海南	0	0	0	2	0	0	15	1	7
山西	0	0	0	20	0	0	41	0	0
宁夏	0	0	0	6	0	0	28	0	0
黑龙江	0	0	0	8	1	13	18	0	0
贵州	0	0	0	7	0	0	23	3	13
广西	0	0	0	3	0	0	6	0	0
内蒙古	0	0	0	0	0	0	4	0	0
总计	181	67	37.02	3021	785	25.98	8421	1799	21.36

资料来源：中国国家知识产权局。

在 2011～2013 年与 2014～2016 年这两个阶段中，通过对智能电网产业的专利申请人所属省内部合作次数及其占该省总合作次数比例进行分析，可以看出江苏、浙江、河南和上海等省份内部专利合作次数比较多，且占各自省总合作次数比例较高，说明这些省份更倾向于通过省份内部的知识信息流动来进行合作，省域边界对这类省份的合作行为具有较大影响；广东、河北、湖北等省份内部专利合作次数大幅度增加，同时省份内部专利合作次数所占比例进一步提高，可以看出这些省越来越倾向于通过省份内部的知识信息流动来进行创新合作；北京、天津、山东、辽宁、福建等省份内部专利合作申请次数有所增加，但是省份内部专利合作次数所占比例呈现下降趋势，说明这类省份开始偏向于跨省间的专利合作，通过跨省方式获取知识信息，说明省域边界对这类省份的合作行为影响较小。

7.3.2.2 智能电网产业跨省合作演化

根据筛选得到能体现省份合作关系的相关专利数据，编制出 2007～2016 年智能电网产业中跨省的专利合作次数，如表 7.5 所示，并绘制了 2007～2016 年的智能电网产业中专利申请人所在省与其他省间合作的协同创新网络空间图，如图 7.9 所示。由于所绘制的网络图是无向加权图，则两个省份间的连边表示合作关系，而连边的粗细表示跨省合作强度。

表 7.5　　　　三个阶段中重要跨省合作的次数和类型　　　单位：次

跨省合作类型	跨省合作次数 （2007～2010 年）	跨省合作次数 （2011～2013 年）	跨省合作次数 （2014～2016 年）
北京－江苏	6	240	611
北京－河南	3	60	285
北京－浙江	2	82	279
北京－山东	2	85	211
北京－福建	0	33	162
北京－天津	1	94	140

跨省合作类型	跨省合作次数 （2007~2010 年）	跨省合作次数 （2011~2013 年）	跨省合作次数 （2014~2016 年）
北京 – 辽宁	4	50	127
北京 – 河北	7	30	120
北京 – 湖北	0	31	99
北京 – 广东	3	24	88
北京 – 江西	0	18	79
北京 – 湖南	0	26	73
北京 – 安徽	0	7	64
北京 – 上海	2	74	62
北京 – 四川	0	13	53
北京 – 甘肃	0	11	46
江苏 – 浙江	2	9	45
北京 – 重庆	0	15	36
北京 – 吉林	0	11	34
江苏 – 湖北	0	10	31
北京 – 山西	0	13	30
江苏 – 福建	0	3	29
江苏 – 天津	3	1	28
江苏 – 上海	4	8	25
北京 – 青海	0	10	23
北京 – 新疆	0	3	23
浙江 – 河南	0	0	22
北京 – 陕西	0	12	21
江苏 – 广东	2	7	21
北京 – 宁夏	0	6	17
北京 – 黑龙江	0	4	13

续表

跨省合作类型	跨省合作次数 （2007～2010 年）	跨省合作次数 （2011～2013 年）	跨省合作次数 （2014～2016 年）
江苏 – 河南	0	2	12
上海 – 河南	0	0	12
山东 – 河南	0	10	12
广东 – 四川	0	0	12
江苏 – 安徽	0	0	10
江苏 – 河北	0	0	10
吉林 – 内蒙古	0	0	4
北京 – 广西	0	1	3
北京 – 贵州	0	0	1
北京 – 海南	0	1	0

资料来源：中国国家知识产权局。

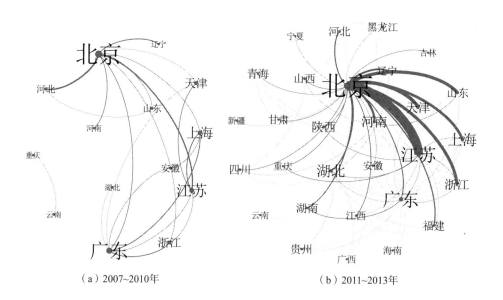

（a）2007~2010年　　　　　　　　　　（b）2011~2013年

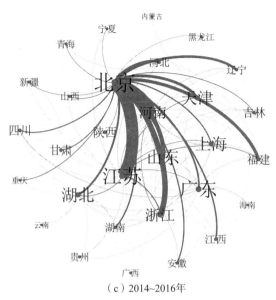

（c）2014~2016年

图 7.9　智能电网产业跨省协同创新网络演化

在 2007~2016 年间的三个阶段中，第一阶段专利合作申请总量较少，专利申请人跨省合作意识淡薄，多以省内部专利合作为主，仅出现北京 - 江苏、广东 - 北京等 21 类跨省间的专利合作，此时，北京与广东处于网络中的重要位置，辐射四方。在第二阶段中，智能电网产业的协同创新网络中北京具有较大的权重，处于该阶段网络中的主核心位置，江苏与广东处于次核心位置。此外，北京 - 江苏、北京 - 上海、北京 - 河南、北京 - 山东、北京 - 浙江以及北京 - 天津之间有着较多的合作次数，较高的合作频率和强度。在该阶段中，包含北京 - 江苏、北京 - 浙江、北京 - 天津以及北京 - 广东等 77 类跨省间的专利合作，但跨省间的整体合作强度不大。在第三阶段中，智能电网产业的协同创新网络中核心节点不再单一化，其中，北京仍为最大的核心点，不仅具有广泛的合作关系，还与其他省有着很高的合作强度。而江苏、浙江、广东、上海以及天津等省份都有较广泛的合作关系，但合作强度相对较低。不同省份间建立起新的专利合作关系，专利合作强度也在上一个阶段的基础上大幅度增强。从第一阶段和第二阶段的 21 类和 77 类跨省的专利合作扩展到第三阶段的 149 类跨省的专利合作，协同创新网络逐步由东部沿海地区向中部地区和西部地区延伸，全国内跨省专利合作强度整体大幅度增强。在这三个阶段中，智能电网产业中参与跨省专利合作的省份数量增多，网络中核心节点增多，以及部分跨省的合作强度增加，说明跨省的专利合作越发明显，省份边界对跨省知识信息流动的影响程度降低。

通过对智能电网产业中跨省协同创新网络的空间演化分析，可以发现在2007~2010年间，智能电网产业的专利合作申请数量较少，跨省专利合作次数更少。自2011年起，智能电网产业的专利合作申请的数量呈现迅猛增长趋势，跨省的专利合作次数也有所增加，反映出这一时期，省域边界或地域差距对于跨省合作有一定的影响。在2013年之后，智能电网产业的专利合作申请数呈现稳步增长趋势，跨省的专利合作现象明显，并且跨省专利合作的广度和深度也不断增强，省域边界对于智能电网产业的跨省专利合作行为影响逐步降低，因为在这一时期内企业－高校、企业－科研院所、企业－企业、高校－高校、高校－科研院所等多种合作形式加快了跨省的知识信息交流。

7.4　智能电网产业协同创新网络优化对策建议

7.4.1　合理分配不同创新主体的创新资源

国家和政府需要对不同类型主体进行协同创新的资源进行合理分配，特别是需要鼓励高校、科研院所与个人积极参与协同创新，充分调动高校和科研院所的协同创新积极性并发挥其科研能力。同时提倡个人自主创新，响应政府"大众创业，万众创新"的政策号召，进而促进智能电网产业的协同创新。

7.4.2　优化协同创新网络结构

需要调整智能电网产业中不同类型专利合作关系的比例结构。可以尝试推动科研院所与个人之间的专利合作，大力推进高校－高校、企业－个人以及高校－个人之间的专利合作关系，同时，不能忽视个人自主创新在专利合作中的重要作用。另外，科研院所和高校独立研究智能电网产业相关技术的能力较强,可以通过合作的方式实现强强联合,增强企业 – 高校、科研院所 – 科研院所以及高校 – 科研院所间的合作强度和频率,实现人力、技术、知识以及信息等方面资源的优化整合,优势互补,形成更高质量的合作性专利。

7.4.3 提升网络的整体技术创新水平

国家和政府需要扶持一些重要的创新主体(如中国电力科学院、江苏省电力公司等),形成多个大型合作创新型社团,以及多核心主体主导的协同创新网络,缓解协同创新网络主核心国家电网有限公司的负担,实现不同类型创新主体的平衡发展,各重要创新主体在地理位置上能辐射全国不同省份,发达地区要援助欠发达地区,实现共同发展。此外,国家和政府还需要鼓励边缘主体主动地参与到大型创新社团,广泛地建立合作联系,加强彼此间的知识信息交流与合作,促进技术创新发展,形成一个完全连通的网络,提升智能电网产业协同创新网络的整体技术创新水平。

7.4.4 加强与领先地区的协同创新

在我国创新资源仍然较为分散的情况下,国家需要制定相关政策,推动智能电网产业的协同创新网络的整体建设,支持领先区域朝着更好的方向发展,同时扶持落后区域参与到技术创新的合作中去,合理配置创新资源;各区域根据自身发展情况制定有关政策。我国智能电网领域还处于技术研发阶段,技术尚不成熟,与落后地区合作有助于落后地区应对智能电网技术挑战,欠发达地区积极与领先地区进行创新合作,而领先地区不要只把眼光局限在国内,可以尝试跨国间的技术创新合作,学习国外先进技术,弥补自身不足再进行创新。协同创新网络地理边界的拓展,能够吸收异质类知识,嵌入地域性特征,获取更丰富的间接关系资源,获得更广的信息渠道和合作机会,提高区域创新水平,保持竞争优先地位。

7.4.5 加强协同创新网络平台的建设

在合作环境中与不同合作伙伴共享信息有助于创新主体采取适当措施来

解决智能电网产业的核心技术问题。政府有必要为智能电网领域建立一个官方交流平台，通过该平台，专利发明人可以更轻松地了解相关专家并进行深入交流，以找到合适的协同创新伙伴，从而促进企业之间和区域间技术创新合作。国家需要推动企业、高校和科研院所之间的跨区域间技术创新合作，实现强强联合，有助于发挥在人才资源上的突出优势，加快知识信息和技术创新在协同创新网络中的扩散和转移，加快知识成果的转化，研发出一些有助于社会经济发展的实质性成果。例如国内一流高校在其他区域建立研究分院，企业内高级人才继续深造等。

7.4.6　建立多核心整体网络

国家还要发挥现阶段中国家电网有限公司在智能电网产业中"中介人"的重要角色作用，有效地将相互分离的两个或多个体组织连接起来，促进创新资源共享和整合，实现协同创新；政府需要支持一些其他重要的创新主体（例如中国电力科学研究院），以形成由多个核心主导的大规模协同创新团体，并实现不同类型创新主体的均衡发展；鼓励边缘创新主体积极参与大规模创新团体，广泛建立协作关系，加强知识和信息的交流，最终提高整个网络的技术创新水平。同时，北京市作为协同创新网络中的主核心，需要继续维持广泛的专利合作关系和合作强度，江苏、浙江、上海、广东、河南以及湖北等多个次要核心点需要加强跨省专利合作强度，此外，还需要大力发展陕西、四川、甘肃以及新疆等潜在核心点，形成全国东西南北中区域均有核心点的多核心整体网络，更好地辐射整个国家，使我国的智能电网平衡发展。

第 8 章

风能产业协同创新网络研究

8.1 风能产业专利合作现状

　　风能产业是中国战略性新兴产业的重要组成部分，风能产业的发展对于改善国家的能源结构，保护环境，确保能源安全以及实现经济的可持续发展至关重要。在天然气和可再生能源的带动下，2018 年全球天然能源消耗快速增长，其中 30% 以上的增长来自中国，然而，碳排放量的增长速度达到近七年来的最高值，环境问题变得更加突出。因此，新能源的开发和利用对于实现《巴黎协定》制定的气候变化目标具有重要意义，水能、海洋能、风能、太阳能、生物质能等，都是实现这一目标的重要组成部分。

　　作为可再生能源投资领域的领导者，中国的风能产业发展受到了广泛的关注。然而，尽管中国的风能产业规模庞大且近年来发展迅速，但相关知识和经验的进步却相对较弱。由于风能产业的崛起对中国的战略性新兴产业具有重要意义，因此风能产业的发展得到了政府的政策支持。最近，中国发布了几项风电政策。但是，其实施需要改进：丰富的风能资源与地方政府的相关发展政策之间存在的空间不匹配的问题。例如，中国西部的大多数县都为发展风能产业奠定了良好的基础，但与中国东部和中部的政府相比，中国西部的地方政府对扶持政策的影响关注较少[167]。

创新是促进产业发展的重要力量。在这种背景下，知识产权是中国企业获得国际竞争优势的核心，因为它们为创新者提供了法律保护，并最终鼓励了创新。专利是保护研发成果的最强有力的法律形式。它可以帮助企业建立核心竞争力，防止他人进行重复发明，并确保研发投资能够带来回报[168]。由于专利授予所有者专有权，因此企业倾向于将专利作为保护机制来实现并维持对自己有利的市场地位[169]。协同创新网络以合作专利为依据，由不同专利申请人之间的一系列合作关系组成，网络中的创新实体间具有深入而紧密的合作关系。协同创新网络可以加快创新过程，促进信息共享。

8.1.1　风能产业协同创新网络的数据来源及数据处理

本章选取中国国家知识产权局（CNIPA）专利数据库作为专利数据来源。为了确保获得的数据有效和全面，我们将国际专利分类（IPC）号关键字搜索策略结合在一起。根据 2016 版《战略性新兴产业重点产品和服务指导目录》中风能产业的细分方向，我们对关键字进行了修改，确定了检索公式，并通过检索结果对其进行了优化和调整。将确定的专利检索公式输入中国国家知识产权局专利数据库检索和分析系统中，获得了 108437 个风能产业的专利数据（从 1985 年 1 月 1 日到 2019 年 6 月 6 日）。专利数据中共有发明专利 63798 件（58.83%）和实用新型专利 44639 件（41.17%）。然后，我们筛选并删除了重复的数据。在筛选这些专利时，如果一个专利具有两个或多个组织或个人，则假定他们之间存在合作关系，且认为该专利是合作专利。我们将专利申请人分为四种类型：企业、高校、科研院所和个人。最终获得了 5520 件合作专利的数据，即本章的实证研究对象。这 5520 件专利是风能产业协同创新的产物，可以有效地反映整个产业的发展现状。根据专利申请数量变化趋势，我们将 1985 年以来的专利申请日期分为三个阶段：萌芽阶段（1985~2005 年），成长阶段（2006~2012 年）和成熟期（2013~2019 年）。最后，我们手动处理数据，得到 4276 个申请人之间构成专利合作关系共计

5403 条，专利合作次数共计 13028 次。最后，使用复杂网络分析软件（Ge-phi）可视化专利数据和协作关系。

8.1.2 风能产业专利合作基本情况分析

8.1.2.1 合作专利数量与增长趋势

将风能产业的专利按照申请时间进行处理，1985～2019 年共检索到 108437 项专利，其中 5520 项为合作专利。图 8.1 为 2006～2019 年中国风能产业专利申请趋势图。从图 8.1 可以看出，2006～2014 年，风能产业合作专利数量占风能产业专利申请总数的比例呈现上升的趋势。2014 年之后占比呈现下降趋势。总体来看，风能产业合作专利数量呈现稳定增长趋势。2006～2016 年，风能产业的合作专利数量增长迅速，这表明协同创新在不断加强，这可能与 2006 年后中国政府对风能产业政策的支持增加有关。此外，图 8.1 显示，2017 年之后，风能产业专利数量有所下降，这一现象是因为从申请专利到公开专利需要花费 18 个月以上的时间，因此产生的递延效果导致一定数量的专利无法被检索到。从整体上来看，在过去的 20 多年里，中国风能产业的合作专利数量呈逐步上升的趋势，证明风能产业协同创新水平正在不断提升。

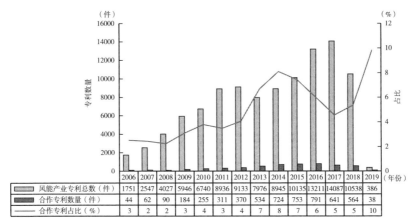

	2006	2007	2008	2009	2010	2011	2012	2013	2014	2015	2016	2017	2018	2019
风能产业专利总数（件）	1751	2547	4027	5946	6740	8936	9133	7976	8945	10135	13211	14087	10538	386
合作专利数量（件）	44	62	90	184	255	311	370	534	724	753	791	641	564	38
合作专利占比（%）	3	2	2	3	4	4	4	7	8	7	6	5	5	10

图 8.1　2006～2019 年风能产业合作专利申请情况

资料来源：中国国家知识产权局。

8.1.2.2 不同主体合作专利数量及增长趋势

图 8.2 说明，个人占协同创新网络专利申请人的 52.83%，是该网络的最大组成部分。第二大组成部分是企业，占专利申请人的 38.05%。高校和科研院所分别占 4.54% 和 4.58%。这表明在风能产业合作专利的申请中，个人占主导地位，其次是企业，而高校和科研院所的参与度相对较低。

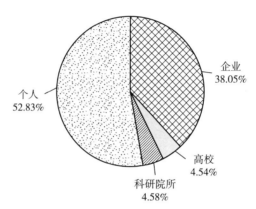

图 8.2　风能产业合作专利不同申请人类型比例

资料来源：中国国家知识产权局。

个人和企业在风能产业专利的合作申请中具有较高的参与度，主要是因为他们更倾向于将技术创新转化为专利，并且可以从中受益，例如，增强其核心竞争力。相比之下，高校和科研院所具有强大的科研能力，可以独立研究和开发相关技术，因此，他们很少合作申请专利。

基于不同专利申请人类型（企业、高校、科研院所、个人），我们将专利合作类型划分为 10 种：企业－企业、企业－高校、企业－科研院所、企业－个人、高校－高校、高校－科研院所、高校－个人、科研院所－科研院所、科研院所－个人和个人－个人。如图 8.3 所示。占比最大的合作类型是企业－企业（42.53%），其次是个人－个人（23.37%），企业－科研院所（14.28%）和企业－高校（11.07%）的比例也比较高。

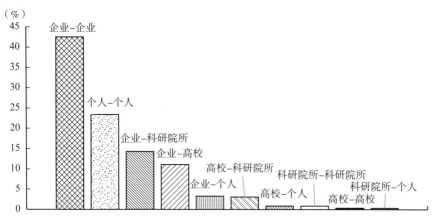

图 8.3　1985～2019 年风能产业不同合作类型的比例

资料来源：中国国家知识产权局。

8.1.2.3　合作主体竞争力分析

通过分析不同专利申请人拥有的专利数量，发现不同创新主体的协同创新状态存在差异。表 8.1 反映了我国风能产业拥有合作专利数量前 20 位专利申请人拥有的专利情况。

表 8.1　　　　　　　　　**1985～2019 年风能产业前 20 位合作专利申请人**

排名	申请人	数量（件）	比例（%）
1	国家电网有限公司	1678	30.40
2	中国电力科学研究院	371	6.72
3	许继集团有限公司	177	3.21
4	许昌许继风电科技有限公司	140	2.54
5	清华大学	136	2.46
6	青岛华创风能有限公司	130	2.36
7	沈阳华创风能有限公司	122	2.21
8	宁夏华创风能有限公司	119	2.16
9	通辽华创风能有限公司	119	2.16

续表

排名	申请人	数量（件）	比例（%）
10	甘肃省电力公司风电技术中心	111	2.01
11	国网甘肃省电力公司	111	2.01
12	华北电力大学	108	1.96
13	华北电力科学研究院有限责任公司	103	1.87
14	中电普瑞张北风电研究检测有限公司	85	1.54
15	国网江苏省电力公司	79	1.43
16	国网冀北电力有限公司	77	1.39
17	国电南瑞科技股份有限公司	68	1.23
18	中国电力科学研究院有限公司	68	1.23
19	国网新源张家口风光储示范电站有限公司	55	1.00
20	国网天津市电力公司	54	0.98

资料来源：中国国家知识产权局。

从表8.1可以看出，在风能产业中，国家电网有限公司拥有最多的合作专利，达到了1678件，占所有合作专利总量的30.40%，说明国家电网有限公司具有很高的研发水平和很强的知识产权保护意识。中国电力科学研究院紧随其后，在中国风能产业的协同创新中也占有重要地位。此外，排名前20位的专利申请人中有17家企业（59.71%），2所高校（4.42%）和1所科研院所（6.72%）。个人没有进入前20名，这意味着尽管个人专利申请人数量占申请人总数量比例最大，但是个人的研发能力比组织弱。在这17家企业中，有13家是国家电网有限公司的附属机构，有4家是华创风能有限公司成员，这17家都是国有企业，表明大多数创新合作活动都是政府主导的。但是，高校和科研院所的专利申请人分别排在前20名中占2个席位和1个席位。唯一的科研院所是国家电网有限公司直属的研究单位，这进一步证实了国家电网有限公司在风能产业技术创新中的主导地位。所有这些表明，高校在申请专利方面仍然相对薄弱，需要在未来的发展中加以强化。

8.1.2.4 合作关键技术领域分析

国际专利分类法是国际上通用的专利文献分类法。IPC 分类号指国际专利分类法分类专利文献（说明书）而得到的分类号。它是通过专利所属的不同技术领域，将专利数据划分为不同技术类别之中。

我们分析了风能产业合作专利的 IPC 分类号，筛选出排名前 10 位的风能产业合作关键技术领域，如表 8.2 所示。从关键技术的角度来看，F03D（风力发动机）是风能产业协同创新中最受青睐的技术热点，F03D 与 H02J（用于提供或分配电力的电路装置或系统）一起构成了 IPC 分类号总数的 47.33%。

表 8.2 风能产业协同创新关键技术领域

IPC 分类号	比例（%）	含义
F03D	28.07	风力发动机
H02J	19.26	用于提供或分配电力的电路装置或系统；电能存储系统
G06Q	5.58	专门用于行政，商业，财务，管理，监督或预测目的的数据处理系统或方法
H02K	3.21	电动发电机
G06F	2.51	电气数字数据处理
E02D	1.92	基金会；挖掘路堤；地下或水下结构
G01R	1.79	测量电变量；测量磁变量
H02S	1.74	通过转换红外线辐射可见光或紫外线来发电
F03B	1.59	液体机器或引擎
H02P	1.26	控制或调节电动机，发电机或电动发电机；控制变压器，电抗器或扼流圈

资料来源：中国国家知识产权局。

此外，不同创新主体的研发领域也有不同。表 8.3 显示了相应组织在相应技术领域中拥有的专利数量。国家电网有限公司的研发实力最强，技术创新水平最高。中国电力科学研究院在除 F03D 外的其余领域中也占主导地位。许继集团有限公司，许昌许继和华创风能有限公司的四个分支机构（青岛、沈阳、宁夏和通辽）在 F03D 领域都具有出色的研发实力。在 H02J 技术领域，国家电网有限公司、中国电力科学研究院、清华大学和甘肃省电力公司风电技术中心更为突出。清华大学和甘肃省电力公司风电技术中心在 G06Q 技术领域也很出色，表明他们在风能数据处理和分析方面具有优势。

表 8.3 风能产业关键专利申请人的技术领域分布 单位：件

专利申请人	IPC 分类号									
	F03D	H02J	G06Q	H02K	G06F	E02D	G01R	H02S	F03B	H02P
国家电网有限公司	367	1297	430	26	174	5	72	118	18	76
中国电力科学研究院	28	292	90	2	65	0	0	34	6	18
许继集团有限公司	102	49	12	6	27	2	1	9	0	2
许昌许继风电科技有限公司	93	19	10	6	23	0	0	6	0	2
清华大学	7	131	40	1	14	3	1	8	0	2
青岛华创风能有限公司	116	15	0	4	3	3	2	3	2	2
沈阳华创风能有限公司	105	15	0	4	3	3	2	3	2	2
宁夏华创风能有限公司	102	15	0	4	3	3	2	3	2	2
通辽华创风能有限公司	102	15	0	4	3	3	2	3	2	2
甘肃省电力公司风电技术中心	4	54	53	0	23	0	0	3	0	4

资料来源：中国国家知识产权局。

8.2 风能产业协同创新网络结构

8.2.1 风能产业协同创新网络拓扑结构测度及网络模型构建

8.2.1.1 风能产业协同创新网络拓扑结构测度

风能产业的协同创新网络由节点以及连边构成，用 $G = (V, E)$ 表示，

其中 $V = \{v_1, v_2, \cdots, v_n\}$ 代表节点的集合，$E = \{w_1, w_2, \cdots, w_n\}$ 代表连边的集合，w_{ij} 代表节点 i 与节点 j 之间的连边权重。风能产业的协同创新网络连边表示同一专利有多个申请人合作，权重 w 表示为合作的次数。风能产业的协同创新网络是一个无向加权网络，既反映了发明人之间的合作情况，还包含了各个发明人之间的合作强度以及合作属性关系。

风能产业协同创新网络结构的研究，包含网络基本结构特征和网络内部结构特征、网络社团结构、网络重要节点这三大部分，本章利用以下测度指标：

（1）网络密度 d。同公式（3 - 1）。

（2）平均聚集系数 C。同公式（3 - 2）、公式（3 - 3）。

（3）平均路径长度 L。同公式（3 - 4）。

（4）节点中心性。同第 3 章 3.2.1.1（1）。

（5）无标度网络。同第 4 章 4.2.1.1（1）。

（6）模块度。这一指标体现了社团结构，社团结构是指网络中的子网络，反映了网络的重要结构特征，由纽曼（Newman）以及格文（Girvan）等人所定义。内部联系紧密，外部联系松散是社团的特性。通过专利合作的各种属性，例如，合作类型、省份以及技术偏好等因素形成的社团结构，呈现出一定的连接偏好以及小团体现象。

8.2.1.2 风能产业协同创新网络模型构建

对风能产业相关专利数据进行筛选处理，得到风能产业合作专利数据共计 5520 件。基于风能产业 5520 件合作专利数据，我们构建了中国风能产业协同创新网络，如图 8.4 所示。

在该网络中，每个专利申请人都被视为一个网络节点，节点大小表示其度数，反映了网络节点的重要性。若同一专利中存在两个或两个以上的专利申请人，则认为这些专利申请人之间具有合作关系，将这些合作关系视为网络中对应节点间的网络连边，连边的粗细代表合作强度，反映合作频率的高低。最后，基于所得到的合作专利数据，利用复杂网络分析软件（Gephi）可视化风能产业协同创新网络。此外，为提高风能产业协同创新网络的可视化效果，本章将归一化运用到网络的连边权重处理上，将权重的取值控制在 [0，1] 之间。

国家电网有限公司
国网江苏省电力公司
华北电力大学
中国电力科学研究院

清华大学
华中科技大学
上海交通大学

图 8.4　风能产业协同创新网络

8.2.2　风能产业协同创新网络结构的实证分析

8.2.2.1　风能产业协同创新网络定性理论分析

（1）网络构成要素。

风能产业协同创新网络的创新主体是指参与我国风能产业技术创新活动的企业、高校、科研院所及个人。因此，基于专利合作的视角，风能产业协同创新网络的创新主体是指在专利方面具有实质性贡献的企业、高校、科研院所以及个人；网络的连边主要基于技术合作，强调风能产业的协同创新网络的主体之间是根据研发而产生的协同创新关系，主要包含了技术交流以及技术合作研发等形式。

（2）网络形成动因。

风能资源是由存在于地球表面流动的空气所形成的动能资源，是一种取之不尽、自然可再生且清洁环保的过程性能源。在如今矿产资源面临短缺，温室效应愈演愈烈的情况下，人们的环保意识和危机感不断加强，同时伴随着现代科学技术的飞速发展，风能作为一项无论从经济上或是技术上都是首选的替代能源受到了普遍关注和高度重视，全球均在对其加速开发和利用。

在国家发展改革委和国家能源局联合发布的《电力发展"十三五"规划（2016—2020）》中提出全方位推进能源结构性改革以及政府不断加大可再生能源发展的政策扶持力度的背景下，中国对可再生能源的需求日益提高。伴随着风能产业的迅速发展以及一系列相关文件的不断出台，产业链和价值链得以不断完善，也使得从事风能产业研发的企业、高校以及科研院所数量不断增加，越来越多的企业、高校以及科研院所之间相互合作不断形成。与此同时，越来越多的风能产业的科技成果转化为专利，逐步形成了全国范围内的风能产业的协同创新网络。

8.2.2.2 风能产业协同创新网络结构量化分析

（1）网络基本结构和网络内部结构分析。

运用社会网络分析法分析中国风能产业协同创新网络的基本结构，表8.4 显示了风能产业协同创新网络基本结构特征统计量。由表 8.4 可知风能产业协同创新网络的平均路径长度为 3.273，表明网络节点之间的知识交换和信息传输能力很强。相反，网络密度仅为 0.001，表明整个网络节点之间的互动程度不高，信息传播速度不够快。平均聚集系数为 0.822，相当高，平均路径长度很短，这暗示着网络具有小世界性。模块化度为 0.739，并且有 1251 个连接的子网，这意味着社区内的连接偏好更强。接近中心性为 0.9723，反映了相邻网络节点之间的紧密连接。相比之下，度中心性，中介中心性和特征向量中心性的值极低，表明网络的中心控制能力较弱。

表8.4　　　　　　　　风能产业协同创新网络的基本结构特征统计量

指标	统计值
节点数（个）	4276
连边数（条）	5403
连接次数（次）	13028
平均路径长度	3.273
网络密度	0.001
平均聚集系数	0.822
模块化度	0.739
连通子网数量	1251
度中心性	0.00059
接近中心性	0.97230
中介中心性	0.00003
特征向量中心性	0.00752

资料来源：笔者整理。

中国是一个风能资源丰富的国家，省份分布的变化显而易见。在空间上，风能资源在青藏高原的中部、内蒙古大部分地区、新疆北部、大部分东北地区和沿海地区都很丰富。相反，中国西南、华中、华南和新疆西部的风能资源贫乏。

我们根据获得的合作专利数据确定了专利申请人的省份分布，如图8.5所示。统计结果表明，北京、江苏、广东、山东和上海在风能产业研发方面表现优异，研发水平很高。这5个省份的专利申请人总数占总数的53.73%，是风能产业技术创新的主要力量。最活跃的地区是沿海地区，东北地区中黑龙江、辽宁和吉林的专利申请人总数占总数的7.69%。总体而言，东部和沿海城市的风能产业协同创新水平很高，而西北地区的协同创新水平相对较低。

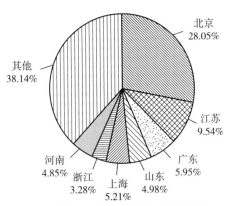

图 8.5 风能产业协同创新网络的省份分布

资料来源：中国国家知识产权局。

（2）最大连通子图。

图 8.6 展示了最大连通子图中专利申请人的构成。最大连通子图中，企业占比 76.37%、科研院所占比 11.71%、大学占比 9.07%、个人占比 2.85%。图 8.7 展示了最大连通子图。与整个网络相比，最大连通子图中，个人占比非常小，而其他 3 个部分所占的比例更大。这表示组织更擅长与不同的合作伙伴合作，并且擅长通过合作伙伴获取更多的知识和技术资源。相比之下，个人倾向于与他们熟悉的伙伴合作，并且不太可能加入新的团队。这解释了尽管个人专利申请人比例很高，但在整个网络的前 20 名专利申请人中都没有个人的席位。为了提高个人的创新能力，他们可以与更多组织合作并寻找更多资源。

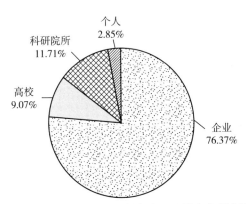

图 8.6 风能产业协同创新网络最大连通子图中专利申请人构成

资料来源：中国国家知识产权局。

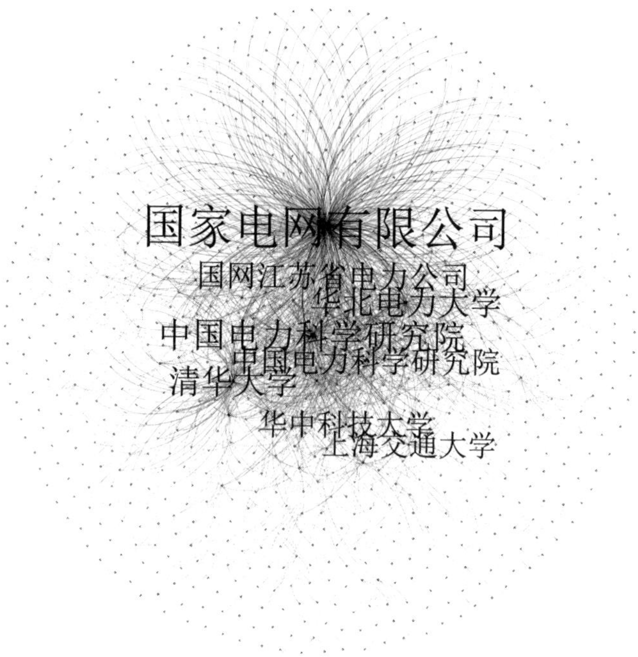

图8.7　风能产业协同创新网络最大连通子图

如表8.5所示，网络中最大连接的子图的节点数、连边数和连接次数分别为948个、2220条和6933次。这说明最大连通子图在整个网络中具有重要地位。子图的网络密度为0.005，这表示最大连接子图中网络节点的交互性要好于整个网络。最大连通子图的平均路径长度为3.291，而平均聚集系数为0.667，表明其较小的世界性与整个网络相比并不明显。0.338的模块化反映了社区内的连接偏好不强。紧密度中心性为0.31968，低于整个网络的紧密度中心性，表示子图中相邻节点之间的连接不紧密。但是，其他3个中心性指标值高于整个网络的中心性指标值，表明子图的中心控制能力更强。

表8.5　风能产业协同创新网络最大连通子图的基本结构特征统计量

统计量	整体网络	最大连通子图
节点数（个）	4276	948（22.17%）
连边数（条）	5403	2220（41.09%）

续表

统计量	整体网络	最大连通子图
连接次数（次）	13028	6933（53.22%）
平均路径长度	3.273	3.291
网络密度	0.001	0.005
平均聚集系数	0.822	0.667
模块化度	0.739	0.338
度中心性	0.00059	0.00495
接近中心性	0.97230	0.31968
中介中心性	0.00003	0.00242
特征向量中心性	0.00752	0.03045

资料来源：笔者整理。

（3）重要节点分析。

在对网络结构进行分析后，再根据中心性对网络节点进行分析。根据度中心性的指标值来判断哪些节点是网络的核心节点，以介数中心性衡量节点对资源的控制程度，以特征向量中心性衡量节点在网络中的重要性。通过上述 3 个中心性指标，对风能产业协同创新网络中的重要节点进行分析，从而衡量节点在网络中的影响力和控制力，进而反映节点的重要程度。根据这 3 个指标对风能产业协同创新网络排名前 10 位的重要节点进行排序，如表 8.6 所示。

表 8.6　　风能产业协同创新网络中重要节点中心性前 10 位排名

排名	度中心性	中介中心性	特征向量中心性
1	国家电网有限公司	国家电网有限公司	国家电网有限公司
2	中国电力科学研究院	清华大学	中国电力科学研究院
3	清华大学	上海交通大学	华北电力大学
4	华北电力大学	中国电力科学研究院	清华大学

排名	度中心性	中介中心性	特征向量中心性
5	江苏省电力公司	华北电力大学	江苏省电力公司
6	中国电力科学研究院有限公司	大唐（赤峰）新能源有限公司	中国电力科学研究院有限公司
7	国电南瑞科技股份有限公司	北京四方继保自动化股份有限公司	国网甘肃省电力公司
8	东南大学	中国大唐集团新能源股份有限公司	国电南瑞科技股份有限公司
9	华中科技大学	西安交通大学	国网冀北电力有限公司
10	国网甘肃省电力公司	华北电力大学（保定）	中电普瑞张北风电研究检测有限公司

资料来源：笔者整理。

由度中心性指标可知，排名前10位的节点都拥有较高的度中心性，与其他节点建立了较为广泛的合作关系，在网络中的地位比较重要。排名前10位的节点由5家企业、4所高校以及1所科研院所组成，说明企业与高校对风能产业的发展贡献较大。此外，国家电网有限公司排名第一，是网络中的核心节点，处于网络中的最优位置，在网络中具有重要地位，对于未来风能产业的技术合作研发将会产生重要影响。

通过对介数中心性的分析发现，排名前10位的节点由4家企业、5所高校以及1所科研院所组成，说明企业和高校充当中介的作用较强，国家电网有限公司和清华大学等节点拥有较高的介数中心性，占据着知识交流和资源共享的关键路径。可以通过对这些关键路径上的节点给予足够的关注和扶持进而提升网络整体的知识交互水平。

根据特征向量中心性可知，排名前10位的节点包括7家企业、2所高校以及1所科研院所，这些节点与其邻居节点之间具有良好的合作关系且其邻居节点在网络中也处于相对重要的位置。此外，国家电网有限公司仍旧是网络中最为重要的节点。由表8.6可知，国家电网有限公司在3个中心性指标排名中都是第1位，说明国家电网有限公司在风能产业协同创新网络中处于最为重要的位置，具有很强的影响力和控制力。这 3 个指标值排名前 10 位的网络主体由 10 家企业、7 所高校以及 1 所科研院所构成，说明科研院所对风能产业的协同创新发展的推动作用并不突出。

8.3 风能产业协同创新网络演化

8.3.1 风能产业协同创新网络结构演化

8.3.1.1 专利申请人构成演化

根据风能产业合作专利的申请日期，我们将专利申请分为三个阶段：萌芽阶段（1985～2005 年），成长阶段（2006～2012 年）和成熟阶段（2013～2019 年）。图 8.8（a）展示了从 1985～2005 年，协同创新网络主要由个人构成，总计 274 个。此外，还有 7 家企业、1 所高校和 5 所科研院所。在此期间，个人是风能产业协同创新的主导力量，而高校和科研院所的知识产权保护意识薄弱。2006～2012 年，协同创新网络的规模迅速增加。它由 61.95% 的个人、30.29% 的企业、4.78% 的高校和 2.98% 的科研院所组成。个人仍然占主导地位，但是企业力量明显增加，高校和科研院所的数量略有增加。2012 年以后，网络的规模大幅增长。2013～2019 年，网络由 47.15% 的企业、40.16% 的个人、6.31% 的科研院所和 5.93% 的高校构成。专利申请人的主导力量变为企业，而在此阶段，以国家电网有限公司为首的专利申请人是合作专利申请中最重要的组成部分。与上一阶段相比，科研院所占比也有明显增加。图 8.9 展示了这三个阶段的网络图，网络节点代表专利申请人。

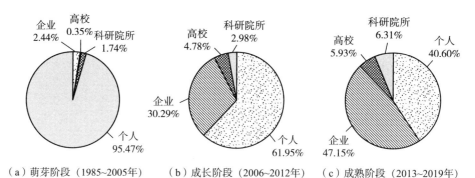

（a）萌芽阶段（1985~2005年）　（b）成长阶段（2006~2012年）　（c）成熟阶段（2013~2019年）

图8.8　风能产业合作专利申请人构成演化

资料来源：中国国家知识产权局。

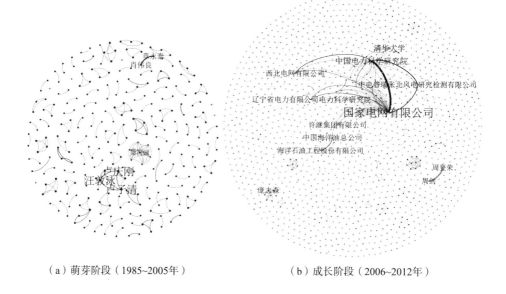

（a）萌芽阶段（1985~2005年）　　　　　（b）成长阶段（2006~2012年）

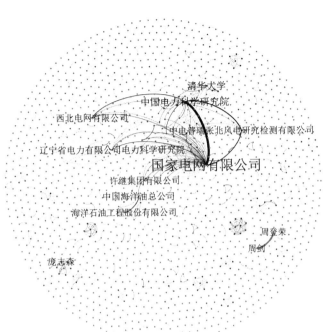

（c）成熟阶段（2013~2019年）

图8.9 风能产业协同创新网络的演化

8.3.1.2 合作关系类型演化

表8.7展示了各个阶段中不同合作关系的比例。可以看出随着网络的不断发展，除企业－个人外，企业参与的三种合作关系（企业－企业，企业－高校，企业－科研院所）占比持续增长；除企业－个人外，个人参与的三种合作关系（个人－个人，科研院所－个人，高校－个人）占比不断缩小。这表明企业已取代个人成为协同创新网络中的主导力量。此外，高校－高校和科研院所－科研院所是合作关系中的一小部分，几乎没有任何变化，这意味着大学和研究机构很少与相同类型的组织进行合作，这可能是因为他们能够独立进行研究活动。此外，在萌芽阶段没有高校－高校，高校－科研院所，高校－个人以及科研院所－科研院所这四种合作类型，但在进入成长阶段之后，除了高校－个人之外，这些关系还经历了不同程度的增长，这表明大学和科研院所已经加入了协作网络。

表8.7　　　　　　　　　风能产业协同创新网络合作关系类型演化　　　　单位：%

合作类型	萌芽阶段 （1985～2005年）	成长阶段 （2006～2012年）	成熟阶段 （2013～2019年）
企业－企业	0.68	22.67	48.15
企业－高校	0.34	6.98	12.28
企业－科研院所	0.68	9.27	15.78
企业－个人	0.34	7.93	2.31
高校－高校	0.00	0.26	0.39
高校－科研院所	0.00	0.95	3.64
高校－个人	0.00	1.55	0.74
科研院所－科研院所	0.00	0.30	1.01
科研院所－个人	3.38	0.26	0.26
个人－个人	94.59	49.83	15.44

资料来源：中国国家知识产权局。

8.3.1.3　专利申请人竞争力演化

根据不同专利申请人拥有的专利数量，我们列出了网络发展过程中拥有专利数量排名前10位的专利申请人，如表8.8所示。从表8.8可以看出，在萌芽阶段，由于组织尚未参与合作，前10位专利申请人由个人构成。在成长阶段，仍然有2名个人进入前10位，这表明他们为风能产业的发展做出了巨大贡献。但是，进入成熟阶段后个人就消失在前10名中了，这表明他们的创新能力或资源比组织弱。

表8.8　　　　　　　　　风能产业合作专利申请人竞争力演化

排名	萌芽阶段 （1985～2005年）	成长阶段 （2006～2012年）	成熟阶段 （2013～2019年）
1	肖伟良	国家电网有限公司	国家电网有限公司
2	章永泰	中国电力科学研究院	中国电力科学研究院
3	陈晓忠	周登荣	许继集团有限公司

续表

排名	萌芽阶段 (1985~2005年)	成长阶段 (2006~2012年)	成熟阶段 (2013~2019年)
4	何文良	周剑	许昌许继风电科技有限公司
5	华小平	中电普瑞张北风电研究检测有限公司	清华大学
6	刘宝生	许继集团有限公司	青岛华创风能有限公司
7	卢庆刚	西北电网有限公司	沈阳华创风能有限公司
8	卢子清	清华大学	宁夏华创风能有限公司
9	汪敦泳	中国海洋石油总公司	通辽华创风能有限公司
10	王和平	海洋石油工程股份有限公司	甘肃省电力公司风电技术中心

资料来源：笔者整理。

在成长阶段，国家电网有限公司排名第 1 位，中国电力科学研究院排名第 2 位，两者都保持了主导地位。清华大学是前 10 名专利申请人中唯一的大学，在最近两个阶段中分别排名第 8 位、第 5 位。中国海洋石油总公司及其控股公司（海洋石油工程股份有限公司）在成长阶段表现良好。华创风能有限公司的四个分公司（青岛、沈阳、宁夏和通辽）在成熟阶段发挥了重要作用。

8.3.1.4 关键技术领域演化

根据筛选之后的专利数据中的 IPC 分类号，我们分析了数量排名前 10 位的 IPC 分类号，以探索技术创新趋势。表 8.9 显示了 2006~2019 年排名前 10 位的 IPC 分类号的发展趋势。表 8.9 显示，在 2015 年之前，F03D 领域的专利数量最多。2015 年，H02J 排名第一。G06Q 在 2011 年之前是不存在的，在 2011 年之后才得到迅速发展。尽管它起步较晚，但仍然占据第 3 位，这表明数据处理系统或方法是风能产业的一项重要技术。H02K 在风能产业的成长阶段也发挥了重要作用，并且一直在稳步发展。其他 6 项技术在萌芽期比较罕见，仅在 2006 年之后才开始缓慢增长，这可能得益于政策的支持。就数量而言，每个领域内的专利数量都呈增长趋势，这表明风能产业的技术水平正在不断提高。2017 年以后的下降趋势可能是由于专利申请到专利公布需要 18 个月的审查期，由此产生的递延效应。

表 8.9　　　　　　　　**风能产业协同创新关键技术领域演化**　　　　单位：件

年份	IPC 分类号									
	F03D	H02J	G06Q	H02K	G06F	E02D	G01R	H02S	F03B	H02P
2006	54	1	0	9	0	1	0	0	0	0
2007	91	15	0	43	1	0	0	0	1	2
2008	118	15	0	22	1	0	0	0	10	7
2009	221	21	0	48	3	6	2	0	16	4
2010	278	72	0	22	7	10	5	1	16	11
2011	287	91	2	37	8	11	13	1	27	14
2012	231	115	4	24	20	4	31	0	18	4
2013	226	226	63	17	37	2	25	4	14	6
2014	287	286	120	23	61	14	37	39	19	24
2015	306	347	102	32	51	52	29	52	28	20
2016	467	356	110	39	43	51	32	47	11	32
2017	403	373	130	30	37	33	21`	35	20	18
2018	299	414	145	31	37	44	23	33	11	11
2019	33	28	10	0	2	7	2	2	1	2

资料来源：中国国家知识产权局。

8.3.1.5　基本结构特征演化

表 8.10 反映了不同阶段网络的基本特征。从萌芽阶段到成熟阶段，网络节点从 287 个增加到 2647 个，表明网络规模逐渐扩大。连边数量由 230 条连边增加至 3856 条，增加至萌芽阶段连边数量的 16 倍多，而连接次数增加至原来的 35 倍多，表明网络创新主体之间的合作频率得到了大幅度提高。平均路径长度从 1.061 增加到 3.058，表明该网络规模得到了增长。随着网络规模的扩大，网络密度在减少，表明整个网络的紧密程度正在下降。平均聚集系数的降低表明网络的小世界特性变弱。连通子图的数量从 120 个增加到 692 个，而网络的模块化度不断下降，由此看出连通子图的结构强度减弱了，即网络的子图划分质量变差了。同样，度中心性和中介中心性的数值下降，反映了节点充当中间节点的能力不断增强。而接近中心性有小幅度的增长，

反映了网络中心控制程度下降。特征向量中心性没有固定的变化趋势。

表 8.10   风能产业协同创新网络基本结构特征统计量

统计量	萌芽阶段 （1985~2005 年）	成长阶段 （2006~2012 年）	成熟阶段 （2013~2019 年）
节点数（个）	287	1611	2647
连边数（条）	230	1469	3856
连接次数（次）	296	2320	10412
平均路径长度	1.061	2.986	3.058
网络密度	0.006	0.001	0.001
平均聚集系数	0.936	0.853	0.811
模块化度	0.978	0.965	0.655
连通子图数量	120	583	692
度中心性	0.00560	0.00113	0.00110
接近中心性	0.000001	0.00001	0.00007
中介中心性	0.95598	0.88466	0.75981
特征向量中心性	0.03817	0.1231	0.01135

资料来源：笔者整理。

8.3.1.6 最大连通子图演化

表 8.11 反映了在网络发展的不同阶段最大连通子图的基本特征统计量。由表 8.11 可以看出最大连通子图节点数占整体网络节点数的比例从 2.44% 增加到 8.81%，随后又增加到 30.11%，这表明最大的连通子图规模正在变得越来越大，并且逐渐形成了大型社区。同时，最大连通子图连边数量占整体网络连边数量的比例从 9.13% 增加到 15.25%，随后又增加到 51.32%，最终占据了整个网络连边数的一半以上。连接次数占整体网络连接次数的一半以上（60.33%）。可以看出最大连通子图是一个非常活跃的社区，最大连通子图中合作主体的合作频率更加频繁，这意味着该子图具有良好的连通性，并且协作伙伴具有稳定的伙伴关系。

表 8.11　　　风能产业协同创新网络最大连通子图结构特征统计量

统计量	萌芽阶段 （1985~2005 年）	成长阶段 （2006~2012 年）	成熟阶段 （2013~2019 年）
节点数（个）	7（2.44%）	142（8.81%）	797（30.11%）
连边数（条）	21（9.13%）	224（15.25%）	1979（51.32）
连接次数（次）	21（7.09%）	449（19.53%）	6282（60.33%）
平均路径长度	1	3.251	3.071
网络密度	1	0.022	0.001
平均聚集系数	1	0.654	0.669
模块化度	0	0.556	0.312
度中心性	1	0.02238	0.00624
接近中心性	1	0.32147	0.34186
中介中心性	0	0.01608	0.00260
特征向量中心性	1	0.08383	0.03501

资料来源：笔者整理。

8.3.2　风能产业协同创新网络空间演化

8.3.2.1　风能产业省内合作演化

在深入研究风能产业协同创新网络演化过程之后，进一步从网络空间分布模式对网络进行分析，从而揭示空间因素对风能产业的协同创新活动过程中网络主体合作行为的影响。首先，通过分析合作关系中每个专利申请人的省域分布，发现参与风能产业专利合作的组织分布在 33 个省份，分别为香港、安徽、四川、台湾、湖南、广东、广西、宁夏、陕西、澳门、海南、山西、湖北、福建、上海、浙江、河南、天津、江苏、黑龙江、云南、河北、山东、吉林、江西、内蒙古、辽宁、甘肃、重庆、北京、新疆、贵州以及青海。基于风能产业合作专利申请所属的 33 个省份，构建了跨省协同创新网络。

表 8.12 展示了 33 个省份的省内合作次数占本省参与合作次数的比例。

在萌芽阶段，几乎所有省份都是 100% 的省内合作，这表明专利申请人还没有跨省协同创新的意识，合作伙伴的选择受地理位置影响，并且该省份的创新资源能够自给自足。

表 8.12　　　　　　　　　风能产业省内合作申请专利数量及比例

类型	省份	萌芽阶段（1985~2005 年）			成长阶段（2006~2012 年）			成熟阶段（2013~2019 年）		
		合作总数（件）	省内合作（件）	省内合作比例（%）	合作总数（件）	省内合作（件）	省内合作比例（%）	合作总数（件）	省内合作（件）	省内合作比例（%）
1	香港	0	0	0.00	6	6	100.00	41	41	100.00
	安徽	22	22	100.00	43	41	95.35	218	130	59.63
	四川	2	2	100.00	39	37	94.87	149	76	51.01
	台湾	9	9	100.00	56	52	92.86	59	56	94.92
	湖南	2	2	100.00	25	22	88.00	203	118	58.13
	广东	10	9	90.00	231	200	86.58	403	286	70.97
	广西	1	1	100.00	25	14	56.00	24	12	50.00
2	宁夏	0	0	0.00	3	1	33.33	490	32	6.53
	陕西	9	9	100.00	68	32	47.06	180	57	31.67
3	澳门	0	0	0.00	2	2	100.00	0	0	0.00
	海南	0	0	0.00	8	8	100.00	23	7	30.43
	山西	3	3	100.00	25	24	96.00	118	35	29.66
	湖北	3	3	100.00	134	122	91.04	360	159	44.17
	福建	7	7	100.00	22	20	90.91	203	100	49.26
	上海	32	32	100.00	221	177	80.09	455	208	45.71
	浙江	4	4	100.00	94	75	79.79	373	144	38.61
	河南	9	9	100.00	73	57	78.08	801	326	40.70
	天津	0	0	0.00	66	51	77.27	248	87	35.08
	江苏	11	11	100.00	294	220	74.83	1301	522	40.12
	黑龙江	25	25	100.00	70	51	72.86	172	62	36.05
	云南	3	3	100.00	10	7	70.00	64	25	39.06

续表

类型	省份	萌芽阶段（1985～2005 年）			成长阶段（2006～2012 年）			成熟阶段（2013～2019 年）		
		合作总数（件）	省内合作（件）	省内合作比例（%）	合作总数（件）	省内合作（件）	省内合作比例（%）	合作总数（件）	省内合作（件）	省内合作比例（%）
3	河北	1	1	100.00	148	101	68.24	632	57	9.02
	山东	40	40	100.00	102	69	67.65	898	178	19.82
	吉林	3	3	100.00	60	40	66.67	256	65	25.39
	江西	1	1	100.00	6	4	66.67	86	30	34.88
	内蒙古	22	22	100.00	34	20	58.82	523	64	12.24
	辽宁	16	16	100.00	111	65	58.56	756	121	16.01
	甘肃	0	0	0.00	21	12	57.14	781	260	33.29
	重庆	0	0	0.00	22	12	54.55	56	16	28.57
	北京	22	21	95.45	552	293	53.08	5033	1554	30.88
	新疆	0	0	0.00	2	1	50.00	136	9	6.62
4	贵州	6	6	100.00	3	1	33.33	35	18	51.43
	青海	0	0	0.00	4	1	25.00	209	142	67.94

资料来源：中国国家知识产权局。

从成长到成熟阶段，以省内合作比例的变化为依据，我们将这些省份分为四类。第一种类型的省份，省内合作比例始终高于50%。这些省份主要通过省内的知识流进行协同创新，这一类型省份的省份边界对本省的合作行为有显著影响。在第一种类型的省份中，除香港和台湾外，其余5个省份内部合作的比例都呈下降趋势，这表明省份边界对这5个省份的专利合作的影响正在逐渐减小。第二种类型的省份是省内合作比例始终小于50%，这些省的专利申请人更倾向于参加跨省的合作。在这种情况下，知识是通过省份间知识流获得的，省份边界对专利合作的影响较小。宁夏和陕西的比例呈下降趋势，表明这些省份更加依赖外部知识合作来转化为内部知识。在第三种类型中，内部合作的比例显著降低，从超过50%降低到不足50%。这种类型的省份从依靠内部合作变为依靠外部合作。相对来说，第四种类型的内部协作比例从不到50%显著提高到50%以上。这种类型的省份从依靠外部合作变为依靠内部合作。

8.3.2.2 风能产业跨省合作演化

图 8.10 反映了风能产业跨省协同创新网络，是无向加权网络图。每个网络节点代表 1 个省份，省份之间的连边代表两个省份中的组织或个人存在合作关系，连边的粗细代表省份之间的合作强度。由图 8.10 可以看出，北京是主要的知识交流中心，与其他省份的联系比较紧密。省份间联系最紧密的是北京 – 江苏，北京 – 河北以及北京 – 河南。

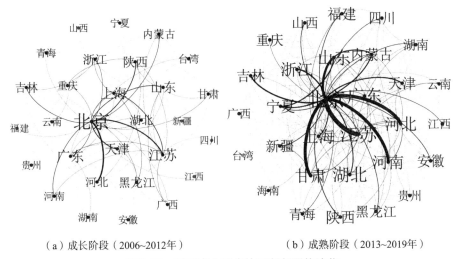

（a）成长阶段（2006~2012 年）　　　　（b）成熟阶段（2013~2019 年）

图 8.10　风能产业跨省协同创新网络演化

北京与其他省份的联系最紧密，其次江苏、山东、辽宁和河北与其他省份的联系也很密切。在成长阶段，西藏、海南、澳门和香港没有参与跨省合作，表明他们与本省份之外的省份之间没有知识交流。最终，海南在成熟阶段参加了跨省合作。

表 8.13 给出了省域间合作网络的基本结构特征统计量。在成长阶段，省域合作网络比较稀疏。30 个省份参与了跨省合作，其中有 79 条合作关系，合作次数共计 449 次。到了成熟阶段，参与省份间合作的省份增加到 31 个，其中有 224 条合作关系，合作次数共计 5384 次。在成熟阶段，整个网络的跨省合作变得更加活跃。同样，网络密度也从 0.182 提高到 0.482，说明网络

变得更紧密。平均聚集系数由 0.565 增加至 0.723，而平均路径长度从 2.09 减小到 1.52，这表明省份间协同创新网络的小世界特征变得更加明显，跨省的知识交换效率得到了提高。

表 8.13　　　　风能产业跨省协同创新网络的基本结构特征统计量

统计量	成长阶段（2006~2012 年）	成熟阶段（2013~2019 年）
节点数（个）	30	31
连边数（条）	79	224
连边次数（次）	449	5384
网络密度	0.182	0.482
平均聚集系数	0.565	0.723
平均路径长度	2.09	1.52

资料来源：笔者整理。

　　利用各个省份的度、中介中心性来确定省份在跨省合作网络中的角色。省份的度是指和该省份存在合作关系的省份的数量，省份的中介中心性指该省份担任其他 2 个省份之间最短路径的桥梁的次数除以所有路径数量。以度为横坐标、中介中心性为纵坐标，建立度/中介中心性的二维象限，将各省份的位置映射到二维象限中。以度为 15 作为高/低度的分界点，以中介中心性为 0.02 作为高/低中介中心性的分界点，将整个象限分为四部分：高/高，低/低，高/低和低/高（度/中介中心性）。高/高区的省份在整个网络中起着贡献者和协调者的功能；低/低区的省份这两个功能都很弱；高/低区的省份更倾向于扮演贡献者；低/高区的省份更倾向于扮演协调者，协调省份间的合作。

　　在成长阶段，只有北京处于高/高区，既是贡献者又是协调者。北京之所以成为主要的交流中心，不仅因为他与其他省份有很多直接的联系，更因为他是其他省份之间的桥梁。高/低象限中没有省份。倾向于协调者的 9 个省份（江苏、广东、内蒙古、浙江、上海、湖北、天津、山东和陕西）在低/高象限。在网络中起较小协调作用的所有其他省份均在低/低区。到了成熟阶段，北京仍然是主要的知识交流中心。此外，江苏、湖北、广东、山东、上海和河北进入了高/高区。江苏的协调作用甚至超越了北京。河南、辽宁、陕西和浙江进入了高/低区，这 4 个省份的贡献作用提高。内蒙古和天津从低/高区降至低/低区，在网络中的协调作用降低。总体而言，省份在二维象限的分布发生了很大变化，江苏、湖北、广东、山东、上海和河北共同崛起，并成为中国风能产业协同创新的主导力量。与增长阶段相比，低/高区的省份数量减少，高/低象限中的省数量增加，这表明倾向于发挥中介作用的省份较少，且大多数省份都直接与知识和技术密集的省份（如北京和江苏）合作获得新的知识和技术。

8.4 风能产业协同创新网络优化对策建议

8.4.1 增加技术创新投资

增加对关键技术领域、关键区域和关键创新主体的技术创新投资。政府需要合理分配风能产业创新资源，同时加大对我国风能产业的技术创新投入力度。对不同技术领域、不同地区采取不同程度偏好的技术创新投入力度，例如，在风能产业相关的重点以及热点技术领域（如风力发电机、供电系统以及数据处理系统）加强资金以及人才投入力度。对研发水平高的地区（如沿海城市和东北地区）给予政策上的支持。国家电网有限公司是网络中的关键节点，鼓励国家电网有限公司与其他主体的合作可以促进风能产业协同创新网络的发展。网络中的关键创新主体有必要整合内部创新资源并进行合理分配，以最大化创新资源的价值。此外，政府有必要增加外部资源的投入力度，以吸引更多的创新主体加入风能产业的技术合作创新中。

8.4.2 加强合作平台建设

由于风能产业技术研发过程中需要大量的资金、设备和高技术人才，而单一的个人、企业、高校或科研院所在独自研发过程中都面临着巨大的挑战。研究结果表明，不同类型的合作关系间的数量存在差异。个人 – 个人在萌芽阶段和成长阶段是最多的合作类型，随后企业 – 企业超越个人 – 个人，成为排名第一的合作关系。总体而言，企业－企业在合作关系中所占比例最大，其次是个人－个人、企业－科研院所、企业－高校。其他6种合作类型的数量相对较少，这表明不同类型的合作数量之间存在很大差异。如何调整网络合作关系的结构是未来风能产业研发过程中需要解决的问题。建设不同类型创新主体合作平台，可以使企业通过与高校、科研院所合作来增加其科研成果，提高其核心竞争力。高校和科研院所可以充分利用企业的资源，提高科技成果转化率，并提高自身科研水平。

8.4.3 促进网络的整体建设

中国风能产业创新资源比较分散。沿海城市和东北地区的省份技术合作水平很高，更愿意成为贡献者而不是协调者。北京和几个沿海城市（江苏、广东、山东和上海）是风能产业研发合作的关键参与者，这些区域的协调功能相对较高。大多数省份与这些省份有直接合作，以获取新的知识和技术。网络具有优先连接的特点，产生"富人越富"的现象。政府需要制定相关政策，帮助沿海发达地区发挥其协调者的作用，鼓励中西部不发达地区参与技术合作创新，合理配置国内创新资源，促进网络的整体建设。同时，各个地区还应根据自身发展情况制定相关政策。不发达地区积极与具有强大影响力的地区合作，而领先地区进一步尝试发展跨国合作创新。区域边界影响的减弱使得区域能够获得不同的知识，获得更多的创新资源，提高自身创新水平并保持竞争优势。

8.4.4 国家制定政策

在我国创新资源仍然较为分散的情况下，国家需要制定相关政策，推动风能产业的协同创新网络的整体建设，支持领先区域朝着更好的方向发展，同时扶持落后区域参与到技术创新的合作中去，合理配置创新资源。另外，考虑网络核心主体所处省份，鼓励跨省网络核心主体间和异质类网络主体间的合作，例如，北京、江苏、湖北、广东、山东、上海以及河北等创新资源较丰富的创新主体与其他省份创新主体间的合作，达到各省份创新资源合理配置的目的。此外，需要鼓励网络核心主体与其他主体间的合作，尤其同网络边缘主体间的合作，从而使网络核心主体的网络权利得以充分发挥。增强网络核心主体与网络外部主体间的信息交流以增加网络内部创新资源。例如，鼓励风能产业开展相关技术的学术交流以及技术交易等各种交流平台，加强网络核心主体与国外组织机构的合作交流，鼓励网络核心主体与外资企业、研发机构开展研发合作。

第 9 章

生物质能产业协同创新网络研究

9.1　生物质能产业专利合作现状

　　全面了解生物质能产业的技术发展现状是十分重要的，以提供实证证据来证明生物能源未来发展的潜力。生物质能的开发和利用的必要性在全球范围内正在增强。生物质能的发展更多地取决于技术创新。专利是技术创新的表现形式之一，尽管利用专利信息分析技术创新存在一定的局限性，但专利能够显示生物质能领域最新的研究方向和技术发展。并且专利包含发明过程和详细技术等信息，因此它是目前分析技术创新最全面的指标之一。技术创新不能孤立地完成，专利申请人之间的合作能够有效地提高技术创新的效率。社会网络分析以网络图的形式通过分析节点和连边的集合，显示了合作网络的特征。社会网络分析是一种优秀的数据可视化方法，它已经成为分析合作专利的一个准确且直观的方法。协同创新网络是技术合作的重要载体。通过协同创新网络图，可以显示该领域的总体发展。可以从多个角度分析协同创新网络,但网络拓扑结构和节点中心性是比较常用的分析内容。网络拓扑结构显示网络整体结构,而节点中心性则提供了网络中重要节点的信息。

通过以上分析我们知道作为重要的新能源之一,生物质能的开发和利用可以帮助改变能源的生产和消费方式,建立可持续发展的能源体系,可以有效地促进国民经济的发展,加强对环境的保护。生物质能在世界范围内受到越来越多的关注。鉴于这种趋势,与生物质能有关的专利已大大增加。专利被认为是保护能源产业创新的核心手段。合作专利数据是揭示技术合作趋势、衡量协同创新能力的重要指标。因此,对生物质能产业相关合作专利的研究是十分必要的。

9.1.1 生物质能产业协同创新网络的数据来源及数据处理

通过中国国家知识产权局(CNIPA)专利数据库,得到了 1990 年 1 月 1 日至 2017 年 12 月 31 日,在我国申请的与生物质能产业有关的所有专利。首先,通过阅读相关文献确定检索关键词,然后向生物质能领域内的专家和学者征求意见,对关键词进行修正,确定最终检索关键词;其次,通过输入关键词和范围筛选的高级检索方式获取有关生物质能产业关键技术的全部专利数据;然后,对获得的所有专利数据中的申请人进行分析,通过逐一筛选,得到其中包含 2 个及以上专利申请人(企业、高校、科研院所、个人)的专利数据,再对数据进行进一步的去重、去噪等处理,最终得到 1990 年 1 月 1 日至 2017 年 12 月 31 日共 1669 件合作专利作为本章的研究对象。

9.1.2 生物质能产业专利合作基本情况分析

本节通过对生物质能产业的合作专利趋势、不同主体合作类型、合作主体竞争力以及合作关键技术等基本情况进行剖析,从而全面反映出生物质能产业的专利合作现状。

9.1.2.1 合作专利数量与增长趋势

生物质能产业合作申请专利的数量,能够直观地反映出其协同创新能力。本章将得到的 1669 件合作专利数据按照时间序列进行处理,得到了图 9.1 所示的 1990～2017 年生物质能产业的合作申请专利数量情况。可以发现,生物质能产业合作申请的专利数量总体呈现上升趋势，这表明我国生物质能产业的协同创新能力正逐渐增强，有利于产业的持续稳定发展。1990～1999年，合作专利数量较少，仅有17件。原因在于这个时期我国生物质能产业整体创新能力较弱，生物质能的利用水平较低。2000～2017年，合作专利数量总体呈现增长趋势。2000～2005年，专利数量由2000年的4件增长到2005年的37件，年均增长率为56.04%，但申请的合作专利数量仍然较少。2006～2017年合作专利数量稳步增长，2017年达到198件。其中2007年、2010年、2013年、2015年和2016年的合作专利数量略有下降，属于正常波动。中国政府高度重视生物质能的开发利用。2006年，中国制定了《可再生能源中长期发展计划》，生物质能的利用是其重要组成部分之一。2016～2020年"十三五"规划提出加快利用生物质能，完善生物质能发电支持政策，将生物质能纳入创新驱动的发展战略。从专利数量上，可以看出合作专利的变化趋势具有明显的阶段性特征。合作专利数量的持续增长，不仅反映了我国企业、高校、科研院所和个人的知识产权保护意识不断增强，还反映我国专利申请人间合作紧密程度的不断加强，以及协同创新能力的提高。目前，我国生物质能仍处于发展阶段，从长远来看，生物质能的发展将在未来5～10年取得更大的进步。

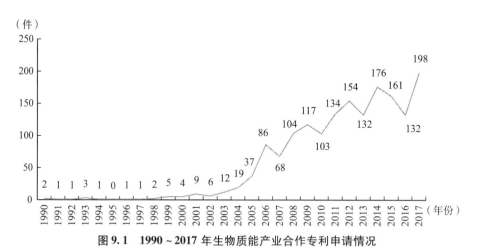

图9.1 1990～2017年生物质能产业合作专利申请情况

资料来源：中国国家知识产权局。

9.1.2.2 不同主体合作专利数量及增长趋势

基于生物质能产业合作专利数据，将专利申请人分为个人、企业、高校以及科研院所四种类型。图 9.2 显示了 1990 ~ 2017 年专利申请人类型分布比例。其中以个人名义申请的合作专利占专利总量的 56.93%，企业的申请比例为 29.00%，高校和科研院所申请比例分别为 7.06% 和 7.01%。说明在生物质能产业合作申请专利的过程中，主要由个人主导、企业次之，高校和科研院所在合作申请专利方面做出的贡献相对较小。这表明生物质能产业处于发展初期阶段，因此个人的申请比例较高。企业是产业发展的中坚力量，未来生物质能的发展离不开企业的创新。

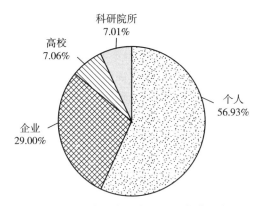

图 9.2 生物质能产业合作专利不同申请人类型比例

资料来源：中国国家知识产权局。

进一步按照申请人类型将合作专利类型划分为：企业 - 企业、高校 - 高校、科研院所 - 科研院所、个人 - 个人、企业 - 高校、企业 - 科研院所、高校 - 科研院所、企业 - 个人、个人 - 科研院所、个人 - 高校，并对不同主体合作类型的数量以及增长趋势进行分析。考虑到 2008 年以前，合作申请的专利数量较少，利用 2008 ~ 2017 年的合作专利数据绘制了不同类型主体的合作专利申请数量情况图。并且由于高校 - 高校、科研院所 - 科研院所、高校 - 科研院所、个人 - 科研院所、个人 - 高校的数量较少，在此，我们仅绘制个人 - 个人、企业 - 企业、企业 - 科研院所、企业 - 个人、企业 - 高校这 5 种类型的专利数量申请情况图，如图 9.3 所示。为直观反映每种合作类型的变化趋势，将图 9.3 拆分为图 9.4。

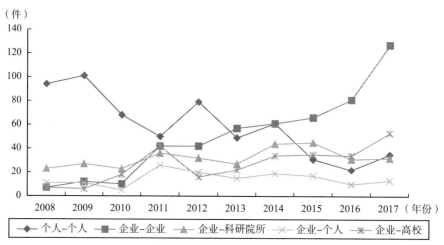

图9.3 2008～2017年生物质能产业不同专利合作类型的数量

资料来源：中国国家知识产权局。

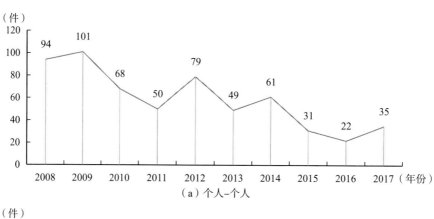

（a）个人-个人

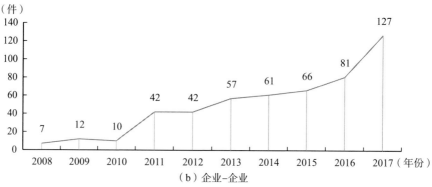

（b）企业-企业

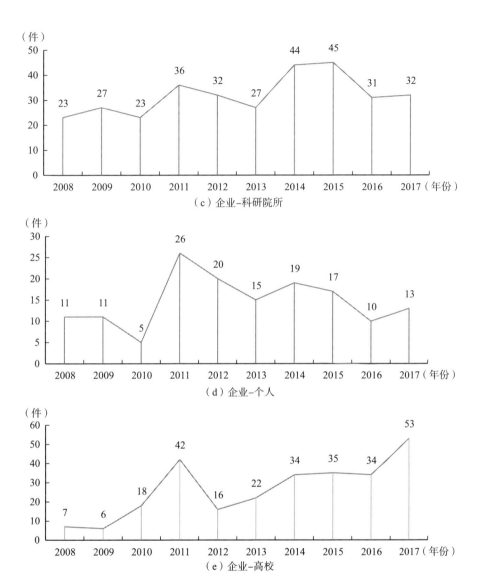

图 9.4 不同专利合作类型的数量

资料来源：中国国家知识产权局。

由图 9.3 可知，2008～2011 年，这 5 类专利合作类型数量都相对较少，其中个人 - 个人这种合作模式在所有模式中占据主导地位。相比之下，企业 - 企业的数量开始缓慢增长，而其他合作模式的数量都非常少。2012～2017

年，个人－个人的数量逐渐减少，企业－企业的申请专利数量迅速增长，这种合作模式成为生物质能产业专利合作的主流模式，其他合作模式的数量缓慢增长，但没有大幅度的变化。

9.1.2.3 合作主体竞争力分析

根据对获得的生物质能产业专利合作数据中各专利申请人申请的专利数量进行分析，可以发现不同主体在生物质能产业中的技术创新地位有所差异，同时也体现了各主体的专利保护意识也有所差异。表9.1反映了我国生物质能产业前10位合作专利申请人的专利申请情况。

表9.1 1990~2017年生物质能产业前10位合作专利申请人

序号	申请人	数量（件）	比例（%）
1	中国石油化工股份有限公司	165	9.89
2	中国石油化工股份有限公司石油化工科学研究院	94	5.63
3	河南省科学院能源研究所有限公司	51	3.06
4	中国石油化工股份有限公司抚顺石油化工研究院	43	2.58
5	河南省生物质能源重点实验室	40	2.40
6	国家电网有限公司	34	2.04
7	清华大学	28	1.68
8	广州迪森热能技术股份有限公司	28	1.68
9	苏州迪森生物能源有限公司	22	1.32
10	河北奥科新能源设备有限公司	21	1.26

资料来源：中国国家知识产权局。

在生物质能产业中，中国石油化工股份有限公司申请的合作专利数量最多，达到了165件，占所有合作专利总量的9.89%，这说明中国石油化工股份有限公司在生物质能产业协同创新能力较强，同时该企业的研发水平处于领先地位，并且该公司具有很强的专利保护意识；中国石油化工股份有限公司石油化工科学研究院以94件合作专利数量位列第二，占所有合作专利总量的5.63%；河南省科学院能源研究所有限公司以51件合作专利位列第三，占所有合作专利总量的3.06%；随后中国石油化工股份有限公司抚顺石油化工研究院和河南省生物质能源重点实验室分别以43件以及40件合作专利数量位列第四和第五。进入前 10 位的合作申请人还有国家电网有限公司、清华大学、广州迪森热能技术股份有限公司、苏州迪森生物能源有限公司和河北奥科新能源设备有限公司。

从表 9.1 我们可以看出,前 10 位生物质能产业合作专利申请人中,6 位申请人为企业,这说明在生物质能产业中,企业具有较强的专利保护以及知识产权保护意识。3 位申请人是科研院所,说明科研院所在生物质能产业的合作研发中也占据一定地位。1 位申请人是高校,即清华大学,占所有合作专利总量的 1.68%。相比之下,没有个人能够进入生物质能产业合作专利申请数量前 10 位合作申请人的行列当中,一方面,是因为相较于企业和科研院所,个人的知识产权意识较薄弱,另一方面,是因为个人拥有的研究资源远远少于其他主体,而生物质能产业的研究往往需要耗费较多的资源。总体来看,企业在生物质能产业的专利合作中拥有最强的竞争力,其次是科研院所,高校以及个人在生物质能产业专利合作中的优势不明显。未来企业将是生物质能产业发展的中坚力量。

9.1.2.4 合作关键技术领域分析

目前,各种热转化和生化技术可以将生物质转化为生物能。首先,热转化技术主要包括燃烧、气化、液化和热解。生物质在 800～1000 摄氏度的高温燃烧过程中将化学能转化为热能、机械能或电能。气化是指将生物质转化为可燃混合气体的过程。这些可燃气体主要为氢气、甲烷、二氧化碳、一氧化碳、氮气和一些水蒸气等。气化被认为是获得气体生物燃料最关键的技术。液化技术可以将生物质转化为生物油,进一步生成生物柴油和生物乙醇。热解是生物质转换为气体、液体和固体生物燃料的最有前景的技术之一。热解是指生物质原料在 500～800 摄氏度的高温、无空气或者氧气的条件下的热破坏的过程。热解时依据温度的差异得到不同的产品。低温产生固体、中等温度有利于产生液体、高温产生沼气。应用热解技术产生固体生物燃料(生物炭)已经有数千年的历史了。然而近几十年,利用热解技术生产液体生物燃料获得了工业生产的肯定。其次,生化技术主要包括厌氧消化、发酵和酯交换。生化技术主要是利用微生物分解生物质中的有机物质,以产生生物气。厌氧消化是一个复杂的过程,在无氧环境下微生物将有机碳转化为沼气。发酵是微生物尤其是细菌的活性将糖水解成乙醇的过程。发酵技术已经发展成为一项较成熟的技术，世界上各个国家都利用发酵生物质来生产生物乙醇。生物柴油是通过食用油和非食用油的酯交换技术得到的。生物柴油可以代替传统柴油或者与它混合使用。

本章从筛选得到的生物质能产业的专利合作数据中的 IPC 分类号着手，对其中发明所属的技术领域进行分析，筛选出其中排名前 10 位的 IPC 分类号。各 IPC 分类号所代表的含义如表 9.2 所示。10 个技术分别是 C10L、C12P、C12M、C10B、C10J、C10G、C02F、C11C、C12R 和 F24B。其中，C10 类占 4 项，包括 C10L、C10B、C10J 和 C10G。C10L 是生物质能合作研究的首选热点。C10 类是指石油、天然气或焦炭产业；含有一氧化碳的工业气体；燃料。这表明生物燃料尤其是生物油技术的创新得到了关注。C12P、C12M 和 C12R 属于 C12 类生物化学、酶学。这表明生物质能的快速发展引起了生物化学和酶学技术的快速发展。F24B 数量最少，这表明对生物质燃料相关基础设施的研究较少。

表9.2 　　　　　　　　　　**生物质能产业协同创新关键技术领域**

IPC 分类号	含义
C10L	不包含在其他类目中的燃料；天然气；不包含在 C10G 或 C10K 小类中的方法得到的合成天然气；液化石油气；在燃料或火中使用添加剂；引火物
C12P	发酵或使用酶的方法合成目标化合物或组合物或从外消旋混合物中分离旋光异构体
C12M	酶学或微生物学装置
C10B	含碳物料的干馏生产煤气、焦炭、焦油或类似物
C10J	由固态含碳物料通过包含氧气或蒸汽的部分氧化工艺生产含有一氧化碳和氢气的气体；空气或其他气体的增碳
C10G	烃油裂化；液态烃混合物的制备，例如用破坏性加氢反应、低聚反应、聚合反应；从油页岩、油矿或油气中回收烃油；含烃类为主的混合物的精制；石脑油的重整；地蜡
C02F	水、废水、污水或污泥的处理
C11C	焦油、焦油沥青、石油沥青、天然沥青的加工；焦木酸
C12R	与涉及微生物之 C12C 至 C12Q 小类相关的引得表
F24B	固体燃料的家用炉或灶；与炉或灶连带使用的工具

资料来源：中国国家知识产权局。

通过对各种类型合作主体涉猎的技术产业的分析，可以掌握各合作主体在生物质能产业的技术优势，预测未来该产业的研究热点，促进各个主体间的深入合作。因此，统计得到我国生物质能产业前 10 位合作专利申请人在前 10 项 IPC 分类号的数量分布，如表 9.3 所示。

表 9.3　　　　　　　　　关键专利申请人的技术领域分布　　　　　　　单位：件

专利申请人	IPC 分类号									
	C10L	C12P	C12M	C10B	C10J	C10G	C02F	C11C	C12R	F24B
中国石油化工股份有限公司	72	5	2	6	20	32	3	22	13	0
中国石油化工股份有限公司石油化工科学研究院	60	4	0	0	4	17	0	34	3	0
河南省科学院能源研究所有限公司	9	0	0	14	11	1	0	0	0	2
中国石油化工股份有限公司抚顺石油化工研究院	5	13	2	1	8	12	0	3	11	0
河南省生物质能源重点实验室	9	0	0	8	8	1	0	0	0	2
国家电网有限公司	0	11	3	3	2	0	0	0	8	0
清华大学	2	6	1	0	1	3	0	3	0	0
广州迪森热能技术股份有限公司	1	0	0	4	4	2	0	0	0	0
苏州迪森生物能源有限公司	0	0	0	4	2	2	0	0	0	0
河北奥科新能源设备有限公司	2	0	0	0	0	0	0	0	0	13

资料来源：中国国家知识产权局。

由表 9.3 可以看出，从单个的合作主体在各个技术产业合作申请的专利申请数量来看，中国石油化工股份有限公司共涉及 9 类 IPC 分类号，并且有 5 类 IPC 分类号在各个合作机构间处于首位，分别为 C10L、C10J、C10G、C02F 和 C12R。表明中国石油化工股份有限公司在生物质能产业的协同创新能力较强，研究的技术产业较广，尤其是在生物质燃料、废水处理和微生物等方面的相关研究均处于绝对领先地位。从各合作主体最擅长的技术领域来看，中国石油化工股份有限公司石油化工科学研究院在 C10L 和 C11C 的技术研发实力比较突出；河南省科学院能源研究所有限公司更倾向于 C10B 技术；中国石油化工股份有限公司抚顺石油化工研究院、国家电网有限公司和清华大学更集中于 C12P 技术；F24B 产业仅有 3 位申请人有涉及，其中河北奥科新能源设备有限公司在该产业具有较强的创新优势。总体来看，申请人在生物质能产业的合作申请专利活动中合作研发技术领域范围较广，不同申请人的研究重点相差较大。

9.1.3 生物质能产业专利合作存在的主要问题

9.1.3.1 不同合作主体的研发能力和研究产业差异较大

根据对生物质能产业排名前 10 位的合作主体类型进行分析，我们知道生物质能产业排名前 10 位的专利申请人由 6 家企业、3 所科研院所和 1 所高校组成。通过对合作专利申请人类型的占比分析可知，以个人名义申请的合作专利占专利总量的 56.93%，但由于个人的创新能力和获取资源的方式有限，因此，个人的持续创新能力不强，所以在排名前 10 位的专利申请人中没有个人。企业的研发能力相对较强，知识产权保护意识也较强。因此，随着生物质能产业的发展，企业变成了生物质能产业发展的中坚力量。此外，通过对生物质能产业的关键技术分析，我们发现不同主体研究的技术产业不同，主要发展方向也存在差异，企业在该产业的研究范围较广。

9.1.3.2 不同主体合作类型差异性较大

技术创新合作是加快产业发展的最佳途径，因此，合理配置不同主体合作类型创新资源，对于促进生物质能产业发展十分重要。通过对生物质能产业不同主体合作专利数量及增长趋势分析，我们发现个人 – 个人合作、企业 – 企业合作、企业 – 科研院所合作、企业 – 个人合作、企业 – 高校合作这 5 种合作类型是生物质能产业协同创新的重要组成部分，其中个人 – 个人合作的数量逐渐减少，企业 – 企业合作的比重逐渐增加。而其他合作类型的数量较少，这表明生物质能产业不同主体合作类型差异性较大。

9.2 生物质能产业协同创新网络结构

9.2.1 生物质能产业协同创新网络拓扑结构测度及网络模型构建

9.2.1.1 生物质能产业协同创新网络拓扑结构测度

生物质能产业协同创新网络由节点以及连边构成，用 $G = (V, E)$ 表示，其中 $V = \{v_1, v_2, \cdots, v_n\}$ 代表节点的集合，$E = \{w_1, w_2, \cdots, w_n\}$ 代表连边的集合，w_{ij} 代表节点 i 与节点 j 之间的连边权重。生物质能产业协同创新网络连边表示同一专利有多个申请人合作，权重 w 表示为专利申请的合作次数。生物质能产业协同创新网络是一个无向加权网络，既反映了专利申请人之间的合作情况，还包含了各个申请人之间的合作强度以及合作属性关系。结合复杂网络的相关理论以及社会网络分析的研究方法，选取以下指标对生物质能产业协同创新网络结构进行研究：

（1）网络密度 d。同公式（3−1）。

（2）平均聚集系数 C。同公式（3−2）、公式（3−3）。

（3）平均路径长度 L。同公式（3−4）。

（4）节点中心性。同第 3 章 3.2.1.1（4）。

（5）网络直径 a。同公式（3−5）。

（6）组件。同第 3 章 3.2.1.1（6）。

9.2.1.2 生物质能产业协同创新网络模型构建

协同创新网络是技术合作的重要载体。通过协同创新网络，可以看出该产业的总体发展状况。同时，通过协同创新网络也可以识别核心技术，从而促进该产业未来更好的发展。基于 1990～2017 年生物质能合作专利数据，利用复杂网络分析软件（Gephi）进行数据可视化处理，得到协同创新网络图，如图 9.5 所示。网络图 9.5 中，节点视为所得专利数据中各专利申请人；若同一专利中存在 2 个或 2 个以上的专利申请人，则认为具有合作关系，视为网络中对应节点间的网络连边；节点越大，表明申请人的专利数量越多，该申请人的地位也更重要。

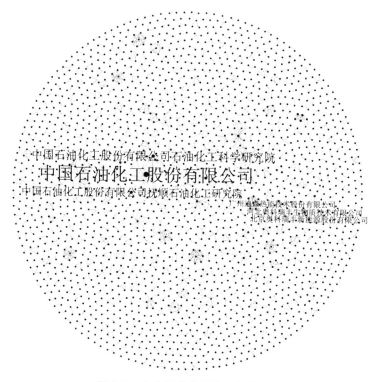

图9.5　生物质能产业协同创新网络

9.2.2　生物质能产业协同创新网络结构的实证分析

9.2.2.1　生物质能产业协同创新网络定性理论分析

（1）网络构成要素。

生物质能产业协同创新网络的创新主体是指在生物质能产业以联合申请专利的形式进行技术创新活动的企业、高校、科研院所以及个人。因此，基于专利合作的视角，生物质能产业协同创新网络的创新主体，是指具有合作技术研发，反映在专利方面具有实质性贡献的企业、高校、科研院所以及个人。网络中 2 个节点间的连边代表 2 个创新主体之间因为开展联合申请专利活动而发生的协同创新关系。

（2）网络形成动因。

生物质能在世界范围内受到越来越多的关注。鉴于这种趋势，与生物质能有关的专利已大大增加。专利被认为是保护能源产业创新的核心手段。合作专利数据是揭示技术合作趋势、衡量协同创新能力的重要指标。因此，对生物质能产业相关合作专利的研究是十分必要的。基于其未来发展潜力，越来越多技术合作在生物质能产业的创新主体间开展，以便整合生物质能产业的资源。

9.2.2.2 生物质能产业协同创新网络结构量化分析

（1）网络基本结构和网络内部结构分析。

生物质能产业协同创新网络的基本结构特征统计量如表 9.4 所示。该网络由 2083 个节点和 3070 条边构成。表示在 1990～2017 年，共有 2083 位申请人参与了生物质能合作专利的研发。并且这些发明人之间有 3070 个合作关系。该网络的网络密度为 0.001，网络呈现分散状态。说明该网络中节点间互动很低，知识在该网络中的传播速度特别低。节点的平均度为 2.948，平均路径长度为 2.152，网络直径为 8。平均路径长度和直径是知识在申请者之间的传递效率的指标，因此，具有较小的平均路径长度和直径意味着知识在该网络中更容易流通，平均路径长度为 2.152 意味着每个节点平均通过少于 3 步连接到其他节点。网络共有 741 个组件，即该网络中共有断开连接的子图 741 个，表明网络较分散，大部分节点都是两两连接，仅有少量子图呈网络状分布。

表 9.4　　生物质能产业协同创新网络的基本结构特征统计量

项目	节点数（个）	连边数（条）	网络密度	平均度	平均路径长度	网络直径	平均聚集系数	组件（个）
生物质能产业协同创新网络	2083	3070	0.001	2.948	2.152	8	0.84	741

资料来源：笔者整理。

　　将生物质能产业的合作专利数据按申请人的地理位置进行分类，图9.6
显示了合作专利的省域分布。1990～2017年，申请人分布于31个省份。其
中，北京、江苏、广东、辽宁、河南和山东这6个省份的合作专利申请数量
之和占合作专利总量的58.10%，是生物质能产业申请专利最活跃的省份。
尤其是北京对生物质能产业技术合作研发贡献力度最大，其合作专利申请比
例达到23.74%。总体看来，各个省份的技术合作创新研发水平相差较大。

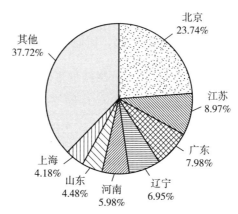

图9.6　生物质能产业协同创新网络的省域分布

资料来源：中国国家知识产权局。

　　（2）网络重要节点分析。

　　在对网络结构进行分析后，本章依据3个衡量中心性的指标对网络中单
个节点进行分析。根据度中心性、中介中心性和特征向量中心性这3个指标，
对生物质能产业协同创新网络中的节点进行排序，得出各个指标排名前10位
的重要节点，如表9.5所示。

表9.5　　生物质能产业协同创新网络中的重要节点中心性前10位排名

排名	中介中心性	度中心性	特征向量中心性
1	国家电网有限公司	中国石油化工股份有限公司	中国石油化工股份有限公司
2	华北电力大学	中国石油化工股份有限公司 石油化工科学研究院	中国石油化工股份有限公司 大连石油化工研究院

续表

排名	中介中心性	度中心性	特征向量中心性
3	江苏大学	中国石油化工股份有限公司抚顺石油化工研究院	中国石油化工股份有限公司抚顺石油化工研究院
4	南京工业大学	河南省科学院能源研究所有限公司	中国石油化工股份有限公司石油化工科学研究院
5	广东电网公司电力科学研究院	光大环保技术研究院（深圳）有限公司	河南省生物质能源重点实验室
6	清华大学	国家电网有限公司	中国石化催化剂有限公司
7	北京化工大学	河北奥科新能源设备有限公司	湖南师范大学
8	常州大学	光大环境科技（中国）有限公司	南化集团研究院
9	华南理工大学	光大环保技术装备（常州）有限公司	光大环境科技（中国）有限公司
10	中国石油化工股份有限公司	北京奥科瑞丰新能源股份有限公司生物质能研究院	光大环保技术研究院（深圳）有限公司

资料来源：笔者整理。

由表 9.5 可知，中介中心性排名前 10 位的申请人中有 2 家企业、1 所科研院所以及 7 所高校，这些主体占据着网络中知识交流和资源共享的关键路径，对资源具有较强的控制能力。国家电网有限公司、华北电力大学和江苏大学分布第 1、第 2、第 3 位。表明高校和企业在生物质能产业协同创新网络中的知识共享和技术共同研发方面发挥重要作用。

度中心性排名前 10 位的申请人中有 7 家企业和 3 所科研院所。其中排名第 1 位的是中国石油化工股份有限公司，这说明中国石油化工股份有限公司在网络中与其他节点建立了广泛的合作关系，在网络中占据着重要的地位。另外中国石油化工股份有限公司石油化工科学研究院、中国石油化工股份有限公司抚顺石油化工研究院的度中心性排名第 2 位、第 3 位。

特征向量中心性排名前 10 位的节点中有 4 家企业、5 所科研院所和 1 所高校。排名第 1 位的企业为中国石油化工股份有限公司，这说明中国石油化工股份有限公司在网络中与其邻居节点具有良好的合作关系，同时邻居节点在网络中也占据着重要的地位。其中 3 所科研院所均属于中国石油化工股份有限公司旗下的科研院所，这也说明中国石油化工股份有限公司在生物质能产业的技术合作研发中起主要带头作用，将会对我国生物质能产业相关的合作研发产生重要影响。特征向量中心性排名前 10 位中的高校为湖南师范大学，说明与湖南师范大学开展合作的主体在网络中也占据重要地位。

总体来看，生物质能产业专利合作有待进一步加强，虽然部分企业占据网络的核心位置，具有较强的影响力和控制力，但是影响有限。因此，提高节点间知识共享频率，缩短网络距离，才能进一步提高网络整体知识传递效率，促进生物质能产业快速发展。

9.3 生物质能产业协同创新网络演化

9.3.1 生物质能产业协同创新网络结构演化

表 9.6 显示了 1990 ~ 1999 年、2000 ~ 2008 年和 2009 ~ 2017 年协同创新网络的基本结构特征统计量。1990 ~ 2017 年，节点和边的数量逐渐增多，表明有更多的申请人加入生物质能产业协同创新网络中，是未来该产业持续发展的中坚力量。由表 9.6 可知，生物能源产业协同创新网络的规模已从第一时期的 39 个节点增加到第三时期的 1548 个节点。边的数量从 1990 ~ 1999 年的 41 条增加到 2009 ~ 2017 年的 2352 条，组件的数量也从 1990 ~ 1999 年的 14 个增加到 2009 ~ 2017 年的 553 个。网络规模不断扩大，不同实体之间的协作频率不断提高，一些节点与其他节点之间的专利合作关系也得到了加强。由于网络节点的增长速度快于边缘的增长速度，因此网络密度呈下降趋势。网络密度从 1990 ~ 1999 年的 0.055 下降到 2009 ~ 2017 年的 0.002，表明知识流动的效率降低了。平均路径长度和网络直径不断增加，1990 ~ 1999 年，平均路径长度为 1.093；2000 ~ 2008 年，平均路径长度为 1.143；2009 ~ 2017 年，平均路径长度为 2.19，平均路径长度维持

在 2 左右，表明网络中的申请人与其他申请人建立合作关系大约需要 2 步，网络的传输和操作的效率都很高。1990～1999 年，网络直径为 2；2000～2008 年，网络直径为 3；2009～2017 年，网络直径为 8。节点的平均度值缓慢增加。网络平均聚集系数大约稳定在 0.9，申请人之间的联系较紧密。"小世界"网络的特征为网络联系紧密且平均路径长度较小，因此，生物质能产业协同创新网络是一个小世界网络，网络中少数申请人与其他申请人有很多的合作，而大多数申请人间仅有很少的合作。

表 9.6　　生物质能产业三个时间段的协同创新网络基本结构特征统计量

项目	1990～1999 年	2000～2008 年	2009～2017 年
节点数（个）	39	576	1548
连边数（条）	41	681	2352
网络密度	0.055	0.004	0.002
平均度	2.103	2.365	3.039
平均路径长度	1.093	1.143	2.19
网络直径	2	3	8
平均聚集系数	0.971	0.939	0.812
组件	14	229	553

资料来源：笔者整理。

按照专利申请时间将生物质能产业协同创新网络划分为 1990～1999 年、2000～2008 年和 2009～2017 年这三个阶段。根据专利申请人中的合作关系，借助复杂网络分析软件（Gephi）绘制各阶段的合作网络图，如图 9.7 所示。每个节点代表一个合作专利申请人，每条连边代表连边双方具有合作关系。网络节点的大小与其度值大小成正比，网络节点越大说明其度值越大，合作广度越深。

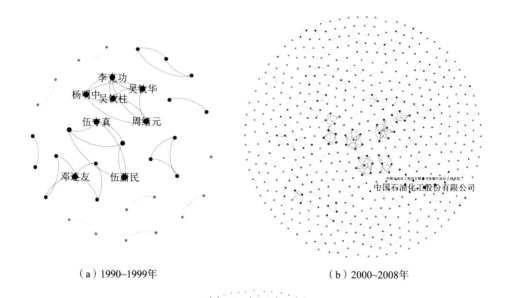

（a）1990~1999年　　　　　　　　　　（b）2000~2008年

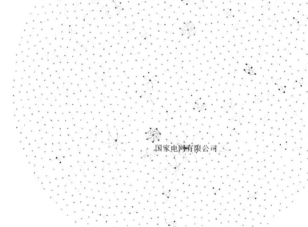

（c）2009~2017年

图9.7　生物质能产业协同创新网络的演化

由图 9.7 可以看出，1990～1999 年和 2000～2008 年，生物质能产业协同创新网络处于发展初期阶段，且专利申请人多以个人为主。2009～2017 年，生物质能产业协同创新网络规模有了较大幅度的增长，网络中核心节点数量不断增加，且以这些节点为核心表现出集聚效应，表现出层级网络的特征。以中国石油化工股份有限公司为首的企业是合作专利申请的重要组成。随着生物质能产业的发展，网络中申请人的类型由最初的个人占主导地位逐渐转向为企业处于主导地位，这是由于企业相较于个人具有持续创新能力，能够将技术创新等科技成果转化为专利，以增强企业的核心竞争力，这对未来生物质能产业的发展是非常有利的。

9.3.2 生物质能产业协同创新网络空间演化

9.3.2.1 生物质能产业省内合作演化

在深入研究生物质能产业协同创新网络演化过程之后，进一步从网络空间分布模式对网络进行分析，从而揭示空间因素对生物质能产业的协同创新活动过程中网络主体合作行为的影响。首先，按照申请人所在省份对专利进行分类。共包括 31 个省份，分别为北京、江苏、广东、辽宁、河南、山东、上海、浙江、湖南、河北、安徽、黑龙江、四川、广西、云南、湖北、福建、天津、吉林、山西、内蒙古、陕西、贵州、江西、重庆、新疆、甘肃、海南、宁夏、香港和青海。基于生物质能产业合作专利申请所属的 31 个省份，构建了省份协同创新网络。

通过对生物质能产业合作专利数据的分析，编制了生物质能产业合作专利所属省份内部合作申请专利及所占比例，如表 9.7 所示。1990～1999 年，生物质能产业合作专利数量较少，仅有部分省份的组织参与合作专利的申请。2000 年合作专利数量开始增长，因此本节将重点分析 2000～2008 年，2009～2017 年这两个阶段。从内部合作数量来看，北京、河南、广东、江苏和山东这 5 个省份分布占据前 5 位。北京内部合作次数达到 214 次，远高于第 2 位河南的 126 次内部合作。可见北京作为首都城市，其协同创新水平和知识产权保护意识较高。

表 9.7   生物质能产业专利省内合作申请专利数量及比例

区域	2000~2008 年			2009~2017 年		
	合作总数（件）	省内合作次数（次）	省内合作比例（%）	合作总数（件）	省内合作次数（次）	省内合作比例（%）
安徽	4	4	100	58	38	65.52
北京	79	45	56.96	437	169	38.67
重庆	2	2	100	15	15	100
福建	12	12	100	32	20	62.5
甘肃	1	1	100	13	6	46.15
广东	26	24	92.31	158	87	55.06
广西	22	22	100	37	26	70.27
贵州	7	7	100	12	11	91.67
海南	1	1	100	7	2	28.57
河北	3	3	100	67	30	44.78
河南	24	22	91.67	115	104	90.43
黑龙江	21	21	100	41	24	58.54
湖北	6	6	100	41	24	58.54
湖南	23	17	73.91	49	44	89.79
江苏	28	24	85.71	182	81	44.51
江西	2	2	100	14	10	71.43
吉林	9	6	66.67	26	16	61.54
辽宁	32	16	50	124	18	14.52
内蒙古	10	10	100	20	20	100
宁夏	1	1	100	6	3	50
山东	20	16	80	88	52	50.09
山西	7	7	100	23	18	78.26
陕西	2	2	100	23	12	52.17
上海	13	12	92.31	81	51	62.92
四川	14	11	78.57	50	35	70
天津	8	8	100	34	19	55.88

区域	2000～2008 年			2009～2017 年		
	合作总数（件）	省内合作次数（次）	省内合作比例（％）	合作总数（件）	省内合作次数（次）	省内合作比例（％）
香港	2	0	0	0	0	0
新疆	5	5	100	13	5	38.46
云南	14	12	85.71	38	32	84.21
浙江	8	7	87.5	66	52	87.79
青海	0	0	0	1	1	100

资料来源：中国国家知识产权局。

通过对 2000～2008 年与 2009～2017 年这两个阶段中生物质能产业合作专利所属省份内部合作比例的分析，将生物质能产业合作专利申请所属省份划分为三大类。第一类是省份内部合作比例始终高于 60％，该类合作通常是以省份内部知识流动的方式进行，说明省域边界对这类合作行为具有较大影响。其中，安徽、重庆、福建、广西、贵州、河南、湖南、江西、吉林、内蒙古、山西、上海、四川、云南和浙江共 15 个省份的内部合作比例均高于60％。其中安徽、福建、广西、贵州、河南、江西、吉林、山西、上海、四川和云南这 11 个省份的内部合作比例在不断减少，这表明省域边界对这 11 个省份的合作行为的影响程度逐渐减小。仅湖南和浙江 2 个省份的内部合作比例在增加，重庆和内蒙古的内部合作比例一直是 100％，没有改变。表明这 4 个省份更依赖于内部协同创新，跨省份合作变得越来越少。第二类是省份的内部合作比例始终低于 60％，他们倾向于跨省域合作。其中，北京、辽宁和香港这 3 个省份的内部合作比例始终低于 60％，香港的内部合作比例始终为 0，说明他们更依赖于跨省份的知识合作与创新。第三类是内部合作的比例在这两个阶段发生明显转变的省份。其中，广东、海南、河北、黑龙江、湖北、江苏、辽宁、宁夏、山东、陕西、天津和新疆这 12 个省份的内部合作比例从高于 60％ 下降到 60％ 以下，慢慢从内部合作变成外部合作；而青海的内部合作比例从小于 60％ 变为 60％ 以上，这表明青海的内部合作正在逐步加强。

9.3.2.2 生物质能产业跨省合作演化

根据生物质能产业合作专利数据，绘制了跨省协同创新网络图，如图9.8所示。该网络图是无向加权图。省份是网络的节点，连边是各省之间的合作联系，其粗细程度代表省域间合作数量的多少。由于1990～1999年间仅有少量的合作专利且大多数为内部合作，因此，本节主要研究2000～2008年和2009～2017年这两阶段的省域网络图，如图9.8所示。为反映整个网络的结构特征，我们利用复杂网络分析软件（Gephi）得到了这两个时期的网络指标，如表9.8所示。

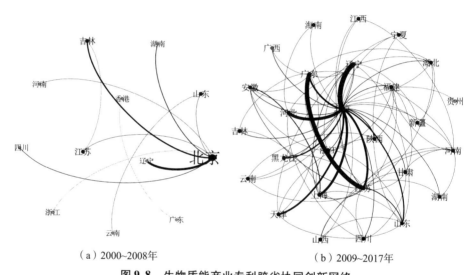

（a）2000~2008年　　　　　　（b）2009~2017年

图9.8　生物质能产业专利跨省协同创新网络

表9.8　　生物质能产业专利跨省协同创新网络的结构特征统计量

项目	2000～2008 年	2009～2017 年
节点数（个）	12	27
连边数（条）	52	552
网络密度	0.667	1.46
平均度	8	39.429
平均路径长度	1.929	1.77
网络直径	3	2

续表

项目	2000 ~ 2008 年	2009 ~ 2017 年
平均聚集系数	0.507	0.640
组件（个）	2	1

资料来源：笔者整理。

2000 ~ 2008 年，协同创新网络相对较稀疏，包含北京、湖南、辽宁、山东、江苏、河南、四川、吉林、香港、广东、云南和浙江等在内的 12 个省份。从图 9.8 中可以看出，北京与 8 个省份具有直接合作关系，表明我国生物质能产业协同创新网络形成了以北京为核心的"单核结构"，凭借雄厚的经济基础以及教育资源的集聚，北京成为引领我国专利合作发展的排头兵，其作为知识生产及扩散的基地，带动环北京经济圈工作的发展。从图 9.8 中还能看出，广东和香港存在密切的合作。网络的平均路径长度是 1.929，表明网络中 1 个省份与其他省份通过 2 步就可以建立合作关系，网络的传输效率较高。网络直径为 3，距离最远的两个省份相距 3。网络密度为 0.667，表明网络中各个节点间的合作较频繁。平均聚集系数为 0.507，省份较紧密地连接在一起。

2009 ~ 2017 年这一阶段网络变得更密集，网络密度为 1.46。本阶段参与跨省份合作的省份增加到 27 个，香港退出了跨省份合作网络，福建、上海、陕西、广西、甘肃、宁夏、黑龙江、新疆、海南、天津、江西、山西、贵州、安徽、湖北和河北等 16 个省份加入跨省份合作网络。北京仍然是最主要的交流中心，与其余 26 个省份有直接的合作关系。其次是上海、江苏、广东等省份。这一阶段各省份之间联系更为密切，这极大地促进了生物质能产业的发展。其中，北京 - 辽宁、北京 - 河北、北京 - 江苏、广东 - 江苏这些省份间的合作次数较多。平均路径长度减少为 1.77，这表明省份之间的网络距离减少，并且跨省的知识交换效率增加。网络直径减少为 2，省份间的最远距离在减少。平均聚集系数增加，省份间的交流和联系变得更加紧密了。节点的平均度由 8 增加到 39.429，表明省份间合作范围扩大了，与更多的省份建立了合作关系。该阶段网络的组件数为 1 个，表明网络中省份间相互影响着，存在着间接合作关系。总体来说，2009 ~ 2017 年，该网络从空间角度有了明显的发展，基本形成了以北京为核心的合作网络，而我国的西南地区的省份内部合作与跨省合作均需要进一步加强，对于新疆、西藏、内蒙古等省份合作仍处于萌芽阶段，需要相关政策的大力扶持。

用节点的度表示专利合作的广度，用合作强度表示专利合作的深度。合作强度被定义："合作强度＝连接次数/度值"，其中连接次数是指协同创新网络中某个节点与其他节点间合作的频数。频数越高说明该节点在网络中与其他节点知识交互越频繁，与网络中其他节点的合作关系越持久。为了反映生物质能产业省份协同创新网络中节点类型的演变，我们构建了"深度－广度"二维矩阵。[①] 由于 1990～1999 年，合作专利数量较少，参与的省份也较少。因此仅绘制 2000～2008 年、2009～2017 年这两段时期的"深度－广度"二维矩阵。

2000～2008 年，北京拥有最大的合作广度、辽宁拥有最大的合作深度、吉林和湖南在协同创新网络中具有较高的合作广度与深度，说明这部分省份的跨省专利合作范围比较广，合作关系比较紧密。其他节点在跨省专利合作的广度与深度方面表现不佳，大部分省份如河南、广东、香港、云南、浙江等均处于广度［1，1.5］和深度［1，4］中，属于低广度－低深度的类型。这些省份被认为是网络中的边缘节点。总体来看，这一阶段省份间的整体合作强度不大。2009～2017 年，生物质能产业跨省专利合作存在很大差异。北京、辽宁、广东、江苏、上海和山东等 6 个省份的广度和深度均大于平均值，他们位于网络的核心位置。特别地，北京拥有最大合作广度（26）和合作深度（12.9），是网络中最重要的节点。河北、黑龙江、广西等省份具有较高的合作深度，较低的合作广度；浙江和河南具有较高的合作广度、较低的合作深度。网络中涌现出的新的节点聚集在跨省协同创新网络中低广度－低深度的位置，处于网络中的边缘位置。

1990～1999 年，生物质能产业合作专利申请数量较少。自 2000 年起，生物质能产业合作申请专利的数量逐年增长，但跨省份的专利合作数量依然较少，主要体现为个人和个人间的合作，说明在这一阶段，省域边界与省域差距对跨省份合作具有较大影响。2009～2017 年，生物质能产业合作申请专利数呈现稳步增长，跨省份合作现象越发明显，且跨省份合作广度和深度不断增强，省域边界与省域差距对跨省合作的影响逐步削弱，在这一阶段中，

---

① 因篇幅限制，读者若想获取原始图片，请联系作者，邮箱：heulww@163.com。

企业–企业的合作模式加快了省域间的知识交流。

9.4 生物质能产业协同创新网络优化对策建议

9.4.1 优化协同创新网络结构

优化协同创新网络，是提高合作绩效的重要环节。通过对生物质能产业协同创新网络的剖析，我们发现专利申请人在网络中的地位不同，且申请人具有选择偏好，即更愿意与创新能力较强的申请人合作。这就导致了部分申请人在网络中的度值越来越大，与其他申请人间的直接关系更加密切，且对信息、知识和技术等资源的控制能力更强。因此，优化网络节点的度值和网络密度是十分重要的。

度数中心性越大，表明该申请人与更多申请人建立了合作关系，越接近网络的核心位置，拥有的权力和影响力越大。中国石油股份有限公司是网络的核心节点，对网络的整体创新绩效提升起着关键作用。因此，要最大化地提升关键申请人的中心性值，充分发挥核心机构在协同创新网络中的优势，调动专利申请人间的资源共享和技术创新的积极性，推动网络的可持续发展。其他申请人可以与网络中的核心申请人建立多重且持续的合作关系，在获得生物质能产业的核心知识的同时又提高了自身创新能力，进一步促进网络的发展。

网络密度用于衡量网络中关系的数量和复杂程度，反映了申请人间合作的总体水平，决定着知识传播的速度和范围。通过对生物质能产业协同创新网络的分析发现，我国生物质能产业协同创新网络发展较快，申请人数量逐渐增多，合作频率也逐渐增强，但是网络整体的紧密度欠缺。网络密度较小，表明网络中申请人间的合作关系并不紧密，网络对于节点的影响力较弱。这将阻碍知识的交流和共享，导致网络创新效率降低。因此，当专利申请人想要加入合作网络中时，可尽量主动寻求并加入合作关系较为密切的组织或个人中，并建立长期的合作关系。政府或企业也可以设立创新激励政策，鼓励网络成员通过增加与网络外部申请人的联系，建立新的合作关系。其次，各专利申请人要积极维护现有的合作关系，增强合作信任感，从而降低交易成本并提高协同创新绩效。

9.4.2　完善人才建设机制

协同创新的实质是由从事生物质能产业技术研发的创新人员所直接产生的。21 世纪最宝贵的资源就是人力资源，一个优秀的创新人才对一个企业甚至一个产业的作用是无法想象的。因此，大力引进和培养生物质能产业的创新人才，能够有效地加快协同创新的成果产出速度，促进协同创新网络中的知识流动，并发挥创新人才的支撑作用。政府和企业要高度重视人才，为优秀人才提供良好的技术创新环境和发展平台。完善人才建设机制、健全创新人才政策体系以及增强对创新人才和团队建设的扶持力度。同时鼓励华侨和海外留学人员等创新人才以及吸引国外优秀的科研团队参与到生物质能产业的合作研发活动中，积极开展国际间的创新人才交流活动。

9.4.3　建立创新中心

不同省份在生物质能产业的发展上存在着技术潜力差异。因此，可以建立由中央政府协调和领导的创新中心，为各个省份的知识交流和技术合作提供良好的平台。巩固北京、广东、上海、辽宁、浙江等省份的创新能力，提高其他省份的技术创新能力。建立"一对一"制度，促进创新能力强省与创新能力弱省之间的科技合作。利用每个省的技术优势，产生"1 + 1 > 2"的协同效应。最终，各省之间的技术鸿沟将缩小，将我国 34 个省份打造成一个具有竞争力和创造力的有机整体。

9.4.4　加强政府支持

中国是农业大国，生物质资源丰富。中国目前处于生物质能发展的早期阶段，生物质能产业是分散的，具有小规模、多点分布的特点，极大地限制了生物质能的可持续发展和规模发展。中国的大型生物质能企业很少，主要是由于早期的补贴政策有限以及缺乏资金支持。许多生物质能企业的债务比率很高，这限制了他们的发展。要实现生物质能产业的良性发展，必须有许多生物质能龙头企业。因此，政府可以考虑将一些生物质能企业纳入中央企业的重组，并给予特殊政策支持。生物质能技术尚不成熟，市场体系有待进一步完善。政府应建立健全准确的专利许可激励政策和扶持政策，以鼓励更多的企业、科研院所、高校和个人参与生物质能产业协同创新网络，积极参与技术创新。政府的扶持政策应着眼于提高公司的盈利能力、竞争力和可持续发展能力，以使生物质能产业体系健全。中国的天然气和核能产业已经相继出台了一套完整的政策体系。但是，目前生物质能的开发利用政策仍然比较分散，不利于生物质能的发展。

参考文献

［1］刘思峰，等．战略性新兴产业生长机理研究［M］．北京：科学出版社，2014．

［2］Low M B，Abrahamson E. Movements，bandwagons，and clones：industry evolution and the entrepreneurial process［J］. Journal of Business Venturing，1997，12（6）：435－457．

［3］迈克尔·波特．竞争战略［M］．陈小悦，译．北京：华夏出版社，2005．

［4］万钢．发展有中国特色风险投资加快培育战略性新兴产业［N］．科技日报，2010－07－23．

［5］张和平．对于大力发展战略性新兴产业的思考和建议［J］．经济界，2010（3）：55－60．

［6］李晓华，吕铁．战略性新兴产业的特征与政策导向研究［J］．宏观经济研究，2010（9）：20－26．

［7］刘宏昌．中国战略性新兴产业的选择原则及培育政策取向研究［J］．科学学与科学技术管理，2011，32（3）：87－92．

［8］汪秀婷．战略性新兴产业协同创新网络模型及能力动态演化研究［J］．中国科技论文，2012（11）：51－57．

［9］林学军．战略性新兴产业的发展与形成模式研究［J］．中国软科学，2012（2）：26－34．

［10］Ansoff H. Corporate Strategy［M］. Revised ed. New York：McGraw-Hill Book Company，1987：35－83．

［11］Haken H. 协同学［M］. 徐锡申，陈式刚，等译. 北京：原子能出版社，1984.

［12］Tidd J，Bessant J，Pavitt K. Managing Innovation：Integrating Technological，Market and Organizational Change［M］. 3rd ed. Wiley，2005.

［13］Porter M. The competitive advantage of nations［J］. Competitive Intelligence Review，1990，312（1）：108 –111.

［14］解学梅，曾赛星. 创新集群跨区域协同创新网络研究述评［J］. 研究与发展管理，2009，21（1）：9 –17.

［15］孙天阳，成丽红. 中国协同创新网络的结构特征及格局演化研究［J］. 科学学研究，2019，37（8）：1498 –1505.

［16］李健. 产学研协同创新是产学研合作的新发展［J］. 中国科技产业，2014（1）：42 –44.

［17］刘丹，闫长乐. 协同创新网络结构与机理研究［J］. 管理世界，2013（12）：1 –4.

［18］黄海霞，陈劲. 创新生态系统的协同创新网络模式［J］. 技术经济，2016，35（8）：31 –37.

［19］黄鹤，李潇，马香媛. 协同创新网络研究述评［J］. 生产力研究，2017（8）：156 –160.

［20］范群林，邵云飞，尹守军. 企业内外部协同创新网络形成机制：基于中国东方汽轮机有限公司的案例研究［J］. 科学学研究，2014，32（10）：1569 –1579.

［21］陈劲，梁靓，吴航. 开放式创新背景下产业集聚与创新绩效关系研究：以中国高技术产业为例［J］. 科学学研究，2013，31（4）：577，623 –629.

［22］焦媛媛，沈志锋，胡琴. 不同主导权下战略性新兴产业协同创新网络合作关系研究：以我国物联网产业为例［J］. 研究与发展管理，2015（4）：60 –74.

［23］Wright P K，Bourne D A. Manufacturing Intelligence［M］. Addison-Wesley，1988.

［24］黄顺魁. 制造业转型升级：德国"工业4.0"的启示［J］. 学习与实践，2015（1）：44 –51.

［25］ 赵升吨，贾先. 智能制造及其核心信息设备的研究进展及趋势［J］. 机械科学与技术，2017，36（1）：1-16.

［26］ 傅建中. 智能制造装备的发展现状与趋势［J］. 机电工程，2014，31（8）：959-962.

［27］ 杨帅. 工业4.0与工业互联网：比较、启示与应对策略［J］. 当代财经，2015（8）：99-107.

［28］ 张慧明，蔡银寅. 中国制造业如何走出"低端锁定"：基于面板数据的实证研究［J］. 国际经贸探索，2015，31（1）：52-65.

［29］ 孙柏林. 未来智能装备制造业发展趋势述评［J］. 自动化仪表，2013，34（1）：1-5.

［30］ 左世全. 我国智能制造发展战略与对策研究［J］. 世界制造技术与装备市场，2014（3）：36-41.

［31］ 李廉水，石喜爱，刘军. 中国制造业40年：智能化进程与展望［J］. 中国软科学，2019（1）：1-9，30.

［32］ Cheng Z H, Li W W. Independent R and D, technology introduction, and green growth in China's manufacturing ［J］. Sustainability, 2018, 10 (2): 311.

［33］ 周济. 智能制造："中国制造2025"的主攻方向［J］. 中国机械工程，2015，26（17）：2273-2284.

［34］ 智能制造发展规划（2016—2020年）［J］. 中国仪器仪表，2017（1）：32-38.

［35］ 黄健，万勇，王天然. 绿色智能制造技术将引发产业全面变革［J］. 中国科学院院刊，2013（5）：576-577.

［36］ Lee J, Bagheri B, Kao H A. A Cyber-Physical Systems architecture for Industry 4.0-based manufacturing systems ［J］. Manufacturing Letters, 2015, 3: 18-23.

［37］ Gorecky D, Schmitt M, Loskyll M, et al. Human-machine-interaction in the Industry 4.0 era ［J］. Management Science, 2014, 23 (6): 595-605.

［38］ Zhou L, Liu Y J, Yu L, et al. Research on the spatial-system-based rail transit systems of the world cities ［J］. Procedia Engineering, 2016, 137: 699-708.

［39］ Sun C，Zhang W，Luo Y，et al. The improvement and substitution effect of transportation infrastructure on air quality：an empirical evidence from China's rail transit construction ［J］. Energy Policy，2019，129：949 - 957.

［40］ Diao M. Does growth follow the rail？The potential impact of high-speed rail on the economic geography of China ［J］. Transportation Research，2018，113：279 - 290.

［41］ 李传伟，李璐. 项目管理在轨道交通装备制造行业的应用研究 ［J］. 技术与市场，2014，21（1）：114，117.

［42］ 王刚，刘凯，尹晓琴. 我国轨道交通装备制造企业的国际化经营 ［J］. 综合运输，2008（7）：66 - 69.

［43］ 张敏. 如何实现轨道交通装备制造业财务向"管理未来"转变 ［D］. 成都：西南交通大学，2012.

［44］ 林莉，杜潇，朱明灿. 基于职业生涯规划的轨道交通装备制造企业人才培养体系构建 ［J］. 城市轨道交通研究，2012，15（11）：32 - 36.

［45］ 南选义. 轨道交通装备低端产品制造企业人才管理及对策研究 ［D］. 成都：西南交通大学，2011.

［46］ 孙永才，王秀伦，马自勤. 轨道交通装备制造现代工艺管理水平评价研究 ［J］. 铁道机车车辆，2011，31（4）：56 - 60，94.

［47］ 郑刚，何郁冰，陈劲，等. "中国制造"如何通过开放式自主创新提升国际竞争力：中集集团自主创新模式的案例研究 ［J］. 科研管理，2008（4）：95 - 102.

［48］ 王耀伟. 基于信息化的先进轨道交通装备制造企业发展路径与政策建议 ［D］. 大连：大连交通大学，2010.

［49］ 王俊彪. 轨道交通装备制造业发展趋势分析 ［J］. 中国铁道科学，2011，32（3）：131 - 135.

［50］ 林莉，李博达. 全球制造网络下中国先进轨道交通装备制造业发展战略 ［J］. 工业技术经济，2012，31（11）：62 - 66.

［51］ 梁涛. 我国轨道交通装备制造业正值黄金时代 ［J］. 金属加工（冷加工），2015（13）：6 - 7.

［52］ 施锦芳，郑晨. 中国轨道交通装备制造业贸易结构与出口潜力的实证

研究 [J]. 宏观经济研究，2017（3）：101 – 117.

[53] 余吉安，余潇，赵蕊. 创新模式的比较与整合及中国轨道交通装备制造业的创新启示 [J]. 科技管理研究，2018，38（1）：1 – 10.

[54] 邱开忠，肖蔄. 专利视角下我国轨道交通装备制造业 pest 分析 [J]. 科技和产业，2020，20（5）：89 – 94.

[55] 刘峰. 世界海洋工程装备产业发展动态 [J]. 竞争情报，2010（3）：34 – 45.

[56] Kaluza P，Kölzsch A，Gastner M T，et al. The complex network of global cargo ship movements [J]. Journal of the Royal Society Interface，2010，7（48）：1093 – 1103.

[57] Cui D. The complex properties of Chinese ship-transport networks [J]. Applied Mechanics and Materials，2014：556 – 562.

[58] 孟庆武，郝艳萍. 山东海洋装备业发展对策研究 [J]. 海洋开发与管理，2012，29（11）：100 – 104.

[59] Shields M A，Woolf D K，Grist E P M，et al. Marine renewable energy：the ecological implications of altering the hydrodynamics of the marine environment [J]. Ocean & Coastal Management，2011，54（1）：2 – 9.

[60] Kerr S，Watts L，Colton J，et al. Establishing an agenda for social studies research in marine renewable energy [J]. Energy Policy，2014，67（4）：694 – 702.

[61] Su M，Yang Y. Evolution of district marine policies in China：the case of Shandong Province [J]. Marine Policy，2018，89：124 – 131.

[62] 杜利楠. 我国海洋工程装备制造业的发展潜力研究 [D]. 大连：大连海事大学，2012.

[63] 张偲，权锡鉴. 我国海洋工程装备制造业发展的瓶颈与升级路径 [J]. 经济纵横，2016（8）：95 – 100.

[64] 郭静. 我国海洋工程装备制造业产业发展和布局研究 [D]. 大连：辽宁师范大学，2011.

[65] 刘全，黄炳星，王红湘. 海洋工程装备产业现状发展分析 [J]. 中国水运，2011（3）：37 – 39.

[66] 陶永宏，陈勇. 基于 SWOT 分析的我国海洋工程装备业发展战略思考

[J]. 江苏科技大学学报, 2010 (3): 32 – 35.

[67] 杜利楠, 栾维新, 片峰. 沿海省区发展海工装备制造业的潜力评价研究 [J]. 科技管理研究, 2015, 35 (9): 66 – 70.

[68] 于会娟, 李大海, 刘堃. 我国海洋战略性新兴产业布局优化研究 [J]. 经济纵横, 2014 (6): 79 – 82.

[69] 刘堃. 中国海洋战略性新兴产业培育机制研究 [D]. 青岛: 中国海洋大学, 2013.

[70] 邹长城. 中国核电产业自主化发展研究 [D]. 长沙: 中南大学, 2011.

[71] Vo D H, Vo A T, Ho C M, et al. The role of renewable energy, alternative and nuclear energy in mitigating carbon emissions in the CPTPP countries [J]. Renewable Energy, 2020, 161.

[72] "十三五" 发展规划之核电产业 [J]. 中国核电, 2017, 10 (2): 158 – 159.

[73] 白云生. 核电 "十四五" 及中长期发展建议 [J]. 电力设备管理, 2020 (2): 31 – 32.

[74] 李小萍. 我国核电产业发展政策分析 [J]. 企业经济, 2012, 31 (5): 164 – 167.

[75] 张生玲, 李强. 低碳约束下中国核电发展及其规模分析 [J]. 中国人口·资源与环境, 2015, 25 (6): 47 – 52.

[76] 杨海林. 浅析世界核电技术发展趋势及第三代核电技术的定位 [J]. 科技创新导报, 2019, 16 (12): 30 – 31.

[77] 杨阿卓, 杨志平. 从第一座生产堆到第一座核电站: 中国科学院院士欧阳予访谈录 [J]. 中国核工业, 2005 (1): 30 – 31.

[78] 刘巍. 完善和实现我国核电中长期规划 [J]. 中国核工业, 2015 (3): 18.

[79] Yu S, Yarlagadda B N, Siegel J E, Zhou S, Kim S H. The role of nuclear in China's energy future: insights from integrated assessment [J]. Energy Policy, 2020, 139: 111 – 344.

[80] 杨已颖, 刘建全, 徐佩佩, 等. 中国核电产业国产化发展分析 [J]. 科技和产业, 2020, 20 (5): 113 – 118.

[81] 李玉琼, 阎媛, 赵贝贝, 等. 产业链视角下我国核电产业发展现状与

对策研究 [J]. 价值工程, 2018, 37 (8): 131 – 132.

[82] 王占永, 刘敏. 中国核电产业研究综述及建议 [J]. 中国矿业, 2020, 29 (S1): 5 – 11.

[83] Colak I, Sagiroglu S, Fulli G, et al. A survey on the critical issues in smart grid technologies [J]. Renewable and Sustainable Energy Reviews, 2016, 54: 396 – 405.

[84] Bayindir R, Colak I, Fulli G, et al. Smart grid technologies and applications [J]. Renewable and Sustainable Energy Reviews, 2016, 66: 499 – 516.

[85] Markovic D S, Zivkovic D, Branovic I, et al. Smart power grid and cloud computing [J]. Renewable and Sustainable Energy Reviews, 2013, 24 (1): 566 – 577.

[86] 张文亮, 刘壮志, 王明俊, 等. 智能电网的研究进展及发展趋势 [J]. 电网技术, 2009, 33 (13): 1 – 11.

[87] 张东霞, 苗新, 刘丽平, 等. 智能电网大数据技术发展研究 [J]. 中国电机工程学报, 2015, 35 (1): 2 – 12.

[88] Dai Y, Gao Y, Gao H, et al. Real-time pricing scheme based on Stackelberg game in smart grid with multiple power retailers [J]. Neurocomputing, 2017, 260 (18): 149 – 156.

[89] 彭小圣, 邓迪元, 程时杰, 等. 面向智能电网应用的电力大数据关键技术 [J]. 中国电机工程学报, 2015, 35 (3): 503 – 511.

[90] 余贻鑫, 刘艳丽. 智能电网的挑战性问题 [J]. 电力系统自动化, 2015, 39 (2): 1 – 5.

[91] 吴建辉, 刘伟, 杨素梅, 等. 基于大数据的智能电网状态远程监测方法 [J]. 自动化与仪器仪表, 2020 (3): 209 – 211.

[92] Ma K, Yao T, Yang J, et al. Residential power scheduling for demand response in smart grid [J]. International Journal of Electrical Power & Energy Systems, 2016, 78: 320 – 325.

[93] 张延宇, 曾鹏, 臧传治. 智能电网环境下家庭能源管理系统优化调度算法 [J]. 电力系统保护与控制, 2016, 44 (2): 18 – 26.

[94] Raza M Q, Nadarajah M, Hung D Q, et al. An intelligent hybrid short-term

load forecasting model for smart power grids [J]. Sustainable Cities & Society, 2017, 31: 264 – 275.

[95] 刘明. 中国新能源产业出口竞争力研究: 智能电网产业 [J]. 中国发展, 2013, 13 (4): 29 – 36.

[96] Liu H, Li Y, Duan Z, et al. A review on multi-objective optimization framework in wind energy forecasting techniques and applications [J]. Energy Conversion and Management, 2020, 224: 113324.

[97] Chinchilla M, Arnaltes S, Burgos J C. Control of permanent-magnet generators applied to variable-speed wind-energy systems connected to the grid [J]. IEEE Transactions on Energy Conversion, 2006, 21 (1): 130 – 135.

[98] 周飞航. 永磁同步风能转换系统振动抑制及鲁棒控制研究 [D]. 西安: 西安理工大学, 2020.

[99] 邱欢. 关于新能源发电风力发电技术的探讨 [J]. 科技风, 2020 (25): 135 – 136.

[100] 刘文杰, 张万强. 风电发展与并网技术探究 [J]. 电子测试, 2020 (18): 104 – 105.

[101] 国家能源局印发《风电发展"十三五"规划》[J]. 上海大中型电机, 2017 (1): 31.

[102] 中国可再生能源学会风能专业委员会, 中国农业机械工业协会风力机械分会, 国家可再生能源中心. 2018 年中国风电吊装容量统计简报 [J]. 风能, 2019, 110 (4): 56 – 67.

[103] 徐涛. "十三五"风能技术发展展望 [C]//中国农机工业协会风能设备分会《风能产业》编辑部. 风能产业 (2016 年第 10 期总第 87 期). 中国农业机械工业协会风力机械分会, 2016: 2.

[104] 曲绍源. 关于风力发电技术关键问题的研究 [J]. 中国设备工程, 2019 (8): 196 – 197.

[105] Hu R, Skea J, Hannon M J. Measuring the energy innovation process: an indicator framework and a case study of wind energy in China [J]. Technological Forecasting & Social Change, 2018, 127: 227 – 244.

[106] Dai J, Yang X, Wen L. Development of wind power industry in China: a comprehensive assessment [J]. Renewable and Sustainable Energy Re-

views, 2018, 97 (dec.)：156 – 164.

[107] Searchinger T, Beringer B, Strong, A. Does the world have low-carbon bioenergy potential from the dedicated use of land？[J]. Energy Policy, 2017 (110)：434 – 446.

[108] Bhattacharya S C, Salam P A, Pham H L, et al. Sustainable biomass production for energy in selected Asian countries [J]. Biomass and Bioenergy, 2003, 25 (5)：471 – 482.

[109] Srirangan K, Akawi L, Moo-Young M, et al. Towards sustainable production of clean energy carriers from biomass resources [J]. Applied Energy, 2012 (100)：172 – 186.

[110] Hagos D A, Gebremedhin A, Bolkesjo T F. The prospects of bioenergy in the future energy system of Inland Norway [J]. Energy, 2017, 121：78 – 91.

[111] Malla S, Timilsina G R. Household cooking fuel choice and adoption of improved cookstoves in developing countries：a review [R]. Policy Research Working Paper, 2014.

[112] 马隆龙, 唐志华, 汪丛伟, 等. 生物质能研究现状及未来发展策略 [J]. 中国科学院院刊, 2019, 34 (4)：434 – 442.

[113] 朱开伟, 刘贞, 吕指臣, 等. 中国主要农作物生物质能生态潜力及时空分析 [J]. 中国农业科学, 2015, 48 (21)：4285 – 4301.

[114] 仲声. 甘肃省农村生物质能时空发展评价及案例项目有效推广研究 [D]. 兰州：兰州大学, 2019.

[115] 国家能源局印发《生物质能发展"十三五"规划》[J]. 电力与能源, 2016 (6)：761.

[116] 雪晶, 侯丹, 王旻烜, 等. 世界生物质能产业与技术发展现状及趋势研究 [J]. 石油科技论坛, 2020, 39 (3)：25 – 35.

[117] 刘登, 刘均洪. 基于微流体技术的生物燃料开发与应用 [J]. 可再生能源, 2020, 38 (6)：732 – 737.

[118] 童家麟, 孙洁, 韩平. 美国和中国典型生物质能利用现状 [J]. 精细与专用化学品, 2020, 28 (5)：1 – 5.

[119] 童家麟, 吕洪坤, 齐晓娟, 等. 国内生物质发电现状及应用前景 [J].

浙江电力，2017，36（3）：62-66.

[120] 喻登科，涂国平，陈华. 战略性新兴产业集群协同发展的路径与模式研究 [J]. 科学学与科学技术管理，2012，33（4）：114-120.

[121] 王启万，王兴元. 战略性新兴产业集群品牌生态系统研究 [J]. 科研管理，2013，34（10）：153-160.

[122] Rothwell R. Successful industrial innovation：critical factors for the 1990s [J]. R&D Management，2010，22（3）：221-240.

[123] 方炜，王莉丽. 协同创新网络演化模型及仿真研究：基于类 DNA 翻译过程 [J]. 科学学研究，2018，36（7）：1294-1304.

[124] 曹霞，刘国巍. 资源配置导向下产学研合作创新网络协同演化路径 [J]. 系统管理学报，2015，24（5）：769-777.

[125] 王莉，孙国强. 集群创新网络协作机制对创新绩效的作用机理研究 [J]. 软科学，2017，31（9）：30-34.

[126] 郑季良，王少芳. 高耗能产业群协同创新网络运行机制研究 [J]. 科技和产业，2018，18（1）：17-22，76.

[127] 吴中超. 创新网络结构特征与绩效驱动机制分析：基于 RIS 框架下产学研协同创新 [J]. 技术经济与管理研究，2020（7）：33-38.

[128] Iturrioz C，Aragón C，Narvaiza L. How to foster shared innovation within SMEs' networks：social capital and the role of intermediaries [J]. European Management Journal，2015，33（2）：104-115.

[129] Muller E，Peres R. The effect of social networks structure on innovation performance：a review and directions for research [J]. International Journal of Research in Marketing，2019，36（1）：3-19.

[130] Stefan K. Regional knowledge networks：a network analysis approach to the interlinking of knowledge resources [J]. European Urban & Regional Studies，2010，17（1）：83-97.

[131] 李梦，张宁宁. 区域协同创新网络中知识流动对创新绩效的影响分析 [J]. 电子商务，2020（6）：60-61.

[132] 徐言琨，侯克兴. 科技型企业创新网络结构与创新绩效影响关系研究 [J]. 工业技术经济，2020，39（4）：36-41.

[133] 宋旭光，赵雨涵. 中国区域创新空间关联及其影响因素研究 [J]. 数

量经济技术经济研究, 2018, 35 (7): 22 – 40.

[134] 张路蓬, 薛澜, 周源, 等. 战略性新兴产业创新网络的演化机理分析: 基于中国 2000 ~ 2015 年新能源汽车产业的实证 [J]. 科学学研究, 2018, 36 (6): 1027 – 1035.

[135] 吴钊阳, 邵云飞, 冯路. 资源基础理论视角下的协同创新网络演化机制与模型研究 [J]. 电子科技大学学报, 2020, 49 (4): 530 – 536.

[136] Fleming L, Frenken K. The evolution of inventor networks in the silicon valley and Boston regions [J]. Advances in Complex Systems, 2007, 10 (1): 53 – 71.

[137] Zobel A K. Benefiting from open innovation: a multidimensional model of absorptive capacity [J]. Journal of Product Innovation Management, 2017, 34 (3): 269 – 288.

[138] van Rijnsoever F J, van den Berg J, Koch J, et al. Smart innovation policy: how network position and project composition affect the diversity of an emerging technology [J]. Research Policy, 2015, 44 (5): 1094 – 1107.

[139] Milojevic S. Modes of collaboration in modern science: beyond power laws and preferential attachment [J]. Journal of the American Society for Information Science and Technology, 2010, 61 (7): 1410 – 1423.

[140] Pinto P E, Vallone A, Honores G. The structure of collaboration networks: findings from three decades of co-invention patents in Chile [J]. Journal of informetrics, 2019, 13 (4): 100984.

[141] 孙玉涛, 刘凤朝. 基于哈肯模型的跨国技术流动网络演化机制: 以航空航天领域为例 [J]. 科研管理, 2014, 35 (1): 41 – 47.

[142] 王海花, 孙芹, 杜梅, 等. 长三角城市群协同创新网络演化及形成机制研究: 依存型多层网络视角 [J]. 科技进步与对策, 2020, 37 (9): 69 – 78.

[143] Morescalchi A, Pammolli F, Penner O, et al. Networks of innovators within and across borders: Evidence from patent data [J]. Working Papers, 2013, 254 (2): 325 – 329.

[144] 周青, 梁超. 创新网络视角下产学研协同创新演化过程: 基于绿色制

药协同创新中心的案例研究 [J]. 科技管理研究, 2017, 37 (23):
200 – 206.

[145] 焦智博. 装备制造业协同创新网络结构演化与空间特征研究: 黑龙江
1985~2017 年专利数据分析 [J]. 科技进步与对策, 2018, 35 (21):
57 – 64.

[146] 胡杨, 李郇. 地理邻近对产学研合作创新的影响途径与作用机制 [J].
经济地理, 2016, 36 (6): 109 – 115.

[147] Graf H. Gatekeepers in regional networks of innovators [J]. Cambridge
Journal of Economics, 2011, 35 (1): 173 – 198.

[148] 刘凤朝, 马荣康. 组织创新网络中的中间人角色及其影响因素: 以中
国制药技术领域为例 [J]. 科学学研究, 2011, 29 (8): 1240 – 1250.

[149] Nordhuas A. Using patent citation analysis to value candidates [J]. Re-
search Technology Management, 1969, 15 (5): 28 – 37.

[150] Narin F, Noma E, Perry R. Patents as indicators of corporate technological
strength [J]. Research Policy, 1987, 16: 143 – 155.

[151] Ahuja G. Collaboration networks, structural holes, and innovation: a lon-
gitudinal study [J]. Administrative Science Quarterly, 2001, 45 (3):
425 – 456.

[152] Ernst H, Fabry B. Enhancing market-oriented R&D planning by integrated
market and patent portfolios [J]. Journal of Business Chemistry, 2004, 1
(1): 2 – 13.

[153] Ashish A, Suma A, Can H. The paradox of openness revisited: collabora-
tive innovation and patenting [J]. UK Innovators, 2016 (45): 1352 –
1361.

[154] 刘琼, 刘桂锋, 刘红光, 等. 清华大学产学研协同创新活动分析: 基
于协同创新网络 [J]. 情报科学, 2016, 34 (1): 120 – 125.

[155] Iciar D L, Mahmood H S. Drifting towards innovation: the co-evolution of
patent networks, policy, and institutions in China's solar photovoltaics in-
dustry [J]. Energy Research & Social Science, 2018, 38: 87 – 101.

[156] Chang S H. The technology networks and development trends of university-
industry collaborative patents [J]. Technological Forecasting and Social

Change，2017，118：107－113.

[157] 国务院关于加快培育和发展战略性新兴产业的决定（全文）［J］. 中国科技产业，2010（10）：14－19.

[158] 桂雪琴. 海工装备业创新发展战略出台［N］. 中国船舶报，2011－09－23（1）.

[159] 海洋工程装备制造业中长期发展规划［N］. 中国船舶报，2012－02－10（3）.

[160] 刘刻福. 贯彻落实"十八大"精神围绕建设海洋强国目标认真履职攻坚克难做好东海区海洋工作［J］. 海洋开发与管理，2012，29（12）：28－29.

[161] 进一步关心海洋认识海洋经略海洋 推动海洋强国建设不断取得新成就［N］. 人民日报，2013－08－01（1）.

[162] 工信部装备工业司. 海洋工程装备制造业持续健康发展行动计划（2017～2020 年）发布［N］. 中国工业报，2018－01－11（7）.

[163] 杜利楠，姜昳芃. 我国海洋工程装备制造业的发展对策研究［J］. 海洋开发与管理，2013，30（3）：1－6.

[164] 刘健奕. 海工市场：深陷泥潭 未来可期：2015 年全球海洋工程装备市场回顾与未来展望［J］. 船舶物资与市场，2016（1）：45－47.

[165] 娄成武，吴宾，杨一民. 我国海洋工程装备制造业面临的困境及其对策［J］. 中国海洋大学学报（社会科学版），2016（3）：26－31.

[166] 陈柳钦. 加快发展和振兴我国高端装备制造业对策研究［J］. 创新，2011，5（6）：55－62.

[167] Wang Q，Kwan M P，Fan J，et al. A study on the spatial distribution of the renewable energy industries in China and their driving factors［J］. Renewable Energy，2019，139：161－175.

[168] Bolívar-Ramos M T. The relation between R&D spending and patents：the moderating effect of collaboration networks［J］. Journal of Engineering and Technology，2017，46：26－38.

[169] González-Álvarez N，Nieto-Antolín M. Appropriability of innovation results：an empirical study in Spanish manufacturing firms［J］. Technovation，2007，27：280－295.